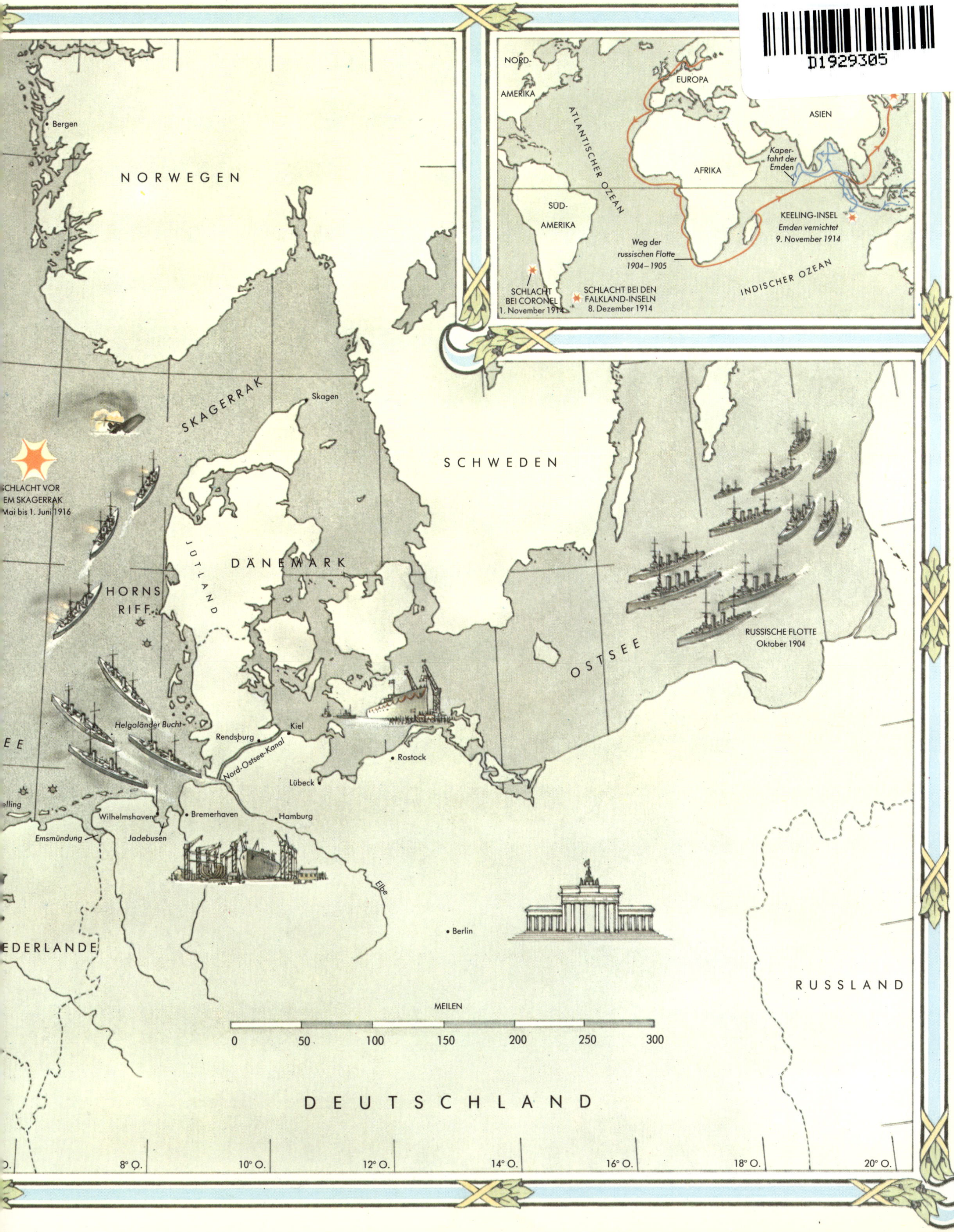
NORD-
AMERIKA
EUROPA
ASIEN
ATLANTISCHER OZEAN
AFRIKA
Kaper-
fahrt der
Emden
SÜD-
AMERIKA
KEELING-INSEL
Emden vernichtet
9. November 1914
Weg der
russischen Flotte
1904–1905
INDISCHER OZEAN
SCHLACHT
BEI CORONEL
1. November 1914
SCHLACHT BEI DEN
FALKLAND-INSELN
8. Dezember 1914
Bergen
NORWEGEN
SKAGERRAK
Skagen
SCHWEDEN
SCHLACHT VOR
EM SKAGERRAK
Mai bis 1. Juni 1916
JUTLAND
DÄNEMARK
HORNS
RIFF
RUSSISCHE FLOTTE
Oktober 1904
OSTSEE
Helgoländer Bucht
Rendsburg
Kiel
Nord-Ostsee-Kanal
Rostock
Lübeck
Wilhelmshaven
Bremerhaven
Hamburg
Emsmündung
Jadebusen
Elbe
Berlin
EDERLANDE
RUSSLAND
MEILEN
0
50
100
150
200
250
300
DEUTSCHLAND
8° O.
10° O.
12° O.
14° O.
16° O.
18° O.
20° O.

Die Seefahrer DIE SCHLACHTSCHIFFE

Einband Vorderseite:
Die Beschießung von Hartlepool durch die Kreuzer „Seydlitz" und „Moltke" am 16. Dezember 1914

Einband Rückseite:
Die deutsche Flotte in verschärfter Bereitschaft auf der Jade

Titelseite: Auf dieser handgemalten Porzellanschale führt ein britischer Kreuzer *(Mitte)* am 21. November 1918 die deutschen Schlachtschiffe und Kreuzer in die Internierung nach Scapa Flow. Im Hintergrund liegen Schlachtschiffe der Grand Fleet. Die Schale wurde von der Minton Company kurz nach dem Ersten Weltkrieg als Erinnerungsstück an den britischen Sieg in begrenzter Auflage hergestellt.

Die Seefahrer

DIE SCHLACHTSCHIFFE

von David Howarth

UND DER REDAKTION DER TIME-LIFE BÜCHER

BECHTERMÜNZ

DIE SEEFAHRER

Redaktionsstab des Bandes *Die Schlachtschiffe:*
Chefredakteur: George G. Daniels
Bildredakteurin: Jane N. Coughran
Graphische Gestaltung: Herbert H. Quarmby
Textredaktion: Anne Horan, Sterling Seagrave
Vertragsautoren: William C. Banks, Michael Blumenthal, Carol Dana, Susan Feller, Stuart Gannes, Gus Hedberg, Mark Steele
Leiterin der Dokumentation: Charlotte A. Quinn
Dokumentation: W. Mark Hamilton, Mindy A. Daniels, Philip Brandt George, Barbara Levitt, Trudy W. Pearson, Blaine McCornick Reilly, Peggy L. Sawyer
Assistentin des graphischen Gestalters: Michelle René Clay
Redaktionsassistentinnen: Adrienne George, Ellen P. Keir

Leitung der deutschen Redaktion:
Hans-Heinrich Wellmann
Textredaktion: Jürgen Hofmann

Fachberater der deutschen Ausgabe:
Dr. Paul Heinsius, Kapitän zur See a. D.

Aus dem Englischen übertragen von
Ludwig von Müller

Korrespondenten: Elisabeth Kraemer (Bonn): Margot Hapgood, Dorothy Bacon, Lesley Coleman (London); Susan Jonas, Lucy T. Voulgaris (New York); Maria Vincenza Aloisi, Josephine du Brusle (Paris); Ann Natanson (Rom). Wertvolle Hilfe leisteten außerdem: Ann Usborne, Penny Newman (London); Carolyn T. Chubet, Miriam Hsia (New York); Marie Therese Hirschkoff (Paris); Traudl Lessing (Wien).

Die Herausgeber sind Ezra Bowen, Champ Clark, Barbara Hicks und Katie Hooper McGregor für ihre Hilfe zu Dank verpflichtet.

Lizenzausgabe für den
Bechtermünz Verlag GmbH
Eltville am Rhein, 1992.

ISBN 3-86047-030-2

Der Autor:
David Howarth bringt in dieses Buch praktische Kenntnisse von Seefahrt und Schiffen ein. Während des Zweiten Weltkrieges diente er als Kapitänleutnant in der Royal Navy. Er verbrachte vier Jahre auf den Shetland-Inseln, von wo er Fischerboote mit norwegischen Freiwilligen einsetzte, die Agenten und Waffen im besetzten Norwegen anlandeten. Nach dem Kriege zeichnete er Bootsentwürfe und baute Boote, bis er sich ganz der Schriftstellerei widmete. Zu seinen Büchern zählen unter anderen *Trafalgar* und aus der TIME-LIFE-Serie *Die Seefahrer* der Band *Die Kriegsschiffe.*

Die beratenden Mitarbeiter:
John Horace Parry, Professor für Schiffahrtsgeschichte an der Harvard University, studierte an der Cambridge University und erwarb dort den Ph.D. Während des Zweiten Weltkrieges diente er in der Royal Navy, zuletzt im Range eines Korvettenkapitäns. Parry ist Verfasser der Bücher *The Discovery of the Sea* und *Trade and Dominion.*

Clark C. Reynolds, Kurator des Museumsschiffes *U.S.S. Yorktown* in Patriots Point, South Carolina, lehrte an der US-Marineakademie in Annapolis. Seinen Ph.D. erwarb er an der Duke University. Er ist Verfasser von *Command of the Sea: The History and Strategy of Maritime Empires* und hat außerdem zahlreiche kriegsgeschichtliche Artikel veröffentlicht.

William Avery Baker war Schiffskonstrukteur und Ingenieur, arbeitete 30 Jahre im Schiffbaubereich der Bethlehem Steel Corporation und fertigte Entwürfe für Schiffe aller Größen bis zum Supertanker. Im Jahre 1963 wurde er Kurator des Hart Nautical Museum am Massachusetts Institute of Technology. Er ist Verfasser des Buches *The Engine Powered Vessel.*

Antony Preston, der einige Jahre dem Forschungsstab des National Maritime Museums angehörte, ist Redakteur für Marineangelegenheiten der Zeitschrift *Defence.* Er hat *Battleships 1876–1977, Battleships of World War I* und viele andere Bücher sowie zahlreiche Artikel über die Konstruktion von Kriegsschiffen und über technische Fragen der Marinegeschichte veröffentlicht.

Inhalt

Kapitel 1

Eine Herausforderung der britischen Seeherrschaft

Im Jahre 1897 paradiert die britische Flotte in Spithead vor der königlichen Yacht (rechts). Neue Schlachtschiffe ließen diese Flotte bald veraltet sein.

Am Nachmittag des 26. Juni 1897, einem sonnendurchwärmten Tag der seltenen Art, die im viktorianischen England gern als „Königinwetter“ bezeichnet wurde, lag eine eindrucksvolle Versammlung von 165 britischen Kriegsschiffen in Spithead – einem Meeresarm zwischen Portsmouth und der Isle of Wight – vor Anker. In fünf schnurgeraden Reihen mit frisch gestrichenen schwarzen Schiffskörpern, die sich dunkel schimmernd gegen die hellrote Farbe unter ihren Wasserlinien abhoben, weißen Aufbauten und stolz zur Schau getragenen ockergelben Schornsteinen erstreckten sich die Kriegsschiffe fünf Meilen in Richtung auf die offene See: Es waren 21 Schlachtschiffe, 42 Kreuzer verschiedener Klassen, 30 lange, schmale Zerstörer, 20 Torpedoboote und weitere 52 Schiffe verschiedener Art. Die Versammlung war die eindrucksvollste, die sich jemals auf einem einzigen Ankerplatz eingefunden hatte. Und für Zehntausende freudig erregter Zuschauer im Hafen war die Flotte noch um so eindrucksvoller, als sie nur die Hälfte der Royal Navy darstellte. Weitere 165 Schiffe wachten über die britischen Interessen in Hongkong, Sydney und Kingston sowie in Dutzenden anderer Häfen, verstreut über die sieben Weltmeere.

Anlaß für diese Schau der Marine war das diamantene Regierungsjubiläum der Königin Victoria, während deren Herrschaft sich das britische Imperium ausgedehnt hatte, bis es nicht weniger als 28 Millionen Quadratkilometer, ein Viertel der Welt, umfaßte. Und von allen stolzen Symbolen dieses riesigen, reichen und dynamischen Imperiums konnte keines an die Royal Navy heranreichen. Mit mehr als 330 Schiffen, mit 92 000 Offizieren und Mannschaften war sie die bei weitem größte und mächtigste Marine der Welt. Die Politik der Regierung forderte, daß sie in einer Größe unterhalten würde, die den vereinten Flotten jeglicher anderer zwei Weltmächte entspräche, eine politische Konstellation, die für fast ein Jahrhundert nicht mehr aufgetreten war – seit Admiral Horatio Nelson im Jahre 1805 die vereinigten Flotten Frankreichs und Spaniens bei Trafalgar vernichtet hatte. Die Royal Navy, bemerkte die Londoner *Times,* war das wahre Band, welches das Imperium zusammenhielt; ohne sie würde es nur eine „lose Anhäufung von Staaten“ sein. So schien es nur angemessen, daß die krönende Zeremonie an diesem letzten Tage der einwöchigen Galavorstellungen zu Ehren der Königin und ihres Imperiums eine Parade Ihrer Majestät Flotte in Spithead sein sollte.

Um zwei Uhr, auf die Minute genau, zeigte die königliche Yacht *Victoria and Albert* ihre vergoldete Bugzier vor der Küste, um von den wartenden Schiffen begrüßt zu werden. Weit sichtbar auf dem Achterdeck stand die untersetzte Figur des Prinzen von Wales in der Uniform eines Admirals der Flotte. Er vertrat seine achtundsiebzigjährige Mutter (sie verfolgte die Zeremonie durch ein Fernrohr von einem Schloß auf der Isle of Wight). Hinter der königlichen Yacht folgte in stattlicher Prozession ein Zug herrlicher privater und Marineschiffe, die die zu der Feier versammelten Würdenträger an Bord hatten: die *Enchantress* mit den Lords der Admiralität, die *Wildfire* mit einer Gruppe Regierungsoberhäupter der Kolonien, die *Eldorado* mit einer Delegation von Botschaftern fremder Staaten, die *Danube* mit praktisch dem gesamten Oberhaus an Bord und schließlich der Cunard-Passagierdampfer *Campania* mit den Mitgliedern des Unterhauses sowie einer Schar von Journalisten.

So fuhr die die Parade abnehmende Flottille die langen Kolonnen der Kriegsschiffe herauf und herunter; die Geschütze donnerten ihren Salut; die eingeschifften Musikkorps spielten „God Save the Queen“, und die Matrosen, die in Paradeaufstellung an den Relingen der Schiffe standen, schwenkten ihre Mützen und riefen dem Prinzen von Wales aus rauhen Seemannskehlen ihre „Hurra“-Rufe zu. Der königliche Besucher ließ längsseits des Flaggschiffes *Renown* stoppen – einem riesigen Schiff von

12 350 Tonnen Deplacement, das vier 25,4-cm-Geschütze, zehn 15,2-cm-Kanonen, ein Dutzend 7,6-cm- und 22 andere Kanonen verschiedener Kaliber trug – und empfing die Flaggoffiziere der Flotte zu Gratulationen und Adressen gegenseitiger Hochachtung. Dann dampfte die *Victoria and Albert* wieder zurück nach Portsmouth, während die Reede noch einmal von den vereinten „Hurra"-Rufen der 165 Schiffsbesatzungen widerhallte. Diese Männer jubelten nicht nur der Königin und ihrem Sohn, dem künftigen Monarchen, zu; sie bejubelten die mächtige Royal Navy selbst, und ihre Hochrufe fanden begeisterte Antwort bei den Zuschauern im Hafen. So schrieb die *Times* mit Genugtuung: „Eine wahrhaft phantastische Schau, auf welche die Briten besonders stolz sein können, wissen sie doch, daß sie in dieser Art von keiner anderen Nation dargestellt werden kann – nicht einmal von allen anderen zuammen."

Kaum einer der Anwesenden in Spithead, wohl auch keiner der Leser der *Times,* ahnte es, aber diese stolze und herrliche Flotte verkörperte in all ihrer Pracht und trotz ihres Ruhmes das Ende eines Zeitalters. So unglaublich es klingt, innerhalb eines einzigen Jahrzehnts würde ihre Verschrottung verfügt sein – auf Befehl eines verbitterten Admirals namens John Arbuthnot Fisher, der sich zur Zeit der Parade in Spithead gerade darauf vorbereitete, das Kommando über die nordamerikanische und westindische Station zu übernehmen. Von den fünf Auslandsgeschwadern der Royal Navy wurde diesem die geringste Bedeutung beigemessen; es wachte über den freundlichen Nordatlantik und die Karibische See.

Kaum jemand erkannte die nüchterne Tatsache, daß die Royal Navy, die sich noch selbstgefällig in den ehrwürdigen Erinnerungen an ihre Unbesiegbarkeit sonnte, schon veraltete und verwundbar wurde. Sie hatte mit der industriellen Revolution nicht Schritt gehalten, die das riesige Imperium, mit dessen Schutz sie beauftragt war, beflügelte. Die letzte von der Marine vor 25 Jahren eingeführte Neuerung war der Ersatz des Antriebs mit Segeln durch den mit Kolbendampfmaschinen. Seit dieser Zeit hatte sich an dem Schlachtschiffsentwurf praktisch nichts verändert – obwohl im Maschinenwesen wie bei Waffen und Explosivstoffen die Weiterentwicklungen gleichzeitig fortgeschritten waren. Die Flotte umfaßte Schiffe verschiedenster Größe, Geschwindigkeit und Bewaffnung, was eine zusammengefaßte Flottenaktion – sollte sie von der Royal Navy verlangt werden – schwierig, wenn nicht gar unmöglich gemacht hätte.

Zunächst waren die Maschinenanlagen, die die Flotte antrieben, veraltet. Alle Schiffe waren mit Kolbendampfmaschinen ausgestattet. Solch eine Anlage – ein technisches Wunder, als es vor mehr als einem Jahrhundert erfunden wurde – hatte längst die faktischen Grenzen ihrer Entwicklungsmöglichkeit erreicht. Sie war schwer, umständlich zu bedienen und brach häufig zusammen. Der modernste Typ gab einem Schiff eine Geschwindigkeit von 18 Knoten – 11 Knoten waren jedoch das Äußerste, was von der Mehrzahl der Schiffe bei Spithead erwartet werden konnte.

Die Kolbendampfmaschine war auch unglaublich schmutzig. „Wenn wir mit einem Kriegsschiff mit Kolbenmaschinen ‚Volle Fahrt' dampften", erinnerte sich Sir Reginald H. Bacon, damals Kommandant in der Royal Navy, „sah der Maschinenraum immer wie ein besserer Sumpf aus; Wasser schwappte auf den Flurplatten und spritzte überall herum. Oft zogen die Offiziere Ölzeug an, um nicht bis auf die Haut durchnäßt zu werden. Das Wasser war notwendig, um die Lager zu kühlen. Außerdem erzeugte die Maschine einen so betäubenden Lärm, daß Telephone nutzlos waren und selbst Sprachrohre nur einen zweifelhaften Wert besaßen." Eine Lösung all dieser Probleme existierte bereits: Ein verschrobener Bastler, der Ingenieur Charles Algernon Parsons, hatte die mehrstufige Überdruck-Dampfturbine erfunden, die mittels fächerartiger Leitschaufeln die Dampfkraft unmittelbar in Drehbewegung umsetzte, weniger bewegliche Teile besaß und daher zuverlässiger arbeitete. Auch lief sie trocken und ruhig. Aber die Marine hatte die Erfindung noch kaum beachtet.

Die Schiffsbewaffnung stellte andere Probleme. Über fast ein Jahrhundert hatte sich auf britischen Schiffen eine Vielzahl von Geschütztypen angesiedelt, mit dem Ergebnis, daß die Vorteile und Stärken der einen Art oft die einer anderen zunichte machten. Die neuesten Schiffe in Spithead trugen vier moderne 30,5-cm-Geschütze in Seitenaufstellung, besaßen daneben aber noch ein Dutzend 25,4-cm-, 20,3-cm- und 15,2-cm-Geschütze und eine Anzahl von 3,7-cm-, 4,7-cm- und 7,6-cm-Kanonen. Die 30,5-cm-Geschütze schossen zielgenau nur auf eine Entfernung von etwa 2000 Meter – kaum weiter als die Glattrohrkanonen zur Zeit Nelsons. Die übrigen Geschütze hatten so unterschiedliche Reichweiten und Feuergeschwindigkeiten, daß die Bewaffnung eines Schiffes nicht gleichzeitig wirksam eingesetzt werden konnte. Zwei der Schiffe in Spithead, beide über 20 Jahre alt, hatten keine modernere Bestückung als Vorderlader, deren Granaten an allem außer dem dünnsten Panzer einfach abprallten.

Inzwischen hatten aber Rüstungsfabriken schon Geschütze entwickelt, die ihre Granaten mit größerer Genauigkeit auf 4000 Meter verschossen, und wirksamere neue Explosivstoffe hergestellt, die Panzerplatten, wie zum Beispiel den 20,3 Zentimeter starken Panzer des Flaggschiffes *Renown*, wie Papier durchschlugen.

Einige der technologischen Fortschritte wurden in England, der Wiege der industriellen Revolution, erzielt. Jedoch wurde zunehmend deutlich, daß sich jenseits der Nordsee ein neuer industrieller Geist rührte – Deutschland, ein Spätentwickler in den imperialistischen und maritimen Kreisen der Welt. Deutschlands wachsende technologische Tüchtigkeit hatte einen zunehmenden Handel zur Folge und einen Hunger nach weltweiter Machtausübung, den solche Tüchtigkeit hervorruft. Bald würde diese wachsende Macht Großbritannien vor eine Herausforderung erster Größenordnung stellen. „Im kommenden Jahrhundert", sollte in Kürze der deutsche Reichskanzler und Minister des Auswärtigen, Bernhard von Bülow, in einer öffentlichen Ansprache verkünden, „wird das deutsche Volk entweder Hammer oder Amboß sein." Und es bestand kein Zweifel, welche Funktion er von ihm erwartete. Deutschlands Herrscher, Kaiser Wilhelm II., sprach dieses Thema noch deutlicher an: „Der Dreizack muß in unserer Faust sein."

Wilhelms Anspielung auf den Dreizack – den dreispitzigen Speer, den Britannien als Symbol traditioneller Seemacht über einen so langen Zeitraum fest in der Hand gehalten hatte – war keine beiläufige Eingebung. Zur Zeit konnte sich Deutschland zwar einer hervorragenden Armee rühmen, besaß aber nur eine mittelmäßige Marine. Mit kümmerlichen 68 Schiffen, gegenüber 330 Großbritanniens, nahm Deutschland unter den Seemächten der Welt einen minderwertigen vierten Platz ein, nach Frankreich (mit 95 Kriegsschiffen) und Rußland (mit 86 Kriegsschiffen). Der Kaiser jedoch war entschlossen, dieses schlechte Verhältnis zu verbessern.

Sein Werkzeug sollte der hochbegabte Admiral Alfred von Tirpitz werden, der nicht weniger als Wilhelm an Deutschlands Anspruch auf den Dreizack glaubte. Gemeinsam würden beide die erste ernsthafte Bedrohung britischer Vorherrschaft zur See seit einem Jahrhundert aufbauen. Diese Bedrohung sollte einen völligen maritimen Umbruch in Britannien auslösen. Gedrängt von „Jacky" Fisher, der 1904 der Gegenspieler von Tirpitz in London wurde, brachte die britische Admiralität im Jahre 1906 ein von Grund auf neues Kriegsschiff heraus. Dieses Schiff, H.M.S. *Dreadnought*, war größer, schneller und stärker gepanzert als irgendein anderes Schiff in der bisherigen Geschichte. Seine Neuerungen waren so zahlreich und wirkungsvoll – beim Antrieb, in der Panzerung, bei den gewaltigen

Kaiser Wilhelm II. in Paradeuniform gibt sich auf diesem 1903 entstandenen Gemälde ganz als der „Oberste Kriegsherr", wie er sich selbst zu betiteln pflegte. Sein Leben lang an Marinefragen interessiert, setzte er seinen ganzen Einfluß ein in dem Bemühen, eine machtvolle deutsche Hochseeflotte zu schmieden, die er unbescheiden – wenn auch mit einiger Berechtigung – „Meine Schöpfung" nannte.

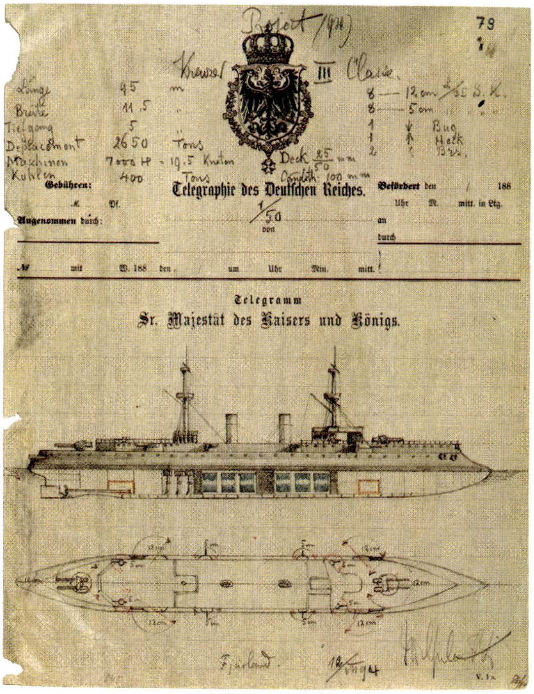

Der im Jahre 1894 gezeichnete Entwurf des Kaisers für einen mittleren Kreuzer geht sehr viel mehr ins Detail, als man von einer Skizze auf einem Telegrammformular erwarten würde. Von den Schiffsbauern wurde er mit höflicher Herablassung zur Kenntnis genommen. „Sehr, sehr hübsch“, beurteilte eine deutsche Amtsperson in einem Privatschreiben die Kriegsschiffskizzen des Kaisers, „nur könnten sie nicht schwimmen.“

Geschützen, die Granaten mit hoher Treffsicherheit, weiter als das Auge sehen konnte, verschossen –, daß mit seinem Stapellauf jedes andere Kriegsschiff augenblicklich veraltet war.

Für die Seekriegführung verkörperte H.M.S. *Dreadnought* einen derartigen Qualitätssprung, daß ihr Name Begriff wurde für eine ganze Klasse neuer Schiffe und sie den größten maritimen Rüstungswettlauf in Gang setzte, den die Welt bis dahin je gesehen hatte. Beginnend mit dem Jahr 1906, liefen die neuen Schlachtschiffe in ständig steigender Zahl von den Hellingen britischer und deutscher Werften – mit immer größerem Deplacement, höherer Fahrgeschwindigkeit, mit mehr und mehr Geschützen von immer größerem Kaliber. Als im Jahre 1914 der Krieg ausbrach, hatten die neuen Schlachtschiffe die rund 200 Jahre gültig gebliebene Seetaktik von Grund auf revolutioniert.

Kaiser Wilhelm, zusammen mit Tirpitz hauptverantwortlich für das Aufblühen der deutschen Flotte, war ein Mann von schneller Auffassungsgabe, aber von sprunghaftem, launischem Wesen und geringer Urteilskraft. Er hatte kein Verständnis für die menschlichen Kräfte, die in seiner Nation am Werke waren. In einer Zeit überall wachsenden Strebens nach sozialer Gleichstellung und einer sich ausdehnenden Wohlhabenheit in den arbeitenden Schichten brachte er es fertig, ohne Gefühl für den Anachronismus zu erklären: „Der Soldat und die Armee haben das Deutsche Reich zusammengeschmiedet, nicht aber parlamentarische Mehrheiten und Beschlüsse.“ Und: „Wir Hohenzollern leiten unsere Kronen allein vom Himmel her und sind nur Gott allein verantwortlich.“

Enkel der englischen Königin Victoria (deren älteste Tochter den Kronprinzen Friedrich von Preußen geheiratet hatte), war Wilhelm ein Neffe des Prinzen von Wales, des späteren Königs Edward VII. Die beiden Männer waren bittere persönliche Feinde. Wilhelm pflegte, wie bekannt, Edward als „alten Pfau“ und „Satan“ zu bezeichnen, während Edward von Willi – wie die Familie ihn nannte – als dem „Enfant terrible“ sprach und meinte, daß er „anscheinend daran Vergnügen findet, alle Länder gegeneinander aufzuhetzen“. Und manchmal schien es wirklich so, als ob Wilhelm einzig und allein deswegen nach einer starken Marine gierte, weil sein reicher und mächtiger Onkel eine solche besaß.

Der persönliche Groll des Kaisers entsprang tiefliegenden seelischen Wurzeln. Dem Sohn einer englischen Prinzessin und eines preußischen Prinzen wurden seit früher Kindheit die Ideale von zwei verschiedenen Kulturkreisen mit verwirrender Widersprüchlichkeit eingehämmert. Sie erzeugten ein Vermächtnis an Konflikt und Unklarheit, das ihn während seines gesamten Lebens bedrücken sollte. „Erziehe ihn einfach und normal“, riet Königin Victoria ihrer Tochter im Jahre 1865, als Willi ein sechsjähriger Knabe war, „nicht in diesem schrecklichen preußischen Stolz und Ehrgeiz.“ Aber mit sieben Jahren wurde das Kind dann einem harten preußischen Lehrer, Georg Hinzpeter, übergeben, der bis zum zwanzigsten Lebensjahre des Prinzen über seinen Schützling eine Herrschaft ausübte, die einen schwächeren Jungen als den unverwüstlichen Willi wohl seelisch zerbrochen hätte.

Der Unterricht begann um sechs oder sieben Uhr morgens und konnte sich bis nach Sonnenuntergang hinziehen. Neben rein schulischem Unterricht schloß die Erziehung Besuche von Museen, Fabriken und Bergwerken ein und enthielt darüber hinaus reichlich körperliche Übungen in frischer Luft. Die Verletzung eines Nervs bei der Geburt hatte Wilhelm einen verkrüppelten, leblosen Arm beschert, ein Gebrechen, das er in späteren Jahren verdecken konnte, indem er die Hand in die Tasche steckte oder sie auf dem Griff seines Säbels ruhen ließ. Es bedingte aber auch einen Mangel an Gleichgewichtsgefühl, der nicht so leicht zu verbergen war. Der

Lehrer trieb seinen Schüler gnadenlos an, den Defekt durch Willenskraft zu überwinden, indem er ihn ohne Steigbügel auf ein Pony setzte und ihn hartnäckig jedesmal wieder hinaufsetzte, wenn das Kind vom Pferd gefallen war. Willi lernte reiten, er lernte, sich geradezuhalten wie jeder preußische Soldat, er lernte schwimmen, Tennis spielen und schießen – mit nur einem brauchbaren Arm. Der Zwang zu körperlicher Betätigung ließ ihn sein ganzes Leben nicht mehr los. Als Kaiser hatte er in seinem Schlafzimmer ein Rudergerät stehen, und es wird erzählt, daß er auf seiner Yacht seine Gäste bei obligatorischen morgendlichen Freiübungen anführte. Die Yacht war eine seiner ersten Anschaffungen, als er im Jahre 1888, nach dem Tode seines Vaters, den Thron bestiegen hatte.

Die starke Anziehungskraft, die die See auf Kaiser Wilhelm ausübte, entsprang wohl zum Teil seinen mütterlichen Familienbindungen. Als Prinz – sogar noch als Kaiser – hatte er als Gast seiner Großmutter vielen Marineparaden in England beigewohnt. Zweifellos hinterließen diese Erlebnisse tiefe Eindrücke. In einem Anflug poetischer Phantasie dichtete er einmal einen „Gesang an Ägir", den germanischen Gott des Meeres. Als Kaiser malte er Torpedoboote, die eine Flotte von Panzerschiffen angreifen, und ließ das Bild in der Berliner Akademie der Künste ausstellen.

Wenn Wilhelms Vorliebe für Marinedinge auch seinem romantischen Wesen entsprach, so kannte er doch auch zwingende praktische Gründe, die eine starke Marine für die Ausstattung seines Reiches wesentlich erscheinen ließen. Als er den Thron bestieg, sah die Welt die rosige Morgenröte eines Ausbruchs wirtschaftlicher Produktivität ohnegleichen. In Deutschland stieg das Pro-Kopf-Einkommen in einer Periode mit sehr geringer Preisinflation von 417 Mark im Jahre 1890 auf 716 Mark im Jahre 1911. Als die Bauernsöhne, erpicht, sich ihren Anteil an dem industriellen Aufschwung zu sichern, die Höfe verließen, um in den Fabriken zu arbeiten, die Stahl, Chemikalien, optische Geräte und alle Arten von Manufakturwaren erzeugten, stieg der Anteil der in den Städten wohnenden deutschen Bevölkerung von 47 Prozent im Jahre 1890 auf 60 Prozent im Jahre 1910. Die Bevölkerungsverschiebung fand ihren Niederschlag in einem entsprechenden Anwachsen städtischer Vertretung im Reichstag, dem deutschen Parlament; es bildete sich so ein Gegengewicht gegen die Mitglieder des alten landbesitzenden und Militäradels, der seine Gedanken auf die Grenzen zu Frankreich, den Niederlanden, Rußland, Österreich und der Schweiz richtete, aber niemals auf die See hinausgeblickt hatte.

Zwischen 1880 und 1913 verdreifachte sich der Welthandel – und Deutschland war einer der Hauptnutznießer dieser Entwicklung. Zwar konnte der Export Großbritanniens, absolut gesehen, seine Spitzenstellung halten, sank aber im Verhältnis von 40 Prozent auf 27 Prozent des Weltvolumens. In demselben Zeitraum stiegen jedoch Deutschlands Exporte eklatant um 240 Prozent, und sein Anteil am Welthandel schwoll von 17 auf 22 Prozent an.

Eine der Ursachen für die plötzliche Vermehrung des deutschen Handels war der Kaiser-Wilhelm-Kanal (heute: Nord-Ostsee-Kanal), dessen Grundstein ein Jahr vor Wilhelms Thronbesteigung gelegt worden war. Ein Wunder an fortschrittlicher Ingenieurleistung, durchschnitt er die Basis der jütländischen Halbinsel südlich von Dänemark und verkürzte den Seeweg von der deutschen Ostseeküste zur Nordsee von etwa 1120 Kilometer auf 98,7 Kilometer. Der Kanal bewirkte eine Verdoppelung deutscher maritimer Stärke, konnte doch die Kriegsflotte, die vorher auf Nordsee und Ostsee aufgeteilt werden mußte, jetzt in kürzester Zeit in dem einen oder anderen Seegebiet versammelt werden.

Einen weiteren entscheidenden Faktor in den Gedankengängen Wilhelms stellte das enorme Wachstum von Deutschlands wichtigstem Industriezweig, der Stahlerzeugung, dar. Noch im Jahre 1888 führte

Für die Einweihungsfeier des Kaiser-Wilhelm-Kanals (später in Nord-Ostsee-Kanal umbenannt) im Jahre 1895 haben sich Regierungsvertreter und ihre Gäste auf der großen Schleuse versammelt. Im Hintergrund liegt die über die Toppen geflaggte deutsche Flotte. Der 98,7 Kilometer lange Kanal durch den Fuß der Halbinsel Jütland war ein Herzstück der ehrgeizigen deutschen Bestrebungen, gestattete er doch der Hochseeflotte, sich schnell zwischen Nord- und Ostsee zu bewegen.

Auf dieser Postkarte des Jahres 1895 reichen sich eine Meerjungfrau der Ostsee und deren Nordseeschwester die Hände und symbolisieren damit die Eröffnung des Kaiser-Wilhelm-Kanals. Gebaut in den Regierungszeiten von Wilhelm I. (Mitte links) und Wilhelm II. (Mitte rechts), verkürzte der Kanal die Umfahrung von Jütland um Tage und brachte wirtschaftlichen Nutzen wie strategische Vorteile.

Deutschland Plattenstahl aus England ein. Kurze Zeit später ergänzten die großen Stahlwerke von Krupp, die schon durch die Versorgung Deutschlands mit Schienen für die sich immer weiter ausdehnenden Eisenbahnlinien sowie durch Lieferung steigender Mengen von Eisenbahnwagen und Kanonen reich geworden waren, ihre Werke durch Einrichtungen zur Herstellung von Walzstahl. Und Stahlplatten sind nun einmal unabdingbare Voraussetzung für den Kriegsschiffbau.

Den deutschen Staatsmännern und Kaufleuten – nicht weniger als dem impulsiven Kaiser selbst – fiel es nicht schwer, bei dem Glanz der sich häufenden Erfolge den Schluß zu ziehen, daß ihre kraftvolle Nation im Begriff stehe, einen alten Rivalen zu überholen, dessen Stern im Sinken war. Da sie im Wettstreit mit den Briten wirtschaftlich in wachsendem Maße an Boden gewannen, schien es auch nicht unvernünftig, wenn ihr Land mit dem Bollwerk in Konkurrenz träte, auf dem die britische Vorherrschaft beruhte – der hochgelobten Royal Navy.

Der Mann, dem die Verwirklichung dieser stolzen Hoffnung um ein Haar gelungen wäre, hieß Alfred von Tirpitz. Sohn eines preußischen Beamten, war er 1849 in Küstrin geboren. Mit 16 Jahren trat er als Kadett in die preußische Marine ein. Bald ließ er seine besondere Begabung für technische Fragen und taktische Grundsätze erkennen, stieg im normalen Beförderungsturnus auf und erreichte 1895 den Dienstrang eines Konteradmirals. Im folgenden Jahre übernahm er das Kommando über das Kreuzergeschwader im Fernen Osten, einem Gebiet, in dem sich die deutschen Handelsinteressen schnell erweiterten.

Tirpitz war eine höfliche, äußerlich liebenswürdige Persönlichkeit, die jene Bescheidenheit ausstrahlte, welche dem Kaiser so offensichtlich fehlte. „Ich war nur ein sehr mittelmäßiger Schüler“, schrieb er über sich selbst. Bei Durchführung des Auftrages, mit dem der Kaiser ihn betraut hatte, enthüllte er jedoch durchdringenden Scharfsinn. Seine Bemerkungen über seine Landsleute waren klug, manchmal spaßig und oft kritisch. Die Preußen, sagte er, hätten den Ladestock verschluckt. Der typische Deutsche sei „ein unverbesserlicher politischer Illusionist, er schwankt zwischen zwei Extremen, der Furcht vor der Macht und dem Machtrausch“. Die deutschen Ansichten über die Weltpolitik beruhten auf ungenügenden Informationen und neigten zu unrealistischen Hoffnungen oder Befürchtungen.

Jede dieser Bemerkungen hätte auch auf den Kaiser selbst zutreffen können, und gerade weil dieser solche Hoffnungen und Befürchtungen schürte, wurde er auf Tirpitz aufmerksam. In den Jahren nach 1890 begann Tirpitz, für die Kaiserliche Marine Denkschriften über die Bedeutung von Seemacht zu verfassen. Wie die meisten zeitgenössischen Denker in maritimen Fragen richtete auch er sich nach einem Buch mit dem Titel *Der Einfluß von Seemacht auf die Geschichte* von Alfred Thayer Mahan, einem amerikanischen Marineoffizier und Historiker, der als einer der ersten Schriftsteller die Beziehungen zwischen wirtschaftlicher und politischer Macht einerseits und überragenden Fähigkeiten auf See andererseits aufgezeigt hatte *(S. 24–25)*.

Mahan schrieb den Aufstieg des britischen Imperiums der Beherrschung der See durch diese Inselnation zu. In Tirpitz' wachem Geist bot sich die Umkehrung der These Mahans von selbst an: Ohne Seemacht konnte es für Deutschland in der modernen Welt auch keine politische Macht geben. Tirpitz legte dar, daß Deutschland, zu einem Industriestaat geworden, sich selbst von Überseeimporten von Gummi, Rohöl und Baumwolle abhängig gemacht habe. „Wollen wir gar unternehmen, in die Welt hinauszugehen und wirtschaftlich durch die See zu erstarken, so errichten wir ein gänzlich hohles Gebäude, wenn wir nicht gleichzeitig ein gewisses Maß von Seekriegsstärke uns verschaffen.“ Nüchtern ausgedrückt hieß das, Deutschland muß eine Flotte bauen, um sich gegen britische Räuber zu schützen.

Bei Kaiser Wilhelm mit seinem Hang zum Größenwahn fiel diese Theorie natürlich auf fruchtbaren Boden. Es dauerte nicht lange, und er hatte den Autor von seinem Kommando im Fernen Osten abberufen, auf den Dienstposten des Staatssekretärs des Reichsmarineamtes in Berlin gesetzt und ihm die Aufgabe gestellt, eine Flotte zu schaffen, die den Briten widerstehen könne.

Anfang Juni 1897 trat Tirpitz sein neues Amt in Berlin an, kurz vor Englands Galaparade in Spithead. Jeden Morgen saß er um sieben Uhr an seinem Schreibtisch; er baute schnell seinen Mitarbeiterstab auf, ernannte Ausschüsse und teilte ihnen ihre Aufgaben zu: Analyse der modernsten Schiffsentwürfe, Untersuchung der letzten Entwicklungen bei Geschützen und Munition, Überprüfung der Ausbildungsprogramme sowie Studium der Häfen und Werften.

Mit einer seiner klügsten Maßnahmen sicherte er sich die Unterstützung der Errichtung einer großen modernen Marine durch die Öffentlichkeit. „Wir ließen Versammlungen und Vorträge abhalten“, schrieb Tirpitz in seinen Erinnerungen, „und bemühten uns namentlich, in großem Maßstabe Fühlung mit der Presse zu bekommen. Wir ließen Reisen zur Wasserkante machen, zeigten Schiffe und Werften und wandten uns an die Schulen, forderten Schriftsteller auf, für uns zu schreiben; es kamen Stöße von Romanen und Broschüren.“

Die Kampagne zahlte sich aus. Als Tirpitz im Dezember 1897 vor den Reichstag trat, passierten seine Vorschläge für eine völlig neue Flotte

Auf der Titelseite der Sonderausgabe einer Pariser Zeitschrift des Jahres 1895 wenden zwei Kokarden tragende Frauen der internationalen Flotte, die den Kaiser-Wilhelm-Kanal einweiht, voll Verzweiflung den Rücken zu. Damit sollte Frankreichs Furcht vor der wachsenden deutschen Flottenstärke Ausdruck gegeben werden. In der Flotte fuhren auch französische Kriegsschiffe, aber die Franzosen hatten der Teilnahme nur aus diplomatischer Höflichkeit zugestimmt. Ein Offizier sagte: „Die friedlichen Absichten, die Kaiser Wilhelm bekundete, machten es uns zur Pflicht, an der Feier teilzunehmen.“

schnell die Abstimmungen und wurden Gesetz. Das Flottengesetz, ein Dokument erstaunlicher Bestrebungen, forderte den Bau einer stattlichen Flotte von nicht weniger als 69 Schiffen, darunter 17 Schlachtschiffe mit 13 000 Tonnen und ein Dutzend Panzerkreuzer mit einer Wasserverdrängung zwischen 9000 und 11 000 Tonnen. Mit diesen neuen Schiffen wuchs die Größe der deutschen Kriegsflotte auf das Doppelte – in der erstaunlich kurzen Zeit von nur sieben Jahren und mit den phantastischen Kosten von insgesamt 408 Millionen Mark.

Der Schiffbau begann ohne Verzögerung. Innerhalb von zwei Jahren waren bereits die Kiele von fünf neuen Schlachtschiffen gestreckt. Allgemein ähnelte der Entwurf dem der modernsten britischen Schiffe, die 1897 bei der Parade in Spithead gezeigt waren; sie waren mit Kolbendampfmaschinen von 16 000 Pferdestärken ausgestattet und einer gemischten Bewaffnung, die 16,2-cm-Geschütze bis 28-cm-Geschütze sowie 8,8-cm-Kanonen für die Torpedobootabwehr einschloß.

Die ersten Schiffe waren kaum vom Stapel gelaufen, als Tirpitz einen neuen, noch ehrgeizigeren Plan ausgearbeitet hatte, und der geschickt umschmeichelte Reichstag war bereit, sich diesen anzuhören. Im Januar 1900 legte Tirpitz das zweite Flottengesetz vor. Dieses forderte nicht nur den Bau von drei Schiffen pro Jahr, sondern schloß auch die Erweiterung von Häfen und Docks ein, um sie aufzunehmen. Weiterhin genehmigte das Gesetz die Einstellung von mehr Offizieren und Mannschaften und die Errichtung neuer Ausbildungsstätten.

Der Reichstag verabschiedete das Gesetz mit Zweidrittelmehrheit. Ironischerweise waren es die Vertreter des Mittelstandes – die Kaiser Wilhelm so bitter schmähte –, bei denen aber die Begeisterung für die Marine ihren allerstärksten Rückhalt fand.

Trotz aller Mühe, der Tirpitz sich unterzog, die deutsche Öffentlichkeit davon zu überzeugen, wie wünschenswert eine starke Marine sei, blieb er doch schweigsam, wenn es sich um Einzelheiten handelte, die zuviel an Information preisgeben könnten. Den überschwenglichen Kaiser vermochte er jedoch nicht davon abzuhalten, mit der knospenden Macht des Reiches zu prahlen. In der ausdrücklichen Absicht, ihm die Flotte in Kiel vorzuführen, lud Wilhelm seinen englischen Onkel, jetzt König Edward VII., für den Juni 1904 zu einem Besuch ein.

Edward nahm die Einladung an, und in seinem Gefolge kamen der Earl of Selborne, Erster Lord der Admiralität, und verschiedene andere hochrangige Marineoffiziere. Sehr zum Ärger von Tirpitz bestand der Kaiser darauf, den neugierigen englischen Augen fast die gesamte einsatzfähige deutsche Flottenstärke zu demonstrieren. Die Flotte besaß jetzt die imponierende Zahl von 25 Schlachtschiffen, frisch in Dienst gestellt seit Anlaufen des Tirpitzprogrammes. Einige davon hatten ein Deplacement von 13 000 Tonnen und trugen eine Bewaffnung von vier 28-cm-Geschützen, vierzehn 17-cm-Geschützen sowie weiteren 16 verschiedenen Kanonen kleinerer Kaliber. Als die die Flottenparade abnehmende Yacht die Reihen der Kriegsschiffe abfuhr, bemerkte Tirpitz, daß König Edward und der Earl of Selborne „bedeutungsvolle Blicke und Worte" wechselten, „die mir unangenehm auffielen".

Ein britischer Kriegsschiffskommandant im königlichen Gefolge schrieb in seinem offiziellen Bericht: „Die Deutschen bieten ihre ganze Kraft auf, die Flotte zu einer perfekten Kampfmaschine zu machen." Wirklich, Engländer brauchten nicht erst Kiel zu besuchen, um eine steigende, angstvolle Unruhe zu empfinden. Der deutsche Botschafter vermerkte in einem später im Sommer aus London nach Berlin gesandten Bericht einen zunehmend schärferen Ton der englischen Presse. Selbst der gemäßigte *Spectator* nannte Deutschland „den Unruhestifter der Welt". Der Botschafter zog die

Konteradmiral Alfred von Tirpitz, einer der höchsten Offiziere der deutschen Marine, war ein rücksichtsloser Vertreter der neuen Schlachtflotte. In einer geheimen Denkschrift des Jahres 1897 erklärte er unverhüllt: „Die militärische Lage gegenüber England verlangt nach Schlachtschiffen in größtmöglicher Zahl.“

Schlußfolgerung: „Die meisten Zeitungen betrachten jeden Schritt in der Weiterentwicklung unserer Flotte als eine an England gerichtete Drohung.“ Praktisch hatte das ganze englische Volk diese Empfindung. England war eindeutig herausgefordert.

Die britische Regierung ließ die Bedrohung nicht unbeachtet. Die Marinebudgets waren schon von £ 21 823 000 im Jahre 1897 auf £ 34 457 000 im Jahre 1904 angestiegen. In diesem Zeitraum hatte England – mit dem unverhüllten Ziel, den Vorsprung vor Deutschlands steigenden Schiffszahlen zu halten – 28 neue Schlachtschiffe auf Kiel gelegt. Jedoch stand jetzt ein komplexeres Problem als reine Zahlen zur Entscheidung an. Ein grundlegender Wechsel der Substanz maritimer Strategie bahnte sich an, erzwungen durch technologische Neuerungen auf den Gebieten des Maschinenwesens und der Waffen. Es würde eines überragenden Geistes bedürfen, um im Lärm des Tages diese Tatsache zu erkennen, die Initiative zu ergreifen und die vielfältigen Probleme zu lösen.

Dieser Genius erschien in der Person des John Arbuthnot Fisher. Sein Scharfsinn ließ ihn augenblicklich die Vorzüge noch unerprobter Hypothesen erkennen. Gleichzeitig war er ein extrem rücksichtsloser Mensch, der unbeirrt seine Ziele verfolgte, ohne danach zu fragen, wessen Ansichten er ignorierte oder wessen Vorrechte er verletzte. „Es entsprach nicht seiner Arbeitsweise, mit leichter Hand zu führen. Er trieb unermüdlich und unbarmherzig an“, erinnerte sich Admiral Alfred Ernle Montacute Chatfield, der eines Tages Fisher als Erstem Seelord, das heißt als höchstem Marineoffizier, im Amt nachfolgen sollte. Fisher war das britische Gegengewicht zu Deutschlands Tirpitz, stand gleichzeitig jedoch völlig anderen Problemen gegenüber. Tirpitz schuf eine Flotte, wo noch keine bestand; Fisher stemmte sich gegen eine ehrwürdige Institution mit engstirniger Tradition und keiner Neigung zu Änderungen in einer Welt, in der Veränderung Überleben bedeutete.

Fisher kam 1904, in seinem 63. Lebensjahr, als Erster Seelord zur Admiralität. Hinter ihm lag bereits eine Reihe beachtlicher Leistungen – und ein Ruf verletzender Überspanntheit eilte ihm voraus. „Nur der Himmel weiß, was er nicht versucht, ins Werk zu setzen“, meinte vorwurfsvoll Admiral Sir Reginald Custance, ein im Mittelmeer stationierter Befehlshaber. „Jede wilde Idee findet bei ihm Unterstützung.“

Dieses deutsche Zinnmedaillon wurde 1897 während der Propagandakampagne zur Gewinnung öffentlicher Unterstützung für den Kaiser und sein umfassendes Streben nach Seemacht hergestellt. In schamloser Schmeichelei nennt das Medaillon Kaiser Wilhelm II. einen „tapferen Recken“ und Deutschlands „Retter in der Not“.

Ein aufgeschlossener Beobachter dagegen hätte Fishers Pläne weitsichtig genannt. Tatsache blieb, daß Fisher als erster unter seinen Marinekollegen fast jede neue Entwicklung seines Zeitalters aufgriff. Kaum war in den sechziger Jahren der elektrisch gezündete Torpedo erschienen (damals noch eine stationäre Mine, nicht das Geschoß mit Eigenantrieb der späteren Jahre), als Fisher der Marine vorschlug, ihn einzuführen, obwohl ihm die Einstellung der Marine zu der neumodischen Waffe bekannt war. Wie Fisher sich später erinnerte, war sie in dem Urteil des Ersten Seelords zusammengefaßt, der „mir sagte, als er zur Marine gekommen sei, hätte es keine Torpedos gegeben, und er könne nicht einsehen, warum es solche viehischen Sachen jetzt geben sollte“.

Als Direktor der Marinewaffeninspektion hatte er im Jahre 1886 die Ausmusterung der Vorderladergeschütze, die die Marineartillerieschule immer noch verwendete, angeordnet. Er führte dort die neuen, schnellfeuernden Hinterladerwaffen ein, die in der Flotte schon seit einiger Zeit im Dienst standen. Eben nach der Jahrhundertwende, als er die Ausbildung der Offiziersanwärter in Dartmouth und auf der Isle of Wight befehligte, verlangte er von allen Offizieren, daß sie „sich bücken und die Finger ins Öl stecken“ sollten, womit er meinte, sie sollten sich mit der Arbeitsweise von Dampfmaschinen vertraut machen. Dabei glaubten noch viele Offiziere dieser Tage, von ihnen würde verlangt, wie einst Lord Nelson an Deck auf und ab zu schreiten, nicht aber, sich mit der Arbeit der sozial Tieferstehenden unter Deck zu besudeln. Das waren einige der „wirren" Ideen, für die Fisher nachdrücklich eingetreten war.

Mannschaften und junge Offiziere sahen zu einem so ungewöhnlichen Mann mit einer Mischung aus Schrecken und Zuneigung auf – Schrecken, weil er den Gefechtsdrill mitleidlos durchführte, Zuneigung wegen seines Humors und seiner Fürsorge für die Untergebenen. Ein Subalternoffizier, der unter ihm gedient hatte, erzählte: „Er lief mit dem stetigen, rhythmischen Schritt eines Panthers herum. Das Achterdeck zitterte, und alle Mann zitterten mit. Wenn er an Deck kam, lief blitzschnell die Warnung von Mund zu Mund: ‚Vorsicht, Jacky kommt.'" Aber derselbe Mann erinnerte sich auch daran, wie Fisher sich um die Lebensumstände an Bord kümmerte. Erstmalig ließ der Admiral für die Mannschaftsmessen Gabeln und Messer ausgeben (vorher hatte man die Seeleute mit Löffeln und ihren Fingern auskommen lassen). Auch führte er die ersten Bordbäckereien ein, die täglich für frisches Brot sorgten. Endlich war er bekannt dafür, daß er in die Kohlendampfer kletterte und die müde gewordenen Matrosen bei der undankbaren Arbeit der Kohlenübernahme aufmunterte.

Man erinnerte sich auch der ausgelassenen Gesellschaften, die er in der Freizeit veranstaltete, bei denen er selten seinem Impuls zu tanzen widerstehen konnte, gleichgültig, ob Damen als Tanzpartnerinnen anwesend waren oder nicht. „Er zog mich mit", berichtete ein junger Offizier, „und ab ging es, immer schneller herumspringend, drehend und kreiselnd. Wir verhedderten uns mit den Beinen, fielen und rollten Hals über Kopf in den Wassergang des Achterdecks. Alle bogen sich vor Lachen, und der Admiral lachte mit."

Daß ein Admiral vor seinen Untergebenen sich so frei von würdevollem Gehabe hielt, blieb erstaunlich, aber gerade das war es, was Mannschaften wie junge Offiziere an Jacky Fisher so liebten. Wenn ältere, verknöcherte Offiziere auch scheel auf solche Possen herabblickten, sie konnten nicht abstreiten, daß Fisher auf die Marine eine elektrisierende Wirkung ausübte. Als Befehlshaber der Mittelmeerflotte zwischen 1899 und 1902 ersetzte er die üblichen Routinefahrten durch taktische und strategische Übungen auf See, erprobte neue Feuerleitverfahren, die die wirksame Reichweite der großen Geschütze bis auf 6500 Meter steigerten, veranstaltete Schießwettbewerbe zwischen den Schiffen mit Preisen für die Gewinner und machte, ganz allgemein gesehen, die Mittelmeerflotte zur kampfkräftigsten der Royal Navy. Als im Jahre 1904 der Posten des Ersten Seelords vakant wurde, war Fisher der gegebene Kandidat für die Nachfolge. Aus Gründen der Höflichkeit und kluger Politik wurde Fishers Name zuerst König Edward VII. unterbreitet, der auf Marineangelegenheiten einen beträchtlichen Einfluß ausübte. Der weitblickende Monarch genehmigte die Ernennung ohne weitere Umstände.

Für seinen Amtsantritt wählte Fisher einen passend dramatischen Tag, die 99. Wiederkehr von Admiral Nelsons historischem Sieg bei Trafalgar. Einem Freund schrieb er: „Ich stoße am 21. Oktober zur Admiralität, ein guter Kampftag, um die Arbeit aufzunehmen."

Für seine beabsichtigte Tätigkeit hatte er bereits einen Plan entworfen – einen Plan, den er mehrere Wochen vor Amtsantritt dem Ersten Lord der Admiralität, Earl of Selborne, der als Kabinettsminister für die Marine Fishers Vorgesetzter war, aufgedrängt hatte. Fisher erinnerte sich: „Ich setzte ihn in meinem Büro in einen Lehnstuhl und schüttelte meine Faust zweieinviertel Stunden ohne Unterlaß vor seinem Gesicht. Dann las er 120 Seiten Kanzleibögen und brach anschließend zusammen."

Wenn Fisher sich über irgend etwas aufregte – und das tat er meistens –, schrieb er im Stil eines Sensationsblattes, mit Kopfleisten, Großbuchstaben, Ausrufezeichen, Unterstreichungen und scharf pointierten Sätzen.

„Kämpfen machte mich zu dem, was ich bin“

Der Mann, der die Royal Navy revolutionierte, erfreute sich nicht des Wohlstandes oder der gesellschaftlichen Stellung einer Familie, die so vielen seiner Zeitgenossen zu hohem Rang verholfen hatten. John Arbuthnot Fisher wurde 1841 auf Ceylon als Sohn eines Kaffeepflanzers geboren, der so arm war, daß er seine sieben Kinder nach England schicken mußte, wo sie für ihren Lebensunterhalt auf die Barmherzigkeit von Verwandten angewiesen waren. Viele junge Menschen wären unter diesen Umständen verkümmert. In Fisher weckten sie einen starken Kampfgeist. „Ich mußte um alles wie verrückt kämpfen“, sagte er später, „und kämpfen machte mich zu dem, was ich bin.“

Mit 13 Jahren trat Fisher als Kadett in die Marine ein und setzte seine kämpferische Veranlagung sofort ein, um seine Zukunft zu gestalten. Er arbeitete „wie ein junger Elefant“, wie er es selbst ausdrückte, um Seemannschaft und Mathematik zu lernen. Mit 20 Jahren wandte er sich dem Artilleriewesen zu und beherrschte die neuesten Verfahren so schnell, daß er schon nach sechs Monaten zum Ausbilder auf dem Dreidecker *Excellent,* der wichtigsten Artillerieschule der Marine, ernannt wurde.

Fishers Fähigkeiten machten einen starken Eindruck auf seine Vorgesetzten. Mit 28 wurde er zum Korvettenkapitän befördert. Er wütete gegen einen Dienstbetrieb, der sich in Reinschiffarbeiten erschöpfte, und nörgelte, daß man „auf das Reinigen des Farbanstriches ernsthafte Gedanken verschwendet“.

Seine dienstfreie Zeit widmete er Untersuchungen über schwache Punkte in der Marine; er verfaßte Abhandlungen über Schießverfahren, Munition, Seetaktik und Marineverwaltung. Er schrieb: „Mein Kopf ist voll von Dingen, die im Dienst über Bord geworfen werden müßten.“ Das sollte sich als prophetische Aussage erweisen. Fisher warf praktisch die alte Flotte über Bord, um die kampfstärkste Kriegsflotte zu bauen, die die Welt je gesehen hatte.

Jacky Fisher als Erster Seelord im Jahre 1905. Man erkennt die hartnäckige Entschlossenheit, die ihm 1890 die Admiralsflagge einbrachte. Fisher meinte, sein Erfolgsrezept sei, jede Aufgabe „mit der Ernsthaftigkeit, notfalls mit dem Fanatismus, eines Missionars anzugehen“.

Als junger Leutnant von 24 Jahren stellt sich Jacky (rechts) mit seinen Geschwistern, seinem Schwager (sitzend) und zwei Nichten zu dieser Gruppenaufnahme des Jahres 1865. Es war das einzige Mal, daß alle Fisher-Kinder zusammenkamen. Über Fishers eigene Kinder schrieb ein Biograph: „Sie wurden in fast völliger Unkenntnis über die Brüder und Schwestern ihres Vaters großgezogen."

Mit 19 Jahren, als dieses Bild aufgenommen wurde, diente Fisher für kurze Zeit als diensttuender Kommandant des Admiralsgeleitbootes „Coromandel".

Mit 42 Jahren Kommandant des Artillerieschulschiffes „Excellent", galt Fisher als strenger, aber anregender Offizier. Ein Kamerad schrieb, er habe „die Männer mit einem Schwung erfüllt, daß sie arbeiteten, als hinge ihr Leben davon ab".

*Jahre 1900 Befehlshaber der Mittel-
eerflotte, genießt der 59 Jahre alte Vize-
miral Fisher auf der „Renown" einen
ugenblick der wohlverdienten Ruhe.*

Das Photo zeigt Fisher mit seiner Familie: einer der wenigen Augenblicke des Zusammenseins, denn für Fisher stand die Marine immer „an erster Stelle".

Die Bildbeilage einer Londoner Zeitung begrüßt 1904 Fishers Plan, die veralteten Schiffe auszumustern, und listet ihre Schwächen auf: „Ungepanzert und langsam", „geringe Feuerkraft", „verschwenderischer Kohlenverbrauch." Fisher (Einsatzbild, Mitte) „pflegte die Beziehungen zur Presse, ohne dabei rot zu werden", schrieb ein zeitgenössischer Journalist, „und wir belohnten ihn mit so viel Werbung für seine Person und seine Gedanken, wie sie wohl noch kein Seemann seitens der Presse erhalten hat".

Die 120 Seiten umfassende Denkschrift, mit der er Lord Selborne bedrängte, bildete keine Ausnahme. In ihr fanden der Überschwang, mit dem er seine Gedanken vertrat, seine Ungeduld, mit der Arbeit zu beginnen, und seine durchdringende Vorausschau ihren Niederschlag. „Der ganze Plan muß bis zum nächsten Weihnachtsmorgen aus der Admiralität ans Licht treten", erklärte er im Vorwort, „wie Minerva aus dem Kopfe Jupiters." Da das vorgeschlagene System die Marine, auf lange Zeit gesehen, weniger kostenaufwendig gestalten würde – fuhr er fort –, „wird die Nation ihm Beifall spenden, der Steuerzahler wird es anbeten! Die Marine wird anfänglich knurren! (Zuerst knurren sie immer!) ABER WIR WERDEN UM DREISSIG PROZENT KAMPFKRÄFTIGER, UND WIR WERDEN BEREIT SEIN, SOFORT KRIEG ZU FÜHREN!"

Trotz aller sprachlichen Übertreibungen war der Plan, den Fisher vorlegte, ein Muster gesunden Menschenverstandes. Er forderte vier durchgreifende Reformen. Die erste war die Einführung des sogenannten Stammbesatzungssystems. Die Schiffe der Flottenreserve sollten ständig mit mindestens zwei Fünftel der vollen Besatzungsstärke bemannt bleiben (anstatt, wie bisher üblich, praktisch leer brachzuliegen) und somit viel schneller einsatzfähig werden können. Die zweite Reform betraf eine Umschichtung der fünf Flottenabteilungen der Marine, wobei die in den krisenfreien Gebieten wie der Karibik und dem Indischen Ozean auszudünnen und die stärksten Kräfte näher am Heimatland zu konzentrieren wären. Die dritte Maßnahme war wohl die dramatischste von allen: Quer über eine Liste von 154 überalterten britischen Kriegsschiffen kritzelte er die verwegene Anordnung: „Den ganzen Haufen verschrotten!" Der vierte Vorschlag sah ein umfangreiches Bauprogramm vor, das Schlachtschiffe, Kreuzer, Zerstörer und Unterseeboote der Flotte modernisieren sollte. Ganz besonders wünschte er eine Konzentration der Anstrengungen auf die Entwicklung eines neuen Typs von Superschlachtschiff, welches die größte Kampfmaschine werden sollte, die die Royal Navy je gebaut hatte. Er schrieb: „Oberste Pflicht der Flotte ist, sofort bereit zu sein, gegen den Feind loszuschlagen. Das kann nur erreicht werden durch Konzentration unserer Kräfte auf Schiffe mit unbestreitbarem Kampfwert."

Fast der einzige von Fishers Vorschlägen, der unangefochten durchging, war derjenige, der die Stammbesatzungen betraf. Niemand bestritt die Zweckmäßigkeit, Schiffe in Bereitschaft zu halten. Die anderen Vorschläge wurden heftig bekämpft. Imperialisten sagten Verhängnis für das Empire voraus, falls die Umschichtung der Flottenabteilungen durchgeführt würde. Fisher konterte mit logischen Argumenten. Er legte dar, daß die weit verstreuten Flottenstationen aus den Tagen der Segelschiffahrt stammten. Er schrieb: „Früher bestimmte der Wind den Lauf der Ereignisse; Flotten und Schiffe brauchten ehemals Tage, um ins Gefecht zu kommen – heute nur noch Minuten." Früher hatte tatsächlich eine Reise unter Segeln nach Indien drei Monate gedauert. Im Jahre 1904 tat das ein mit 18 Knoten fahrender Dampfer in weniger als einem Monat.

Die Verschrottungsmaßnahmen provozierten – was nicht verwunderlich ist – die lauten Protestschreie von Leuten, die meinten, daß zahlenmäßige Stärke der größte Aktivposten der Royal Navy sei. Solcher Beweisführung entgegnete Fisher: „Selbst Millionen Ameisen können gegen ein Gürteltier nichts ausrichten." Den milderen Einwänden von Lord Selborne, der behauptete, daß „nach der Entscheidungsschlacht eine Reserve selbst alter Schlachtschiffe von hohem Wert sein könnte", begegnete Fisher mit der Feststellung, die in Frage stehenden alten Schlachtschiffe machten aus der Flotte nur „ein schwimmendes Museum vergangener Zeiten". Der Verschrottungsbefehl wurde durchgesetzt, und bis Ende des Jahres 1905 waren 90 Schiffe den Abwrackern übergeben worden, was Zehntausende Pfund Sterling an Unterhaltskosten einsparte.

OWING TO REDISTRIBUTION OF NAVAL POWER
ENDYMION 1891
ALL UNARMOURED & SMALL GUN POWER
RINALDO 1900
TARTAR 1886
ALBERT 1894
OWING TO REDISTRIBUTION OF NAVAL POWER
THESEUS 1892
St GEORGE 1892
THISTLE 1899
UNARMOURED & SMALL GUN POWER
SPEEDY 1893
WORK CAN BE DONE BY DESTROYERS
HUSSAR 1894
VESTAL 1900
(UNARMOURED & SMALL GUN POWER)
UNARMOURED & SMALL GUN POWER
ESPEIGLE 1901
FANTOME 1901
OBSOLETE SQUARE RIGGED IRONCLAD
NORTHAMPTON 1876
TRITON 1891
OF LITTLE USE AS FIGHTING SHIPS
INDEFATIGABLE 1891
OBSOLETE SQUARE RIGGED IRONCLAD
CLEOPATRA 1878
OBSOLETE SQUARE RIGGED IRONCLAD
CALLIOPE 1878
OF LITTLE USE AS FIGHTING SHIPS
PEARL & PALLAS 1890
SLOW & WASTEFUL OF COAL
MEDEA 1888
WITHDRAWN OWING TO REDISTRIBUTION OF NAVAL POWER
PIONEER 1899
PANDORA 1898
PYRAMUS 1898
OBSOLETE
UNARMOURED & SLOW
IRIS 1877
MERCURY 1878
OUT OF DATE & SLOW
IMMORTALITE 1887
NARCISSUS 1899
OUT OF DATE & SLOW
UNDAUNTED 1886
AURORA 1887
SLOW & WASTEFUL OF COAL
MEDUSA 1888
NORMAN WILKINSON

Bis Weihnachten hatte Fisher einen Ausschuß für Schiffsentwürfe, dem er selbst vorstand, ernannt, um seinen vierten Vorschlag zu verwirklichen – den Bau einer gänzlich neuen Flotte um einen neuen Typ von Schlachtschiff herum. Bei der Planung dieser Flotte waren zwei Hauptprobleme zu lösen. Das eine war Geschwindigkeit. Einige Taktiker sahen Vorteile hoher Geschwindigkeit nur für eine unterlegene Flotte, eine, die sich der Gefahr entziehen muß. In der ganzen britischen Marinegeschichte galt Geschwindigkeit als zweitrangiger Faktor hinter starken Schiffskörpern und überwältigender Feuerkraft. Schlachten waren Breitseite zu Breitseite geschlagen worden, und die gegnerischen Flotten hatten sich mit Schneckengeschwindigkeit fortbewegt. Für Fisher jedoch, aufgeschlossen für alle Möglichkeiten, welche die moderne Technologie bot, war Geschwindigkeit „ein Erfordernis ersten Ranges für jede Klasse von Kampfschiffen".

Die andere entscheidende Frage betraf die Bestückung der Schiffe, und ihre Beantwortung ergab sich aus der Lösung des ersten Problems. „Wenn wir die Kampfentfernung wählen können, dann können wir uns für das Gefecht auch die am besten geeigneten Waffen aussuchen. Nach welchen Gesichtspunkten", fragte Fisher rhetorisch, „wurde aber in der Vergangenheit die Bewaffnung ausgewählt? Sieht die verwirrende Anzahl von Geschützarten nicht manchmal so aus, als ob man die Arche Noah bevölkern und Vertreter aller Kaliber dabeihaben wollte?"

Bevor jedoch über das Problem endgültig entschieden werden konnte, trat am anderen Ende der Welt ein Ereignis ein, welches die Aufmerksamkeit für kurze Zeit von der englisch-deutschen Rivalität ablenkte und gleichzeitig der Admiralität die Gelegenheit bot, ohne Kosten für Großbritannien einige ihrer Theorien auf ihren Wert hin zu prüfen.

Im Februar 1904, acht Monate vor Fishers Dienstantritt bei der Admiralität, gerieten im Fernen Osten Japan und Rußland aneinander; beide Staaten verfolgten imperialistische Absichten auf Korea und die Mandschurei. Dabei stellte sich heraus, daß Japan eine unerwartet kampfstarke Flotte besaß. In einer Anzahl von Seegefechten, die im August 1904 in der Schlacht vor Port Arthur ihren Höhepunkt fanden, wurde die ganze russische Pazifikflotte mit über 40 Schiffen ausgelöscht. Beharrlich entschlossen, den Krieg fortzusetzen, ernannte Zar Nikolaus II. daraufhin seine Ostseeflotte zum Zweiten Pazifischen Geschwader und befahl ihr, nach Wladiwostok zu dampfen. Von ihrer Station in Kronstadt, an der Westküste Rußlands, gab es nur einen Weg, dorthin zu gelangen: eine mühselige Reise von 18 000 Seemeilen durch den Atlantik, den Indischen Ozean, das Südchinesische Meer, dann durch die Meerenge, die Korea von Japan trennt, und vorbei an der japanischen Insel Tsushima.

Aus jedem Blickwinkel betrachtet, war es eine vergebliche Mühe. Der Landkrieg war schon verloren. Nach Ausschaltung der russischen Pazifikflotte hatten die Japaner Truppen in der Mandschurei gelandet und belagerten die russische Enklave Port Arthur. Die Hafenstadt sollte vier Monate bevor die Ostseeflotte das Seegebiet erreichen konnte kapitulieren. Da sich schon die russische Pazifikflotte unfähig erwiesen hatte, mit der überraschenden Stärke der Japaner fertig zu werden, was für einen Grund gab es dann, zu glauben, daß der Ostseeflotte – völlig unerfahren in den Gewässern des Fernen Ostens – mehr Erfolg beschieden sein könnte?

„Zehntausend russische Seeleute nicht in den Kampf, sondern zum Opferaltar geführt", schrieb Kapitän Wladimir Semenow, einer der wenigen hohen Offiziere, die die Katastrophe vor Port Arthur überlebt hatten. Semenow kehrte nach Westrußland zurück und befand sich jetzt bei der hastig zusammengestellten Flotte, die am 16. Oktober 1904 die Ostsee verließ. Nur Semenow scheint das traurige Schicksal, welches der russischen Flotte im japanischen Seeraum bevorstand, voll begriffen zu haben.

Ein Verfechter der Seeherrschaft

ALFRED THAYER MAHAN

„Die richtige Nutzung der See und ihre Beherrschung sind nur ein Glied in der Kette wechselseitigen Austausches, der steigenden Wohlstand bringt. Sie sind aber das Hauptglied." Dies behauptete ein Kapitän der amerikanischen Marine, Alfred Thayer Mahan, in seiner 1890 verfaßten Abhandlung: „Der Einfluß von Seemacht auf die Geschichte." Mahan schrieb nur nieder, was die Briten seit Jahrhunderten begriffen hatten. Jedoch entwickelte er seine Theorie mit solch zwingender Logik und bewies ihre Anwendung in der internationalen Politik so eindrucksvoll, daß sein Werk bald unter Regierungshäuptern und Marineoffizieren der ganzen

Welt die Runde machte. So zitierten sowohl Deutsche wie Briten Mahan, um ihren Rüstungswettlauf um die Vorherrschaft auf den Meeren zu begründen.

Der Mann, der der Prophet der Seemacht werden sollte, erreichte 1859 seinen Abschluß auf der Marineakademie in Annapolis und hatte während des Bürgerkrieges an Bord verschiedener Kriegsschiffe der Nordstaaten an mehreren Gefechten teilgenommen. Trotzdem wurde Mahan mehr Historiker als Truppenoffizier und wandte sich bald der Erforschung des Einflusses von Seeschlachten auf den Gang der Geschichte zu. Im Jahre 1886 wurde er Präsident der Marineakademie, wo er lehrte, daß Seeherrschaft ein Faktor sei, der in seinen Wirkungen noch niemals systematisch erforscht worden sei. Aus dem Studium der Geschichte Europas und Amerikas zog er die Schlußfolgerung, daß in allen kriegerischen Konflikten der Sieg immer denen zugefallen sei, die auch die Meere beherrschten. Sehr viel mehr als die Stärke einer Armee sei Seemacht überdies der entscheidende Faktor bei Ausübung der „Kontrolle über entfernte Gebiete". Endlich übten starke Flotten von Großkampfschiffen, schrieb Mahan, eine Art von „schweigendem Druck aus, dessen Geräuschlosigkeit das auffälligste und eindrucksvollste Zeichen seiner Wirksamkeit ist".

Wenige Jahre nach der Herausgabe war Mahans Buch bereits ins Russische, Französische, Italienische, Spanische, Japanische und Deutsche übersetzt. Kaiser Wilhelm II. gestand: „Ich lese nicht nur das Buch von Kapitän Mahan, ich verschlinge es. Alle meine Schiffe haben es an Bord." In Großbritannien, das von Mahan bewundert wurde für sein „stetiges Festhalten an der Seeherrschaft und seine hochgemute Entschlossenheit, sie auch fühlbar zu machen", bezeichnete Premierminister William Gladstone das Werk Mahans als „das Buch des Zeitalters". Als Mahan im Jahre 1894 London besuchte, wurde ihm die Ehre zuteil, als erster Ausländer in den Royal Navy Club zum Diner eingeladen zu werden; eine Versammlung von 100 Admiralen und anderen hohen Offizieren brachte drei brausende Hurra-Rufe auf ihn aus.

Befehlshaber der Kaiserlich Japanischen Flotte war Admiral Heihachiro Togo, ein Mann, in dem unerschütterliche Gelassenheit sich mit einer Vorliebe für britische Tradition verbanden. Als junger Marinekadett war Togo in den siebziger Jahren von seinen Vorgesetzten ausgewählt worden, eine Spezialausbildung in England zu absolvieren. Zwei Jahre diente er an Bord des 52-Kanonen-Segelschiffes *Worcester,* studierte dann Mathematik in Cambridge, Marinemaschinenwesen in Greenwich und das Geschützwesen in Portsmouth. Im Jahre 1878 nach Japan zurückgekehrt, erfüllte er alle Erwartungen seiner Förderer, stieg schnell auf und übernahm 1900 das Kommando über die japanische Hauptflotte.

Die Flotte war nicht groß, aber gut ausgestattet und vorbereitet wie er selbst auch. Sie bestand aus vier Schlachtschiffen, acht schwer gepanzerten Kreuzern sowie einer Anzahl von kleinen Kreuzern und Torpedobooten – insgesamt etwa 60 Schiffe. Die Schlachtschiffe waren wie die modernsten britischen Schiffe armiert, mit je vier 30,5-cm-Geschützen und einer Anzahl verschiedener kleinerer Kaliber. Für die 30,5-cm-Geschütze gab es Granaten mit neuentwickelten, hochempfindlichen Zündern, die sehr viel schneller ansprachen als die älteren Typen. Schon beim leichtesten Aufschlag wurde das Ziel mit einem Regen aus Stahl und Feuer überschüttet. Außerdem waren die Granaten mit dem neuen japanischen Sprengstoff – Shimose – gefüllt, welcher sehr viel schneller als andere Pulverarten hohe Temperaturen erreichte. Vereint mit dieser hochwirksamen Bewaffnung war eine beachtliche Geschwindigkeit. Fast alle Schiffseinheiten der Flotte konnten 18 Knoten erreichen.

Als Krönung des Ganzen waren die Besatzungen, Togos Kameraden und Schüler während der acht Jahre seines Kommandos, hervorragend ausgebildet und in einer Disziplin gehalten, die Togo nie erlahmen ließ. Nachdem er der russischen Flotte vor Port Arthur den Todesstoß versetzt hatte, zog Togo seine Flotte nach Japan zurück. Dort ließ er seine Männer – während an den Schiffen die Instandsetzungsarbeiten liefen – Schießübungen mit den neuen Granaten durchführen. Er verlor keine Minute der Pause vor der nächsten Konfrontation.

Gegen diese mächtige, auf vorbildliche Weise zusammenwirkende Streitkraft schickten die Russen eine zusammengekratzte, schlecht geführte Flotte mit demoralisierten Besatzungen, die von Anfang an von Pannen und Verzögerungen verfolgt wurde.

Die Ostseeflotte umfaßte 12 größere Kriegsschiffe – also dieselbe Zahl wie die japanische Flotte –, aber nur fünf davon waren neue Schiffe, und jedes hatte seine Mängel. Das Flaggschiff, *Suworow,* war für eine Wasserverdrängung von 13 500 Tonnen ausgelegt und sollte 18 Knoten laufen. Nachträglich wurde aber so viel zusätzliche Einrichtung eingebaut, hauptsächlich in Form luxuriöser Ausstattung der Offiziersunterkünfte, daß sie jetzt gut über 15 000 Tonnen verdrängte, topplastig und unstabil geworden war und gerade noch 16 Knoten lief. Die *Alexander III.* war noch um einen Knoten langsamer. Die Maschinen der *Borodino* überheizten bereits bei 12 Knoten und mußten zum Abkühlen abgeschaltet werden, oder das Schiff mußte geringere Fahrt laufen. Die *Orel* war so neu, daß sie nicht einmal ihre Probefahrten beendet hatte; auf der Reise in den Fernen Osten brach ihre Maschinenanlage zweimal zusammen. Das fünfte neue Schiff war die *Swetlana* mit der eindrucksvollen Geschwindigkeit von 20 Knoten. Sie war jedoch nur ein leicht gepanzerter Kreuzer.

Die restlichen sieben großen Kriegsschiffe waren allesamt so unzulänglich, daß Kapitän Semenow sie einmal wehmütig mit „alten Plätteisen und Galoschen" verglich. Einige von ihnen hatten fast 40 Jahre auf dem Buckel und trugen zum Teil noch hoffnungslos veraltete Vorderladerkanonen. Alles zusammengenommen, einschließlich einiger bunt zusammengewürfelter Zerstörer und Versorgungsschiffe, bestand die russische Ostseeflotte aus 38 Einheiten. Ihre Geschwindigkeit entsprach der des langsamsten Schiffes – 11 Knoten.

Der Mann, der den unheilträchtigen Einsatz führte, erwies sich als ebenso mangelhaft wie seine Schiffe. Admiral Sinowij Roschestwenskij hatte noch nie in seinem Leben eine Flotte im Kampf geführt, dafür aber das große Glück genossen, beim Zaren als favorisierter Adjutant Dienst tun zu dürfen. Ein hochgewachsener, stattlicher Mann mit beeindruckendem Auftreten, sah er in Uniform und im Schmuck all seiner Orden wie das wahre Abbild eines kämpferischen Admirals aus.

Sein Verhalten entsprach leider nicht seinem Aussehen. Obgleich die meisten Männer unter seinem Kommando unausgebildete Rekruten waren, hastig eingezogen nach der Katastrophe von Port Arthur, scheint er auf Gefechtsdrill während der Reise keinen Wert gelegt zu haben. Ebensowenig teilte er seinen Offizieren irgendeinen Plan mit für die Schlacht gegen den Feind, der am Ziel der Reise auf der Lauer lag. Statt dessen verbrachte Roschestwenskij die Seereise auf seiner Brücke sitzend, paßte auf, daß die Schiffe in Linie fuhren und die vorgeschriebenen Abstände einhielten, und erfüllte Offiziere und Matrosen gleichermaßen mit Schrecken, wie sich ein Seemann, der die Fahrt mitmachte, erinnerte, „als wäre er eine 38-cm-Granate eben vor dem Platzen". Und er platzte wirklich, wenn ein Schiff wagte, aus seiner Position zu fallen. „Dann", erzählte der Seemann weiter, „kam, nach einer Salve von Flüchen auf das schuldige Schiff, der Befehl: ‚Signalisieren Sie dem Idioten eine Rüge.'"

Hauptsorge der Flotte waren die Kohlen. Für ihre Reise um die Welt benötigte sie eine halbe Million Tonnen Brennstoff. Die meisten Kohlenstationen in der weiten Runde befanden sich aber in britischer Hand. Seit 1902 mit Japan verbündet, hatte Großbritannien seine Kohlenstationen den Russen verweigert. So mußten die Russen soviel Kohle wie nur möglich selbst mitnehmen und packten jedes Schiff voll, bis es schwer überladen war. Das Flaggschiff *Suworow* konnte 1100 Tonnen bunkern, schleppte indessen die doppelte Menge mit. Kohle war überall, schrieb Semenow, „wir steckten nicht nur bis zum Hals, nein, bis über die Ohren darin". Kohle lagerte in Säcken an Oberdeck; Kohlenstaub auf den Decksplatten, Kohlenstaub in den Booten, Kohlenstaub in den Speiseschränken. Als der mitgenommene Vorrat zur Neige ging, mußten die Schiffe auf See kohlen, aus Dampfern, die aus irgendeinem freundlich gesinnten Hafen entlang der Fahrtroute kamen. Kohlenübernahme ist in jedem Falle harte und schmutzige Arbeit, sie wurde aber geradezu gespenstisch in den Tropen, zum Beispiel vor Dakar in Französisch-Westafrika. Die Temperatur in den Kohlenbunkern stieg auf 45 Grad Celsius, und selbst die stärksten und gesundesten Leute konnten nur knapp 20 Minuten durcharbeiten.

Bei einem brummigen Befehlshaber, stickiger Hitze, würgendem Kohlenstaub und dem Vorwärtskommen im Schneckentempo hatte die Moral der Russen einen absoluten Tiefstand erreicht, als die Flotte am 27. Mai 1905 – sieben Monate nach ihrer Ausreise – die Straße von Korea ansteuerte. Die Russen begaben sich nun auf das letzte, 600 Seemeilen lange Teilstück ihrer Reise. Das Wetter war neblig. Bisher waren sie noch nicht gesichtet worden, und die Hoffnung stieg, daß sie Wladiwostok und damit Versorgungsgüter erreichen könnten, bevor sie den Japanern gegenübertreten müßten. „Wie wollen die uns in diesem Wetter finden?" fragte der Kommandant der *Suworow* den Kapitän Semenow. „Sehen Sie sich um, man kann nicht einmal das Ende der Flottenlinie erkennen. Es steht zweihunderttausend zu eins, daß irgendwer zufällig auf uns trifft."

Togo hatte jedoch – ungleich Roschestwenskij in seinem Brückenlehnstuhl – nichts dem Zufall überlassen. Entlang der ganzen Reiseroute hatte er Aufklärer postiert und wartete ruhig an Bord seines Flaggschiffes, der *Mikasa,* in der koreanischen Chinhae-Bucht, 90 Seemeilen weiter nördlich.

Unter den wachsamen Augen eines Offiziers schaufeln Matrosen eines russischen Kriegsschiffes Kohlen in Weidenkörbe, die dann von den Kohlenkästen auf der Pier in die Bunker der Schiffe befördert werden mußten. Dieser mühselige Vorgang, der alle Marinen behinderte, konnte zu jeder gegebenen Zeit bis zu 25 Prozent einer Flotte im Hafen festhalten. Es war eines der Übel, die Jacky Fisher in der Royal Navy abzustellen suchte. Er betrachtete es als „verbrecherische Dummheit" und führte 1912 eine Kampagne, um die britischen Schiffe von Kohlen auf die wesentlich bessere Ölfeuerung umzustellen.

Im Morgengrauen des 27. Mai sichtete der japanische Hilfskreuzer *Shinano Maru* die Spitze der russischen Schiffe und gab die Nachricht über Funk an Togo weiter. „Alle Verhältnisse beim Feind waren uns völlig klar", schrieb Togo, „so, als läge er vor unseren Augen." Die Russen dampften weiter, sie ahnten nichts von der kommenden Katastrophe.

An Bord der japanischen Kriegsschiffe „sprangen alle Mann an die Gefechtsstationen", schrieb Togo. „Unsere Schiffe lichteten sofort Anker, jedes Geschwader nahm in guter Ordnung seinen vorbestimmten Platz ein und traf alle Vorbereitungen, den Feind zu empfangen." Mehr als eineinhalbmal so schnell wie die Russen, stand die japanische Flotte bereits kurz nach Mittag dieses Tages in der Straße von Tsushima. Um 13.45 Uhr machten die Russen die japanischen Schlachtschiffe, die sich in Kiellinie von vorne näherten, zuerst aus. Sie erkannten sie nur undeutlich, denn die japanischen Schiffe waren klugerweise in grau-grüner Farbe gestrichen, die in dem ebenfalls grau-grünen Seenebel verschwamm.

Der größte Zusammenstoß zweier Flotten seit der Schlacht von Trafalgar nahm seinen Anfang. Um 13.55 Uhr setzte Admiral Togo ein Flaggensignal, welches an das erinnert, das Horatio Nelson hundert Jahre zuvor bei Beginn der historischen Schlacht an die britische Flotte gerichtet hatte: „Das Schicksal des Reiches ruht auf dem Ergebnis des heutigen Tages. Jedermann leiste sein Äußerstes!"

Den sich unbehaglich fühlenden Russen, die in zwei parallelen, aber unordentlichen Kiellinien fuhren, blieb Togos erstes Manöver ein Rätsel. Er drehte nach Steuerbord und kreuzte den Kurs der russischen Linie. Dieses Manöver, Ziehen des Striches durch das „T" genannt, war in den letzten Jahren in Marinekreisen viel besprochen worden. Theoretisch gab es der kreuzenden Flotte die Möglichkeit, ihr Breitseitenfeuer auf die Spitzenschiffe der feindlichen Linie zu vereinigen, während der Feind in Kiellinienformation nur die Buggeschütze seines Führungsschiffes einsetzen konnte. Togo führte jedoch die Bewegung aus, als er noch sieben oder acht Seemeilen entfernt, also außerhalb der Schußweite stand, so daß sie ihm keinen unmittelbaren Vorteil einbrachte. Er wollte eine Stellung gegenüber der Backbordkolonne der Russen einnehmen, von der seine Aufklärer gemeldet hatten, daß sie die schwächere der beiden Linien sei. Sein nächstes Manöver war noch verwirrender. Er ließ die Schiffe eines nach dem anderen am gleichen Punkte drehen, bis sie auf parallelem Kurs an Backbord der Russen lagen. Dieses Manöver schloß ein ungeheures Risiko ein, denn während der Drehung hatten die Russen eine perfekte Gelegenheit, jedes Schiff, welches die Schwenkung ausführte, zu treffen. Semenow erkannte die Chance. „Mein Herz schlug wild", schrieb er, „wenn wir doch nur ein Schiff außer Gefecht setzen könnten! Der erste Erfolg – war er möglich?"

Mit gut geschulter Besatzung hätte es möglich sein können, nicht aber mit den unerfahrenen Rekruten unter Roschestwenskijs unsicherer Führung. Bei einer Entfernung von etwa 8000 Metern raffte sich dieser endlich zu ein paar Entfernungsmeßschüssen auf, von denen ein Glückstreffer auf der *Mikasa,* dem japanischen Flaggschiff, landete, ihren Brückenaufgang fortriß und Togo am Oberschenkel verletzte. Die *Mikasa* fuhr ohne sonstigen Schaden weiter, und Togo blieb stoisch auf seinem Posten. Dann brach bei den Russen die Verwirrung aus, sie feuerten heftig, jedoch mit wenig Wirkung. In 15 Minuten hatten alle Schiffe Togos, ohne wesentlichen Schaden zu nehmen, die gefährliche Schwenkung ausgeführt. Die Flotten lagen nun auf ungefähr 6400 Meter Entfernung Breitseite zu Breitseite. Erst jetzt schickte Togo die neuen japanischen Granaten auf ihre heulende Reise über das Wasser zu den Russen, sein Feuer auf das Flaggschiff *Suworow* und auf die *Osljabja,* einen älteren Koloß in der Nähe, konzentrierend.

Die neuen Granaten schlugen auf den russischen Schiffen mit vernichtender Wirkung ein. Kapitän Semenow, der auf der *Suworow* eingeschifft war, schrieb: „Handläufe reichten aus, um eine gründlich wirksame Explosion auszulösen. Eiserne Niedergänge drehten sich zu Ringen auf, und Geschütze wurden buchstäblich von ihren Pivots geschleudert." Die Hitze der Explosionen setzte alles Brennbare sofort in Flammen. Überall brach Feuer aus. Herumfliegende Splitter rissen die Löschschläuche in Fetzen. Die Luft war erfüllt von Flammen, Blut und fliegenden Metallstücken.

Die Brücke der *Suworow* wurde getroffen und Roschestwenskij an Kopf und Beinen verwundet. Kampfunfähig, nur halb bei Bewußtsein wurde er auf den Zerstörer *Buinij* geschafft. Andere Treffer setzten die Rudermaschine und die Nachrichtenverbindungen im Flaggschiff außer Gefecht. Die dichtbei laufende *Osljabja* hatte Treffer in der Wasserlinie erhalten. Sie stellte sich plötzlich auf und sank über den Bug, dabei Hunderte von Matrosen, eingeschlossen in dem in Flammen stehenden Maschinenraum, mit sich in die Tiefe nehmend.

Innerhalb einer Stunde, in der ein russisches Schiff nach dem anderen zum Inferno wurde, war die Schlacht entschieden. Schonungslos hielt Togo sein Geschützfeuer bis 19 Uhr im Gange. Als die Dunkelheit heraufzog, befahl er seinen Torpedobooten, die restlichen russischen Schiffe zu erledigen, und setzte sich mit der Schlachtflotte ab. Am nächsten Tage kapitulierte ein jüngerer russischer Admiral mit den Schiffstrümmern, die noch schwammen, und den Männern, die noch am Leben waren, einschließlich des bewußtlosen Roschestwenskij.

Der Blutzoll war gräßlich einseitig. In nur einem halben Tag und einer Nacht waren 20 russische Schiffe versenkt worden, darunter vier der neuen Kriegsschiffe. Weitere sieben strichen die Flagge und ergaben sich, zwei liefen nach der Schlacht voll Wasser und gingen unter. Sechs Schiffe entrannen den Japanern. Sie erreichten die neutralen Häfen Schanghai und Manila, wo sie interniert wurden. Der Verbleib eines Schiffes ließ sich nicht feststellen, wahrscheinlich ging es unter.

Von 38 Schiffen, die vor fast acht Monaten von Kronstadt aus auf die unglückselige Reise gegangen waren, konnten nur zwei dem schrecklichen Inferno entkommen und Wladiwostok anlaufen. Etwa 6000 Mann wurden gefangengenommen, mehr als 4000 waren an Bord getötet worden oder ertrunken. Im Vergleich dazu waren die Verluste der japanischen Flotte gering. Drei Torpedoboote gingen verloren; 116 Japaner wurden getötet und 538 verwundet.

Alle Marinen der Welt studierten die Schlacht bei Tsushima mit gespannter Aufmerksamkeit, und bei der Analyse des russischen Unglücks ergaben sich zwei Erkenntnisse: Erstens, daß Geschwindigkeit ein wesentlicher Faktor des Erfolges ist. Togos schnelle Schlachtschiffe hatten Kampfort wie Kampfform bestimmt und hatten ihre russische Beute in die Enge getrieben, bevor diese Gegenmaßnahmen treffen konnte. Selbst ohne die Führungsschwäche Roschestwenskijs waren die unbeholfenen russischen Schiffe Todesfallen. Wenige langsame Schiffe gefährden nicht nur ihre eigenen Besatzungen, sondern die ganze Flotte, die ihre Fahrtstufe nach dem langsamsten Schiff ausrichten muß.

Die zweite, weniger offensichtliche Erkenntnis war der überragende Kampfwert der großen, weitreichenden Geschütze mit 30,5 Zentimeter Kaliber. Gewiß, auch die kleineren Kaliber und die Torpedoboote hatten eine Rolle gespielt, sie wurden jedoch nur in der Endphase eingesetzt, um bereits tödlich verwundeten Schiffen den Todesstoß zu versetzen. Schon die erste Stunde der Seeschlacht hatte über ihren Ausgang entschieden, als die großen Geschütze auf mehr als 6500 Meter Entfernung ihre Ziele trafen. Später sollte man neben Größe und Schußweite noch andere Vorteile einer Bestückung der Schiffe mit nur großen Kalibern entdecken, für den Augenblick genügte es, festzustellen, daß auf Schlachtschiffen kleinere

Admiral Sinowij Roschestwenskijs Flotte wurde bei Tsushima vernichtet. Seine Besatzungen waren so nervös, daß sie auf britische Trawler schossen, weil sie sie für japanische Kriegsschiffe hielten.

Admiral Heihachiro Togo, Sieger von Tsushima, war ein Meister der Taktik wie der Ausbildung. Marineoffizieren empfahl er, das Schachspiel zu erlernen, weil „es viel über Kriegführung lehrt".

In dieser von einem japanischen Künstler etwas übertrieben dargestellten Szene aus der Schlacht von Tsushima verlassen russische Matrosen unter einem rauchverdunkelten Himmel zwei sinkende Schiffe und retten sich in die Boote. Der Kampf war so einseitig, daß – so ein Beobachter – man nach einer Stunde die Bewegungen der russischen Schiffe „nicht mehr als Taktik bezeichnen konnte. Sie waren nichts mehr als der Versuch einer geschlagenen Flotte, zu entfliehen".

Geschütze mit 24,5 und 20,3 Zentimeter Kaliber im Grunde genommen nur noch unnötigen Ballast darstellten.

Natürlich hatte Jacky Fisher in England all dies vorausgesehen. Nach der Vernichtung der russischen Flotte bei Tsushima forderte der Erste Seelord eine sofortige gründliche Analyse des Geschehens. „Wenn, was zu vermuten ist, die anderen Seemächte bei Auswertung dieses Schulbeispiels zu gleichen Schlußfolgerungen kommen, dann werden ganz offensichtlich alle vorhandenen Schlachtschiffe in kürzester Zeit veraltet und unser Übergewicht in dieser Klasse von geringem Nutzen sein", stand in einem Abschnitt des vorgelegten Berichtes.

In der Tat hatte Fisher die Verschrottung nutzloser Schiffe und ihren Ersatz durch moderne Typen schon kurz nach seinem Amtsantritt eingeleitet. Neben die genannte Passage des Berichtes schrieb er in seiner nervösen Handschrift die Marginalie: „Wie froh sollten wir sein, letztes Jahr keine Schlachtschiffe oder Panzerkreuzer gebaut zu haben! Warum? Sie sind jetzt so altertümlich wie die Arche Noah!"

Die mächtige Royal Navy würde indessen von einem solchen Schicksal nicht betroffen werden. Schon hatte Fisher den Befehl gegeben, den Kiel für das Schiff zu strecken, das dereinst H.M.S. *Dreadnought* heißen sollte. Es war dieses Schiff, das mit seinem Erscheinen eine neue Runde des maritimen Rüstungswettlaufes einleitete.

Neue Wege in der Ausbildung

Jacky Fisher glaubte fest daran, daß die Menschen für die Schlagkraft einer Marine mindestens ebenso wichtig wären wie die Kriegsschiffe. Als Großbritanniens Zweiter Seelord wurde er im Jahre 1902 für die Ausbildung in der Marine verantwortlich. Obwohl nur 15 Monate in dieser Stellung, setzte er zuversichtlich in dieser Zeit eine Ausbildungsreform ins Werk – die anspruchsvollste und am weitesten in die Zukunft weisende in der ganzen Geschichte der Royal Navy.

Nach Fishers Ansicht waren die 18 Monate Schulung auf festliegenden Ausbildungsschiffen, die die Offiziersanwärter bisher erhielten, gleichbedeutend mit gar keiner Ausbildung. Auf den alten Schiffsrümpfen lernten sie zwar den üblichen Dienstbetrieb der Marine kennen, aber sehr wenig von den vielfältigen Problemen moderner Seekriegführung. Fisher schränkte die Rolle der alten Schiffe stark ein und errichtete zwei Marineschulen an Land: eine in Osborne auf der Isle of Wight und die andere in Dartmouth an der Südküste von Devon. Die Kadetten absolvierten zwei Jahre Grundausbildung und allgemeine Weiterbildung in Osborne. Danach gingen sie für zwei weitere Jahre nach Dartmouth, wo sie höhere Marinewissenschaften und Maschinenwesen in Speziallehrgängen studierten. „Ohne Unterschied muß die Ausbildung unserer Offiziere umgestellt werden, damit sie Maschinen und nicht Segel handhaben können." Darauf bestand Fisher.

Um einerseits die Ausbildung durchführen, andererseits aber weiterhin Fähnriche mit 16 Jahren zur Flotte schicken zu können, setzte Fisher das Mindesteintrittsalter von 14 auf 12 Jahre herab. Auch versuchte er, ein Stipendiensystem durchzudrücken, damit alle geeigneten Jungen in das Offizierskorps aufsteigen konnten. Traditionsgemäß zahlten Marineschüler £ 75 jährliches Schulgeld, nur die Söhne von Offizieren des Heeres, der Marine und der Seesoldaten wurden für £ 40 aufgenommen. Fishers Stipendienvorschlag wurde zuerst abgelehnt, fast ein Jahrzehnt später jedoch eingeführt.

Gleichzeitig unternahm Fisher eine Reform der Mannschaftsausbildung. In mehreren großen Häfen erbaute er Schulen für Mannschaftsdienstgrade, die technische Lehrgänge für Geschützpersonal, Signalpersonal und Maschinistenlehrlinge anboten, den Männern also, die später die Maschinenraumspezialisten der Marine werden sollten. Es blieb unvermeidlich, daß die „Alte Garde" der Marine die Reformen mit Protestgeheul begrüßte, Fisher aber stand das durch. „Die alten Siebenschläfer haben es als verdammt revolutionären Plan betitelt", schrieb er, „und das ist er auch."

In der Marineschule Dartmouth üben Offiziersanwärter das Signalisieren mit Winkflaggen. Da der Funkverkehr in dieser Zeit noch in den Kinderschuhen steckte, blieben Flaggen weiterhin das bevorzugte Nachrichtenmittel zwischen Schiffen.

Auf einem Hügel mit Blick über den Fluß Dart liegt die Königliche Marineschule Dartmouth. Rechts im Bild sind die beiden verankerten Holzkriegsschiffe aus dem 19. Jahrhundert sichtbar, die vorher als Schulschiffe für den Offiziersnachwuchs dienten. Fertiggestellt im Jahre 1905, konnte Dartmouth etwa 400 Kadetten aufnehmen, fast 150 mehr als die dumpfen, mit Ungeziefer verseuchten alten Schiffsrümpfe.

In den Werkstätten der Marineschule Osborne lernen junge Kadetten, mit Drehbänken und anderen Werkzeugmaschinen umzugehen. Das Bild wurde im Jahre 1903 aufgenommen. Fisher meinte: „Der zukünftige Marineoffizier wird die Bedienung von Maschinen aller Art für ebenso selbstverständlich halten wie jeder normale Sterbliche das Fahrradfahren.“

Ein Schiffsjunge übt auf einem Simulator in den Shotley Barracks das Ruderlegen nach Kompaßanzeige. Shotley Barracks war eine der Schulen, die Fisher gegründet hatte. Nach Abschluß der Ausbildung meinte ein Schiffsjunge voller Stolz: „Als wir an Bord kamen, wußten wir soviel wie ein Vollmatrose, hatten natürlich aber noch keine praktische Erfahrung."

Beim Unterricht über die Arbeitsweise einer Dampfmaschine studieren die Jungen – zukünftiges Maschinenpersonal – die Zeichnung eines Kolbens und vergleichen sie mit einem Schnittmodell. „Diese Jungen", rühmte Fisher, „sind mit Schiffsmaschinen großgeworden."

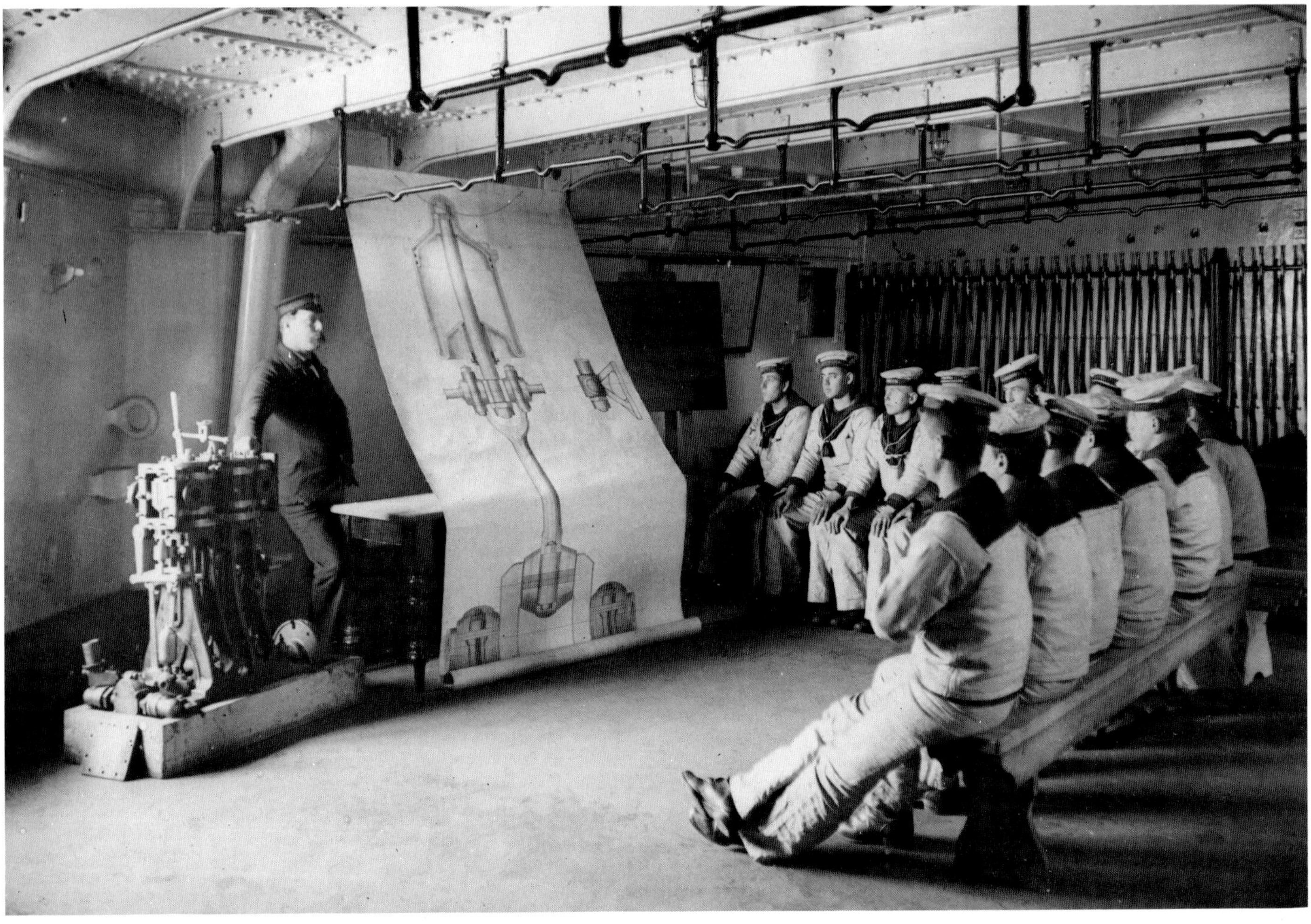

Auf Schemeln balancierend, lernen Matrosen in einem Trockenkurs das Brustschwimmen, bevor man sie ins Wasser gehen läßt. Wichtig für das Überleben und als gesunde Sportart angesehen, wünschte die Admiralität, daß Schwimmunterricht Teil der Ausbildung jedes Matrosen würde.

Auf dieser Aufnahme setzt ein junger Seemann seine theoretischen Schwimmkenntnisse in die Praxis um. Bis der Schüler sich allein über Wasser halten konnte, wurde er mit Handleinen gesichert. Als Abschlußübung mußte jeder Matrose mit voller Kleidung ins Wasser gehen und 100 Meter schwimmen.

Auf dem Schulschiff „St. Vincent" im Hafen von Portsmouth schrubben Schiffsjungen ein Stück Segeltuch. Im Jahre 1903 schaffte Fisher alle Ausbildungsreisen auf Segelschiffen ab. Die Jungen gewannen aber durch das Leben an Bord der aufgelegten alten Kriegsschiffe noch einen Eindruck von der alten Tradition.

Ermuntert von dem Musikkorps der Kaserne, laufen Lehrgangsteilnehmer in Portsmouth eine Leine auf. In der Mitte des Bildes stehen Waschbaljen. In der britischen Marine war es üblich, die Männer bei besonders beschwerlichen Arbeiten mit Musik aufzuheitern.

Nach dem Morgengebet in der Standortkirche begeben sich Matrosen im Laufschritt zum Appell; Unteroffiziere laufen an der Seite mit. Fisher, ein tief religiöser Mensch, der einst an einem Tag vier Gottesdienste besuchte, hielt Religion für einen unabdingbaren Teil der Ausbildung.

Kapitel 2

Ein maritimes Wettrüsten

Noch dampfte im Frühjahr 1905 die russische Flotte blind in ihr Verderben vor der Küste Japans, als die vom Ersten Seelord, John Arbuthnot Fisher, in London gebildete Kommission für Schiffsentwurf die Pläne ausarbeitete, welche die Royal Navy von Grund aus umgestalten sollten. „Ich werde alles ändern", hatte Fisher bei Übernahme seines neuen Amtes geschworen, „und wer sich mir in den Weg stellt, soll sich vorsehen. Ich vernichte jeden, der versucht, mich aufzuhalten." In einer Denkschrift, die er seinen Kollegen in der Admiralität zustellte, vermerkte Fisher: „Die neue Flotte muß unbedingt auf nur vier Schiffstypen beschränkt werden. Das ist alles, was im modernen Seekrieg gebraucht wird." Er zählte die vier Typen auf: Schlachtschiffe mit 15 900 Tonnen Deplacement, die 21 Knoten fahren konnten, Panzerkreuzer mit gleicher Verdrängung, aber 25½ Knoten Geschwindigkeit, Zerstörer von 900 Tonnen, 36 Knoten schnell, und Unterseeboote von 350 Tonnen und mit 13 Knoten Geschwindigkeit.

Der Ausschuß, den Fisher gebildet hatte, um die radikal neue Flotte ins Leben zu rufen, war eine bemerkenswerte Körperschaft aus erfahrenen Marineoffizieren, bedeutenden zivilen Wissenschaftlern und Männern aus der Industrie. Zusammen brachten sie einen gewaltigen Schatz an Wissen über Waffen und Panzerung, Feuerleitung und Torpedos, Antriebsarten, Brennstoffe und Nachrichtenmittel in ihre Arbeit ein. Unter den zivilen Mitgliedern befanden sich unter anderen Koryphäen wie Sir Philip Watts, ein Schiffskonstrukteur, der die Privatindustrie verlassen hatte, um Direktor des Marinebaubüros an der königlichen Werft in Portsmouth zu werden, und Lord Kelvin, irischer Mathematiker und Physiker an der Universität von Glasgow, berühmt wegen der Erfindung der Kelvin-Temperaturskala; er hatte auch das Unterwasserkabel erdacht, welches die internationale Telegraphie Wirklichkeit werden ließ. Zu den Marineoffizieren gehörten Konteradmiral Prinz Louis von Battenberg, Leiter des Marinenachrichtendienstes und angeheirateter Neffe Edwards VII., sowie ein 46 Jahre alter Kapitän zur See, John R. Jellicoe, der – wie Fisher selbst – ein hervorragender Praktiker und Artillerielehrer war. Damals in Kreisen außerhalb der Marine noch unbekannt, war Jellicoe ausersehen, die neue Flotte zu befehligen, wenn ihre Schicksalsstunde schlug.

Erster Programmpunkt der Arbeit des Ausschusses war das Schlachtschiff. Für Fisher bedeutete die Gelegenheit, an solch einer Schöpfung mitzuwirken, die Erfüllung eines Lebenswunsches. Bei Leitung von Schießübungen in See war eines seiner beliebtesten Kommandos ein Grundsatz Napoleons gewesen: *„Frappez vite et frappez fort* (Schlagt schnell zu und hart)." Fisher hatte sich schon lange nach Schiffen gesehnt, die härter zuschlagen und schneller fahren konnten als alle bisher bekannten. Vor fünf Jahren – 1900 – hatte er seinen Freund W. H. Gard, damals Chefkonstrukteur der britischen Werft in Malta, veranlaßt, Skizzen eines Schlachtschiffes zu zeichnen, das seinen Idealvorstellungen entsprach. Fisher nannte sein imaginäres Schiff *Untakeable.* Das wurde auch der Arbeitsname, mit dem der Ausschuß sein Projekt im Frühjahr 1905 belegte. Niemand weiß, warum der epochemachende und so passend symbolische Name *Dreadnought* – „Furchtlos" – schließlich gewählt

Der gewaltige Stahlrumpf von H.M.S. „Dreadnought" liegt im April 1906 in Portsmouth im Trockendock und erwartet seine Ausstattung mit Aufbauten und den riesigen 30,5-cm-Geschützen. Wegen der enormen Baukosten von £ 1 783 883, des Anderthalbfachen der Ausgaben für die früheren Schlachtschiffe der Royal Navy, wurde der Gigant von seinen Kritikern als „grob fahrlässige und verschwenderische Großtuerei" verschrien.

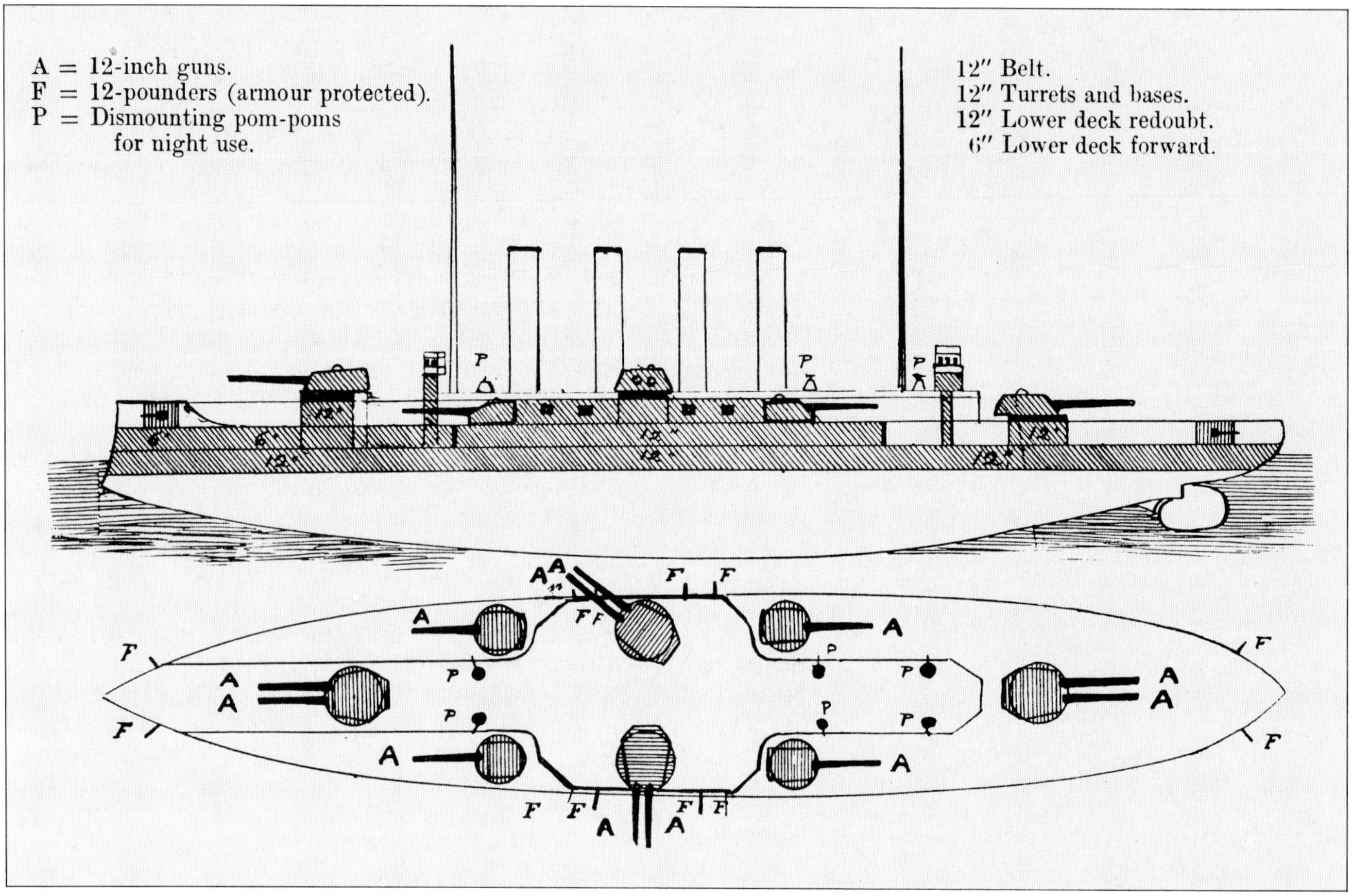

Dieser 1903 von dem italienischen Schiffbauer Vittorio Cuniberti gezeichnete Entwurf war der erste durchkonstruierte Plan für ein schnelles, schwergepanzertes Großkampfschiff, das sich auf einen Typ schwerer Geschütze beschränkte, anstatt viele verschiedene Waffen kleinerer Kaliber zu tragen. Cuniberti schrieb, ein solches Schiff könnte „auf weite Entfernung zumindestens einen tödlichen Treffer anbringen, bevor sein Feind die Gelegenheit hat, einen ähnlich glücklichen Schlag zu führen". Cunibertis Schiff wurde nie gebaut, seine Gedanken gingen aber in den späteren Schlachtschiffbau ein.

wurde. Aber der Name hatte eine lange Tradition, war er doch schon siebenmal in der Royal Navy verwendet worden (die erste *Dreadnought* war unter den Schiffen gewesen, die im Jahre 1588 die spanische Armada bekämpften). Es entsprach ja auch britischer Überlieferung, die Schiffe mit dem Geist zu inspirieren, den ihre furchteinflößenden Namen ausdrückten.

Auch mit einem beliebigen anderen Namen hätte das jetzt geplante Schiff in der Entwicklungsgeschichte der Seefahrt einen mutigen Schritt vorwärts verkörpert. Immerhin – seine Zeit war gekommen. Später wurde zwar Fisher das Verdienst zugeschrieben, die *Dreadnought* erfunden zu haben. In Wirklichkeit hatte jedoch nicht er die Idee ihrer endgültigen Merkmale – nur großkalibrige Bewaffnung und hohe Geschwindigkeit – entwickelt. Da die Fortschritte im Artilleriewesen den Kampf auf immer weitere Entfernungen gestatteten und die Schiffe mit immer mehr Waffen verschiedenster Art vollgestopft wurden, wanderten in der ganzen Welt die Überlegungen der Planer von Kriegsschiffen in Richtung auf Ausscheiden des Überflüssigen und Konzentration auf eine gleichförmige schwere Bestückung.

Eine einheitliche Bewaffnung brachte nicht nur höchste Feuerkraft auf größtmögliche Entfernung zum Tragen, sondern vereinfachte auch erheblich die Entfernungsmessung, das heißt die Ermittlung des Abstandes zum Angriffsziel. Bisher waren die Ermittlung der Zielentfernung wie die Feuerleitung stark vom Zufall bestimmte Angelegenheiten gewesen. Und sie blieben es weiterhin – bis zur Einführung des von Admiral Sir Percy Scott entwickelten Feuerleitgerätes im Jahre 1912 *(S. 114–117)*. Bis dahin wurde die Entfernungsbestimmung nicht viel weiter verfeinert, als sie zu

Zeiten Horatio Nelsons bereits gewesen war. Offiziell hieß das Verfahren „Flecken“ oder „Eingabeln“, inoffiziell wurde es höhnisch als „Mach, was du willst“ bezeichnet.

Bei Beginn eines Kampfes befahl der Entfernungsmeßoffizier im Kommandoturm den Geschützbedienungen, eine Reihe von Meßschüssen zu feuern, und kontrollierte mit dem Fernglas die Lage der Aufschläge. Dann rief er den Geschütztürmen per Sprachrohr Korrekturen zu und hoffte auf Erfolg. Nur wenn die Aufschläge das Ziel „eingabelten“, wenn also die Hälfte vor und die andere Hälfte hinter dem Ziel lagen, war die richtige Entfernung gefunden. Das Verfahren war reine Munitionsverschwendung, konnte doch die eingegabelte Fläche mehr als 4000 Quadratmeter messen. Selbst Admiral Togo erzielte mit seinen hervorragend ausgebildeten Geschützbedienungen bei Tsushima weniger als 50 Prozent Treffer. Für 42 schwere Granaten, die auf eine Entfernung von 6500 Metern die russischen Schiffe trafen, fielen andere 58 wirkungslos in die See.

Ganz offensichtlich konnten die kleinen Kaliber eines Schiffes in der mit großen Schußweiten ablaufenden Kampfphase nicht eingesetzt werden. Wenn sich der Kampf dann auf geringere Entfernung fortsetzte, bei der alle Geschütze zum Tragen kamen, vervielfachten sich die Schwierigkeiten der ungenauen Meßmethode. Für den Feuerleitoffizier war es oft fast unmöglich, die Aufschläge der kleinen Kaliber zwischen den größeren Wassersäulen, die die schweren Kaliber aufwarfen, zu erkennen. Selbst wenn er eine richtige Unterscheidung treffen konnte, hatte seine Aufgabe gerade erst begonnen. Die Geschütze mit 15,2, 22,8 und 30,5 Zentimeter Kaliber benötigten wegen der verschiedenen Flugbahnen ihrer Granaten auch unterschiedliche Höhenrichtwerte, wenn sie dasselbe Ziel treffen sollten. Der Feuerleitoffizier mußte somit den Höllenlärm der Schlacht noch steigern, indem er in sein Sprachrohr nicht nur eine Serie Berichtigungen brüllte, sondern so viele, wie es Geschützkaliber an Bord gab.

Der erste bekanntgewordene Konstruktionsplan eines Schiffes mit einer großen Zahl nur schwerer Geschütze stammte von einem hochbegabten Mann, der einer kleinen Marine angehörte: Vittorio Cuniberti, Chefkonstrukteur der italienischen Marine. Cuniberti hatte italienische Kriegsschiffe schon mit elektrisch betriebenen Geschützständen und Munitionsaufzügen ausgestattet. Im Jahre 1902 unterbreitete er seiner Regierung den Entwurf für ein 17 000 Tonnen großes Schlachtschiff mit einem Dutzend 30,5-cm-Geschützen und 30,5 Zentimeter Panzerschutz. Italien hatte aber weder die Mittel, noch besaß es die Werften, solch ein Schiff zu bauen. Der Plan wurde daher abgelehnt. Als nächstes legte Cuniberti seinen Entwurf Fred T. Jane vor, der die jährliche britische Veröffentlichung *Fighting Ships* herausgab. Jane, dessen Buch sowohl ein Register der in Dienst stehenden Kriegsschiffe wie auch ein Forum zeitgenössischer Meinungen war, griff die Idee sofort auf und veröffentlichte in seiner Ausgabe des Jahres 1903 Cunibertis Skizze zusammen mit einem Artikel des Konstrukteurs, betitelt „Ein ideales Schlachtschiff für die britische Flotte“.

Nicht nur große Geschütze, auch die unerhörte Geschwindigkeit von 24 Knoten – sechs Knoten schneller als der damalige Standard – sollte das ideale Schiff aufweisen. In einem kühnen Gleichnis erklärte Cuniberti: „Der Stier im weiten Ring der Arena gibt sich der Illusion hin, er sei stärker als der agile Toreador und beherrsche daher völlig den Kampfplatz. Er ist jedoch zu langsam, um seine Gegner verfolgen zu können, und es gelingt ihnen fast immer, seinen furchtgebietenden Hörnern zu entrinnen.“

Cunibertis Schiffsplan in Janes Buch weckte gemischte Reaktionen, die dem zeitgenössischen Widerstreit der Meinungen in Fragen des Schiffbaues entsprachen. Konservative Marinefachleute begegneten Cunibertis Vorschlag mit einer Haltung, die von Verachtung bis zu höflicher Skepsis reichte. Sir William White, ehemaliger Direktor des Marineschiffbaues, hielt die Ausmerzung der Hilfsartillerie für empörend. Die illustrierte Zeitschrift *Engineer* vertrat die gleiche Ansicht, ließ sich aber ein Hintertürchen frei mit der Bemerkung: „Am Ende wird irgendein Schiff dieser Art entstehen, wir können uns aber kaum vorstellen, daß der Tag dafür schon gekommen ist.“ Der Tag war aber gekommen. In Washington schlug Präsident Theodore Roosevelt, ein Mann von überdurchschnittlichen Kenntnissen der Materie, vor, für die Marine der Vereinigten Staaten Schiffe mit nur schweren Geschützen zu bauen, und im Frühjahr 1904 beriet der Kongreß ein Gesetz, welches schließlich den Bau von zwei derartigen Schiffen genehmigte. In Japan waren in der Kaiserlichen Werft die Kiele von zwei dieser Schiffe schon gestreckt. Es bedurfte jedoch des dämonischen Eifers und der Überzeugungskraft Jacky Fishers, um die zögernde Royal Navy zu veranlassen, sich in der Welt an die Spitze zu setzen.

Den Männern, die Fisher in seiner Kommission vereinigt hatte, waren die Nachteile einer gemischten Armierung inzwischen völlig klar. Zur Debatte stand nicht mehr, ob eine einheitliche Bestückung wünschenswert sei – das war beschlossene Sache –, sondern für wie viele Geschütze in welcher Aufstellung man sich entscheiden sollte. Der Ausschuß einigte sich am Ende auf zehn, zwei weniger als in Cunibertis Entwurf. Die geringere Anzahl wurde durch die Tatsache bestimmt, daß die Kommission die Schiffsgröße unter 18 000 Tonnen Deplacement halten wollte.

Die vom Ausschuß gewählte Aufstellung sah folgendes vor: Ein Paar Geschütze im Vorschiff, zwei weitere Paar vor der Schiffsmitte, – je eines an der Steuerbordseite und Backbordseite – dann zwei Paar auf der hinteren Schiffshälfte, aufgestellt in der Mittellinie, so daß sie nach jeder Seite wie auch nach achtern schießen konnten. So konnten je sechs Geschütze nach vorn oder achtern oder acht Geschütze auf jeder Breitseite gleichzeitig eingesetzt werden. Da die modernsten Schlachtschiffe vor der *Dreadnought* von ihren vier 30,5-cm-Geschützen nur je zwei nach vorne oder achtern und jeweils vier nach den Breitseiten abfeuern konnten, besaß die *Dreadnought* eine Feuerkraft, die der von drei Vorläuferschiffen beim Buggefecht und zwei dieser beim Breitseitengefecht gleichkam. Der große Zuwachs an Feuerkraft für das Schießen nach vorne gefiel dem aggressiven Fisher besonders gut. Hätschelte er doch den Gedanken, daß jeder Feind immer vor einer britischen Verfolgung „fliehen“ würde. Er hielt daher ein Verfolgungsgefecht mit einem Schießen über den Bug für viel aufregender als einen Breitseitenkampf.

Im Mai 1905 war der Entwurf fertiggestellt. Die Baupläne gingen an dic Königliche Werft in Portsmouth; der Kiel wurde am zweiten Oktober gelegt. Von diesem Tage an lief der Bauvorgang mit halsbrecherischer Geschwindigkeit ab. Fisher trieb alle Beteiligten so schonungslos an, daß seine ständige Phrase: *„Get on or get out“* (Kommt voran oder verschwindet) zum Sprichwort unter den Werftarbeitern wurde.

Er tat aber mehr, als nur zu tyrannisieren; er führte auch neue Arbeitsverfahren ein, die in jeder Phase des Schiffbaues Zeit einsparten. Der starke Rumpf des 16 500 Tonnen großen Schlachtschiffes *King Edward VII.*, das gerade seiner Fertigstellung entgegenging, als Fishers Kommission den Entwurf für die *Dreadnought* erarbeitete, bestand aus Tausenden von Stahlplatten, die nach Anlieferung von den Walzwerken in unzählige verschiedene Größen und Formen zugeschnitten werden mußten. Danach waren sie wie ein Puzzlespiel zusammenzusetzen, was viele Monate in Anspruch nahm. Fisher ließ den Rumpf der *Dreadnought* so entwerfen, daß mit wenigen Ausnahmen gegeneinander auswechselbare Rechteckplatten verbaut werden konnten. Im allgemeinen waren damit die Stahlplatten so verwendbar, wie sie vom Walzwerk zugeschnitten und angeliefert wurden, und konnten dort vernietet werden, wo sie gerade gebraucht wurden. Nur

Was bedeutet Tonnage?

Einer der verwirrendsten Ausdrücke im seemännischen Sprachgebrauch ist das Wort Tonne als Bezeichnung der Schiffsgröße. Kriegsschiffe wie Handelsschiffe werden nach Tonnen berechnet, der Ausdruck hat aber jeweils eine verschiedene Bedeutung.

Da Kriegsschiffe fast ständig voll beladen und einsatzbereit sind, gilt bei den Kriegsmarinen Tonnage als Maß für das Gewicht des Schiffes. Es wird nach dem Prinzip des Archimedes berechnet, wonach ein schwimmender Körper sein Eigengewicht an Wasser verdrängt. Der Rauminhalt eines eingetauchten Schiffskörpers, bei voller Kampfausrüstung in Kubikfuß (0,0283m^3) gemessen, entspricht also dem Gewicht des verdrängten Wassers. Im Seewasser wiegen 35 Kubikfuß eine Longton, das sind 1016,05 Kilogramm.

Wenn demnach ein Kriegsschiff 35 000 Kubikfuß Seewasser verdrängt, besitzt es ein Gewicht von 1000 Longtons (1016,05 metrische Tonnen). Ein typisches Schlachtschiff verdrängt mindestens 700 000 Kubikfuß (19 810 m^3) Seewasser und wiegt somit 20 000 Longtons (20 321 metrische Tonnen).

In der Handelsschiffahrt dagegen ist Tonnage immer ein Maß für die Ladefähigkeit, nicht aber für die Wasserverdrängung gewesen. Sie wird errechnet, indem man das nutzbare Volumen des Schiffsinneren durch jeweils 100 Kubikfuß teilt – eine willkürliche Festsetzung. Hat demnach ein Schiff eine Ladefähigkeit von 100 000 Kubikfuß, dann wird es als 1000-Tonnen-Schiff bezeichnet. Diese Angabe hat nichts mit dem Gewicht des Schiffes zu tun.

noch wenig Zeit ging verloren, in der man auf Spezialgrößen für bestimmte Schiffsabschnitte wartete. Mit diesem einfachen Verfahren verkürzte Fisher die Bauzeit um fast ein Jahr. Um die Jahrhundertwende vergingen durchschnittlich 16 Monate von der Kiellegung bis zum Stapellauf. Der 160 Meter lange Rumpf der *Dreadnought* nahm vor den erstaunten Augen der Arbeiter in noch nie dagewesenen 18 Wochen Gestalt an und war am 10. Februar 1906 fertig für den Stapellauf.

Einmal im Wasser, schritt ihre Ausrüstung genauso schnell fort. Geschützgießereien brauchten um 1905 im allgemeinen 22 Monate, um 30,5-cm-Geschütze und ihre Lafetten zu gießen. Mit konventionellen Methoden hätte es einiger Jahre bedurft, die zehn großen Geschütze der *Dreadnought* zu beschaffen. Fisher, nie verlegen beim Beiseiteschieben von Konventionen, zauberte acht der zehn Geschütze sofort herbei. Er belegte einfach die Kanonen mit Beschlag, die für die im Bau befindlichen herkömmlichen Schlachtschiffe *Lord Nelson* und *Agamemnon* vorgesehen waren. Weitere Monate im Zeitplan wurden so eingespart.

Mittels solcher Maßnahmen war die *Dreadnought* am 3. Oktober fertig ausgerüstet und klar zur See-Erprobung. Statt in der für ihre unmittelbaren Vorgänger üblichen Bauzeit von dreieinhalb Jahren war die machtvolle *Dreadnought* in nur einem Jahr und einem Tage zum Leben erweckt worden. Hatte Fisher das Schiff mit all seinen revolutionären Merkmalen auch nicht erfunden, so bestritt doch niemand die beispiellose Schnelligkeit, mit der er es baute, oder das Genie, mit dem er das immense Projekt leitete.

Das Verhalten der *Dreadnought* auf den Probefahrten war nicht weniger sensationell. Von Portsmouth dampfte sie nach Süden in das Mittelmeer, nahm Kurs auf Trinidad, quer über den Atlantik, und kehrte dann zurück. Ihre Turbinen verliehen ihr leicht die erwartete Höchstgeschwindigkeit von 21 Knoten. Noch bemerkenswerter war, daß sie die Rundreise von fast 7000 Seemeilen, dabei die Rückreise von Westindien mit 17,5 Knoten Marschfahrt, ohne jeglichen Maschinenschaden zurücklegte – eine Leistung, die kein Schiff mit Kolbendampfmaschinen jemals fertiggebracht hatte.

Der spannendste Augenblick ihrer Erprobung war gekommen, als ihre 30,5-cm-Geschütze erstmalig gleichzeitig feuern sollten, acht nach der Breitseite. Es war ein Ereignis, dem der Werftdirektor von Portsmouth mit angstvoller Erwartung entgegensah. So schrieb ein damals anwesender Offizier: „Er sah sehr nachdenklich und ernst aus, und ich bin sicher, daß er erwartete, die Decks würden vollkommen zusammenbrechen. Dann hörte man einen gedämpften Donner, und ein schwacher Stoß lief durch das Schiff. Die acht Geschütze waren abgefeuert, Dutzende von Menschen in den Decks wußten gar nicht, was geschehen war.“ Der „schwache Stoß“ hatte 9640 Kilogramm Geschoßgewicht über eine Entfernung von 7300 Meter auf die Reise geschickt.

Während der ganzen Erprobungsfahrt zeigte die *Dreadnought* nur einen Fehler und erlitt nur eine Panne, beides unbedeutende Vorkommnisse, die schnell zu beheben waren. Der Fehler war eine ausgesprochene Neigung zum Überdrehen, wenn das Schiff mit Hartruderlage wendete. Sir Reginald H. Bacon, erster Kommandant der *Dreadnought*, berichtete: „Wenn man bei einer Fahrt über 15 Knoten mehr als zehn Grad Ruderlage gab, war die Rudermaschine zu schwach, um das Ruder wieder in Mittellage zu bringen. Das Schiff drehte sich daher weiter im Kreise, bis die Geschwindigkeit auf weniger als 15 Knoten gefallen war.“ Abhilfe brachte eine stärkere Rudermaschine, die sich nach der Rückkehr von der Probefahrt schnell einbauen ließ. Die einzige Panne passierte auf der Rückreise über den Atlantik, als die Geschwindigkeit unerklärlich um einen Knoten abnahm, um nach zwei Tagen ebenso geheimnisvoll wieder zuzunehmen. Man entdeckte, daß sich die Beplattung eines Ruders gelöst hatte und als Bremse

Ein folgenreicher Stapellauf

Am 10. Februar 1906 schrieb die *Times* in London: „Nur wenige Ereignisse sind romantischer, nur wenige Schauspiele stimmungsvoller als der Stapellauf eines Schiffes." Und so war es an diesem Wintermorgen bei bedecktem Himmel in Portsmouth, als eine Menschenmenge, zu groß, als daß die *Times* sie auch nur zu schätzen wagte, sich auf dem Werftgelände und auf den Kaimauern drängte oder in kleinen Booten hinausfuhr, um den Stapellauf von H.M.S. *Dreadnought* mitzuerleben.

Vor dem riesigen Schiffsrumpf stand auf flaggengeschmückter Plattform König Edward VII. vor einer Versammlung hoher Gäste, darunter die Marineattachés von zehn Staaten, fast das gesamte Unterhaus und Oberhaus, Mitglieder des Kabinetts und der Admiralität. Da England noch um Edwards Schwiegervater, König Christian IX. von Dänemark, trauerte, waren für den Festakt nur die wichtigsten Flaggen und Wimpel gesetzt, und Musik fehlte fast völlig. Trotzdem war der Geist der Geschichte so deutlich fühlbar, wie die *Times* schrieb, „daß er sich ganz ohne künstliche Verstärkung durchsetzte".

Zur festgelegten Zeit segnete der Bischof von Winchester das Schiff. Dann schleuderte der König die Taufflasche mit australischem Wein gegen den aufragenden Bug der *Dreadnought*. Leider zerbrach sie nicht. Sekunden später brachte ein kräftigerer Schwung Erfolg. Während der Wein an den Stahlplatten herabströmte, nahm der Monarch Meißel und Hammer zur Hand und durchtrennte eine Leine, die nun schwere Gewichte freigab, mit denen die letzten Hölzer, die das Schiff noch festhielten, weggeschlagen wurden.

Unter dem Schrei „Sie bewegt sich!" glitt das Schiff schneller, immer schneller von den Helligen. Die Reibung der Gleitschlitten ließ Rauch aufsteigen, bis der Rumpf aufspritzend in das Hafenwasser eintauchte.

Der Bericht der *Times* fährt fort: „In wenigen Augenblicken war das Ereignis des Tages vorüber." Die *Dreadnought* lag bereit, ihre Aufbauten und die Bewaffnung zu erhalten und zur Flotte zu stoßen als der „modernste Ausdruck von Nachdenken und Erfahrung auf dem Gebiete des Kriegsschiffbaues".

Besuchern des Stapellaufes übergab man dieses Programmheft, das die Geschichte des Baues der „Dreadnought", eine Auflistung ihrer besonderen Eigenschaften und ein Bild des fertigen Schiffes enthielt.

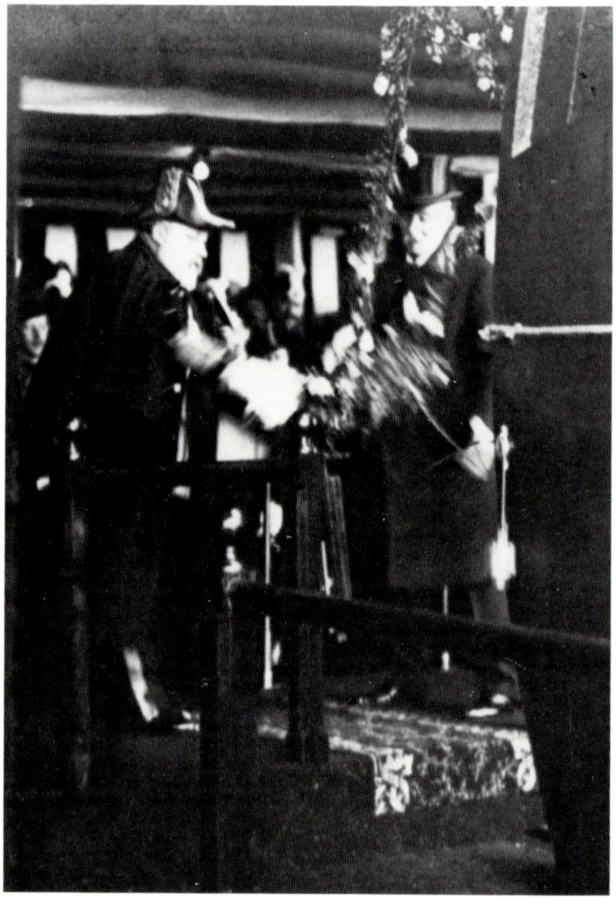

In der Gala-Uniform eines Admirals der Flotte mit Zweispitz tauft König Edward VII. das mächtige Schlachtschiff durch Zerschlagen einer girlandengeschmückten Weinflasche am Bug des Schiffes.

Ein geschnitztes Schmuckkästchen, die Stapellaufkassette, angefertigt aus Eichenholz von Nelsons „Victory“, wurde Edward VII. geschenkt. Es enthielt den Hammer und Meißel, mit denen die letzten Verbindungen der „Dreadnought“ zum Lande gelöst wurden. Öffentlich verkauft wurden Taschentücher (Bild rechts).

Ohne Aufbauten und Geschütze ragt die beflaggte „Dreadnought“ nach ihrem spektakulären Stapellauf im Jahre 1906 hoch aus dem Wasser.

wirkte, bis sie ganz abfiel. Die Beplattung des Ruders ließ sich leicht ersetzen. Ansonsten war die *Dreadnought,* als sie im Dezember 1906 zurückkehrte, ein uneingeschränkter Erfolg. Fisher war von den Berichten begeistert. „Ein neuer Name für die *Dreadnought*", rief er, „das ‚Hartgekochte Ei'! Warum? Weil sie sich nicht schlagen läßt."

Wie alle großen umwälzenden Neuerungen forderte auch die *Dreadnought* ihren Anteil an Ablehnung heraus. Sir George Clarke, Sekretär des Ausschusses für die Reichsverteidigung, beklagte die Unvernunft, einen so großen technologischen Sprung zu wagen, und predigte: „Leitsatz unserer Schiffbaupolitik sollte sein, auf diesem Gebiet nie die Führung zu übernehmen, sondern immer mit etwas Besserem zu folgen." Sir William White, vor der Zeit Fishers und Sir Philip Watts' Direktor des Marinebaubüros in Portsmouth, lästerte – vielleicht weil ihm die Trauben zu hoch hingen – gegen den Unsinn, „alle unsere Marineeier in ein oder zwei riesige, teure und majestätische, trotzdem aber verwundbare Körbe zu legen". Der scharfzüngige Admiral Lord Charles Beresford, Fishers Kollege und Rivale, knurrte: „Mit diesem Typ von Schiff fangen wir ganz von vorne wieder an."

Als Befehlshaber einer Flotte dem menschenverschleißenden Ersten Seelord unmittelbar unterstellt, hegte Beresford eine tiefe Abneigung gegen Fisher und schürte einen wachsenden Ärger, der seinen Ansichten über die *Dreadnought* das entsprechende Kolorit gab. Indessen wurde eben dieser Einwand von weiten Kreisen vorgebracht, und er hatte in der Tat einiges für sich. Wie alle Qualitätssprünge im Waffenwesen hatte auch die *Dreadnought* in ihren Schöpfern einen sorgenvollen Zwiespalt geschaffen. Da ihr Erscheinen jedes vorhandene Schlachtschiff veraltet sein ließ, hatte es auch mit einem Schlage die vielgerühmte zahlenmäßige Überlegenheit der Royal Navy bedeutungslos werden lassen. Was konnte eine ganze Flotte aus alten, langsamen, unterbewaffneten und nur leicht gepanzerten Schlachtschiffen noch gegen ein Geschwader der furchtbaren neuen Dreadnoughts ausrichten? Stand nicht zu erwarten, daß die Deutschen diesen Schiffstyp unverzüglich aufgreifen würden, um den maritimen Rüstungsrückstand auszugleichen? Die Briten würden gezwungen sein, sich in einen völlig neuen Rüstungswettlauf zu stürzen, um ihre historische Vorherrschaft auf den Meeren zu erhalten.

Die *Dreadnought* war nur der erste von Jacky Fishers beunruhigenden Geistesblitzen. Fünf Tage vor ihrem Stapellauf im Febrauar 1906 hatten britische Werften in Clydebank bei Glasgow den Kiel für das erste Schiff eines Dreigespanns von Fishers neuer Panzerkreuzerklasse gelegt. Sie sollten die *Invincible,* die *Indomitable* und die *Inflexible* werden. Wie das Schlachtschiff, waren auch die Panzerkreuzer ein Produkt von Fishers verbissenem Streben nach Geschwindigkeit und Schlagkraft. Als er vor vier Jahren noch über der sagenhaften *Untakeable* grübelte, die dann als *Dreadnought* Gestalt annahm, plante Fisher auch den idealen Kreuzer, den er phantasievoll *Unapproachable* nannte.

Es sollte anfänglich ein Aufklärungsfahrzeug werden und dem modernen Schlachtschiff in gleicher Weise als „Auge der Flotte" dienen wie die Fregatte Lord Nelsons Linienschiffen. Zur Zeit Nelsons sah das Auge weiter, als eine Kanone schießen konnte. Eine Fregatte, die schneller segelte als die Linienschiffe, vermochte, wie Fisher darlegte, „rund um eine Flotte zu segeln und konnte deren Schiffe gefahrlos zählen". „Während jedoch die Sichtweite des Auges gleichblieb", fuhr Fisher fort, „hat die Schußweite zugenommen." Um jetzt eine feindliche Flotte aufzuklären, müßte sich der Aufklärer ihr bis auf Schußweite nähern. Überlegene Geschwindigkeit war daher nötig, um Verfolger abschütteln zu können. Fisher wollte aber auch, daß die Geschütze des Aufklärers denen seiner Beute gleichwertig wären. Und darin lag eine Geschichte unheilvoller Vorzeichen beschlossen.

Die „Dreadnought“: Schlüssel zur Zukunft

Keine herausragenden Taten begründen den Anspruch von H.M.S. *Dreadnought* auf einen Platz in der Geschichte. Nie hat sie ihre großen Geschütze im Kampf abgefeuert. Ihre einzige Gefechtsberührung im Ersten Weltkrieg bestand im Rammen und Versenken eines deutschen Unterseebootes. Ihr Ruhm ergab sich vielmehr aus dem, was sie war: Bei ihrer Indienststellung 1906 war sie ein so fortschrittliches Schiff, daß jedes später gebaute Schlachtschiff ihr Grundkonzept in sich trug. Ihr Wappenschild zeigte einen goldenen Schlüssel, gehalten in gepanzerter Faust – Symbol dessen, was die Admiralität für den Schlüssel zu unanfechtbarer Seeherrschaft hielt.

Der große technische Durchbruch, den die *Dreadnought* darstellte, lag in erster Linie in ihrer Ausstattung mit zehn schweren 30,5-cm-Geschützen. Daneben barg ihr Bauplan aber noch viele andere Neuerungen.

Ein ungewöhnlich langes Vorschiff und ein Freibord von 8,54 Meter hielten ihr Oberdeck auch in schwerem Wetter trocken, was die Genauigkeit, mit der ihre Geschütze gerichtet werden konnten, beträchtlich erhöhte. Der Bug war unter Wasser in Birnenform vorgeschoben, wodurch ihr Verhalten bei Seegang weiter verbessert wurde. Im Mittelschiff erweiterte sich die Spantform kastenartig, was die Rollbewegungen dämpfte. An jeder Seite waren unterhalb der Wasserlinie lange, dreieckige, abwärts gerichtete Schlingerkiele angebracht, die den Schiffsbewegungen zusätzlichen Widerstand boten.

Zur defensiven Bewaffnung gehörte eine Reihe fest mit dem Rumpf verbundener, schräg angebrachter Spieren, die ausgeschwungen werden konnten, um ein Torpedonetz zu halten. Die zweite Defensivwaffe gegen Torpedos bestand aus 27 handbedienten 7,6-cm-Geschützen, die, über das Schiff verteilt, zum Teil sogar auf den Geschütztürmen montiert waren.

Der einzigartige Dreibeinmast der *Dreadnought* war so gebaut, daß er eine feste Stütze für den Gefechtsmars abgab, von wo aus die Feuerleitbefehle an die Geschütztürme gingen. Die Konstruktion erwies sich als besonders gelungen. Die Stellung des Mastes zwischen den Schornsteinen war jedoch der einzige echte Fehler im Schiffsentwurf. Nicht allein, daß Rauch aus dem vorderen Schornstein oft die Sicht aus dem Gefechtsmars beeinträchtigte, er heizte auch die Rohrbeine des Mastes – in denen Leitern lagen, über die man den Gefechtsmars erreichte – so stark auf, daß es beim Fahren gegen den Wind unmöglich war, in den Topp zu klettern.

H.M.S. *DREADNOUGHT*

Nach allen Maßstäben ihrer Zeit war die *Dreadnought* das komplizierteste Stück Maschinenwerk, das bis dahin entworfen worden war. Sie war länger (160,60 Meter), breiter (25 Meter) und hatte mehr Tiefgang (8 Meter) als jedes frühere Schlachtschiff. Mit 17 900 Tonnen war ihre Verdrängung um 750 Tonnen größer als die des nächstgroßen Rivalen.

Jeder ihrer gewaltigen Geschütztürme wog 500 Tonnen; jedes ihrer großen Geschütze übertraf das Gewicht der gesamten Bewaffnung von Nelsons *Victory*. Die Türme lagen auf kreisförmigen, feststehenden Barbetten, die mit senkrechten Stahlträgern verstärkt waren *(siehe vorderer Turm)* und durch Panzertrommeln von 28 Zentimeter Stärke geschützt wurden *(siehe achterer Turm)*. Um die Munitionskammern und andere lebenswichtige Teile zu schützen, bekleideten 28 Zentimeter starke Gürtelpanzer das Mittelschiff entlang der Wasserlinie. Innerhalb der Panzerung boten keilförmige Seitenbunker, die viel von dem 2900 Tonnen fassenden Kohlenvorrat der *Dreadnought* aufnahmen, zusätzlichen Schutz.

Wasserdichte Querschotten reichten vom Kiel bis zu 2,75 Meter über die Wasserlinie und unterteilten das Schiff in 18 völlig abgeschlossene Abteilungen. Die Unterteilung der *Dreadnought* war so weit entwickelt, daß die Schiffbauer annahmen, sie könnte zwei Torpedotreffer ohne ernsthafte Gefährdung verkraften. (Die *Dreadnought* konnte aus fünf Unterwasserrohren selbst Torpedos verschießen.)

Die Maschinenanlage, die diese Masse antrieb, war eine radikale Absage an die bisher üblichen Kolbendampfmaschinen mit ihren lärmenden und schlagenden Kolben. Die *Dreadnought* war das erste größere Kriegsschiff, das Dampfturbinen besaß. Acht Parsons-Turbinen wurden von 18 Babcock & Wilson-Kesseln mit Dampf versorgt. Sie erbrachten eine Gesamtleistung von 23 000 Pferdestärken, die auf vier Schrauben wirkten. Diese Turbinenanlage verlieh der *Dreadnought* die erstaunliche Marschgeschwindigkeit von 17,5 Knoten über eine Fahrstrecke von 6620 Seemeilen; bei Höchstfahrt konnte sie sogar 21 Knoten erreichen.

Die Balancedoppelruder der *Dreadnought* konnten über das Steuerrad auf der Brücke oder von vier Notruderständen im Schiff bedient werden. Zwei davon – auf den beiden Masten – waren nur über Leitern zugänglich, die in Rohrgängen hinter dem stärksten Unterdeckpanzer lagen.

Eine Besatzung von 773 Mann bediente diese schwimmende Festung. Ihre Unterbringung war eine weitere Absage der *Dreadnought* an frühere Zeiten. Traditionsgemäß hausten die Mannschaften in überfüllten Räumen unter der Back, während die Offiziere in geräumigeren Quartieren im Achterschiff wohnten. Auf der *Dreadnought* hingegen lagen die Mannschaftsunterkünfte im Achterschiff, wo die Männer den Maschinen am nächsten waren, und die Offiziere wohnten in der Schiffsmitte, von wo sie nur kurze Wege zur Brücke hatten.

1. POLLER FÜR FESTMACHELEINEN
2. MANNSCHAFTS-WC
3. FARBENLAST
4. HECKTORPEDOROHR
5. RUDER
6. SCHRAUBEN
7. HANDRUDERRAUM
8. FRISCHWASSERTANK
9. ARTILLERIELAST
10. MANNSCHAFTSMESSE
11. BARBETTE
12. GESCHÜTZTURM
13. ACHTERER GEFECHTSMARS
14. ACHTERER MAST
15. MANNSCHAFTSKOMBÜSE
16. VENTILATOREN
17. DAMPFKONDENSATOREN
18. NIEDERDRUCKTURBINE
19. HOCHDRUCKTURBINE
20. MASCHINENWERKSTATT
21. AUSGABERAUM DES FOURIERS
22. HANDBEDIENTE 7,6-CM-KANONEN
23. KOHLENWINSCH
24. SCHEINWERFER
25. SCHORNSTEIN
26. ENTFERNUNGSMESSGERÄT
27. SIGNALSTAND
28. FUNKRAUM
29. BÄCKEREI
30. FAHRSTAND DES LEITENDEN INGENIEURS
31. KESSELABZUGSROHR
32. KESSEL
33. HAUPTSCHALTRAUM
34. LAMPENLAST
35. INGENIEURSKAMMER
36. OFFIZIERSKOMBÜSE
37. BRÜCKENKAMMER DES ADMIRALS
38. LADEBAUM
39. DREIBEIN-HAUPTMAST
40. GEFECHTSMARS
41. KOMPASSPLATTFORM
42. BRÜCKE UND BRÜCKENKAMMER DES KOMMANDANTEN
43. KOMMANDOTURM
44. GEPANZERTER AUFGANG
45. TEIL DER ADMIRALSKAJÜTE
46. UNTERE KOMMANDOZENTRALE
47. GEFECHTSNACHRICHTENZENTRALE
48. GRANATKAMMER
49. KARTUSCHKAMMER
50. TORPEDOROHR
51. TORPEDORAUM
52. BROTLAST
53. MINENLAST
54. KIELPLATTE
55. VORRATSLAST
56. SPILLMOTOR
57. VORRATSLAST FÜR ADMIRAL
58. KETTENKASTEN
59. WAFFENKAMMER FÜR HANDFEUERWAFFEN
60. WASSERDICHTE ABTEILUNG
61. KAMMER FÜR STEWARDS
62. ANKERSPILLKOPF
63. FÄHNRICHSMESSE
64. OBERLICHT
65. OFFIZIERSMESSE
66. OFFIZIERSKAMMERN

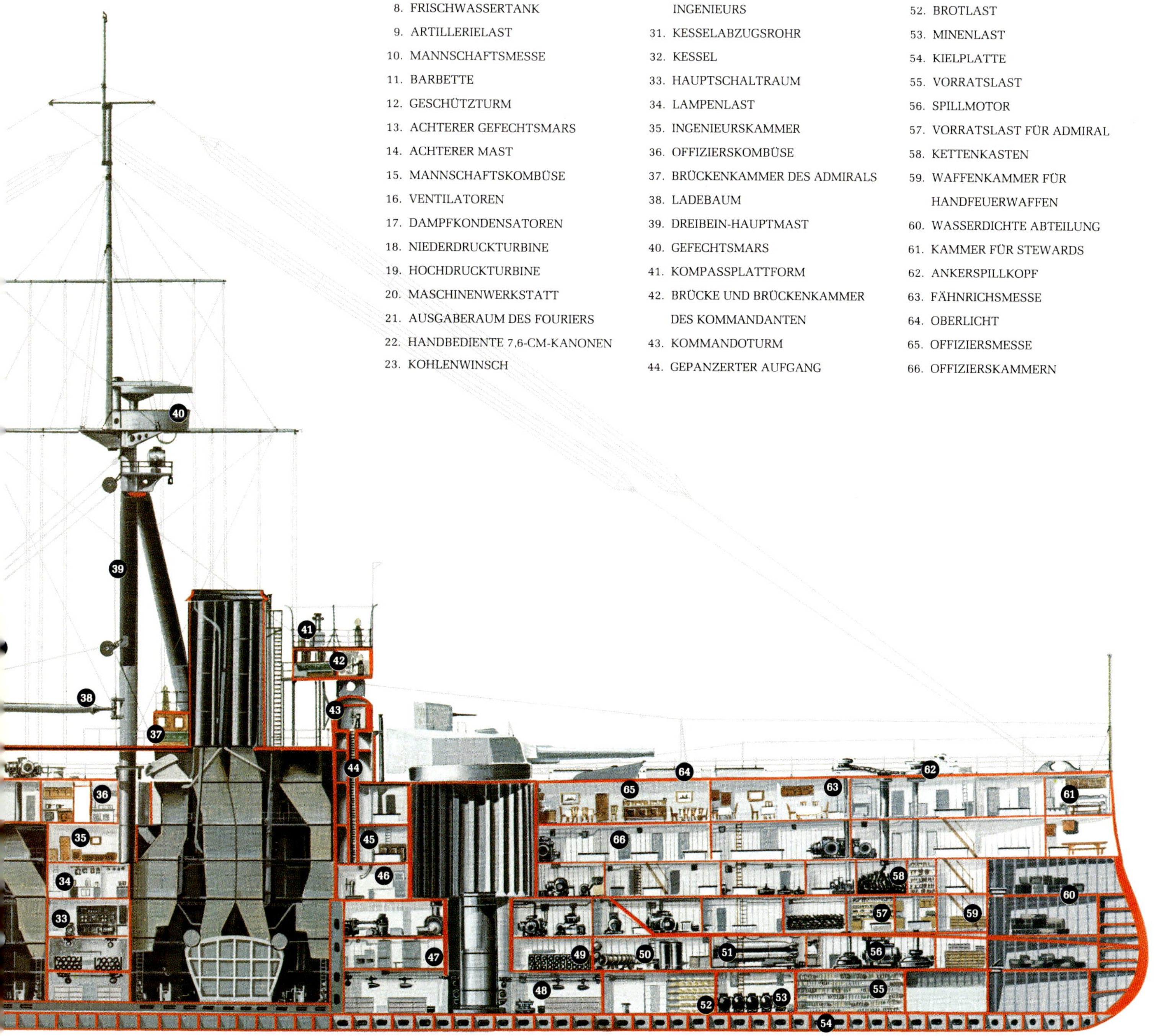

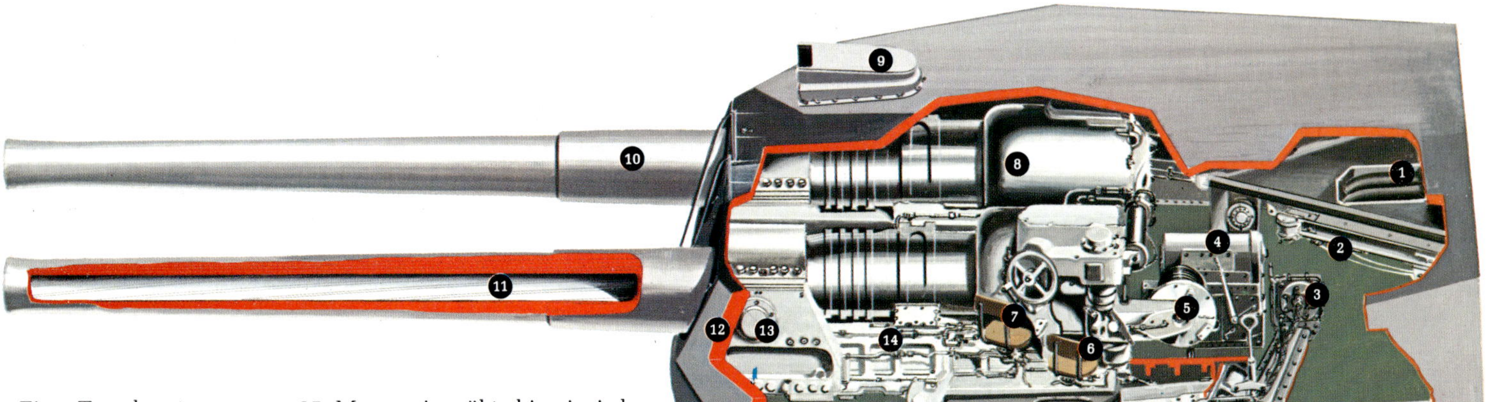

Eine Turmbesatzung von 35 Mann, eingeübt, bis sie jede Bewegung im Schlaf beherrschte, bediente jeden der fünf Geschütztürme der *Dreadnought*. Bei zehn Minuten Schnellfeuer konnte sie aus ihren 30,5-cm-Doppeltürmen 12 Salven auf ein Ziel in 20 Seemeilen Entfernung verschießen.

Jedes der 386 Kilogramm schweren Geschosse wurde mittels Kopfförderband aus dem Granatenlager in der Munitionskammer zu einer Kippmulde am unteren Ende des Munitionsaufzuges befördert. Nach Zufügung von vier Kartuschen aus dem Kartuschenraum im nächstoberen Deck wurde die Mulde in den Arbeitsraum unter der Turmschale hochgefahren. Dort wurden Granate und Kartuschen in die Ladewanne umgefüllt, die sie hydraulisch auf einer gewundenen Bahn zu dem Bodenstück der Geschütze führte, wo zuerst die Granate und dann die Kartuschen von einem hydraulischen Ansetzer in das Rohr geschoben wurden.

Nach Schließen des Schraubverschlusses hoben sich die Rohre in die Feuerstellung. Sie schwenkten dabei um ihre Schildzapfen, massive Bolzen an jeder Seite des Rohres, die in Schildzapfenlagern an der Turmwand gehalten wurden. Gleichzeitig konnte der Turm in die vom Feuerleitoffizier gewählte Richtung geschwenkt werden.

Der Rückstoß des Abschusses ließ die Rohre ungefähr 45 Zentimeter zurücklaufen. Zum erneuten Laden wurden sie hydraulisch wieder ausgefahren. Jedoch lag ein kleiner, aber lebenswichtiger Vorgang dazwischen. Um auszuschließen, daß glimmende Reste der ersten Ladung die nachfolgende in die Gesichter der Turmbesatzung zur Explosion brachte, wurde die Feuerkammer der Rohre nach jedem Schuß mit einer Mischung aus Wasser und Preßluft ausgespült.

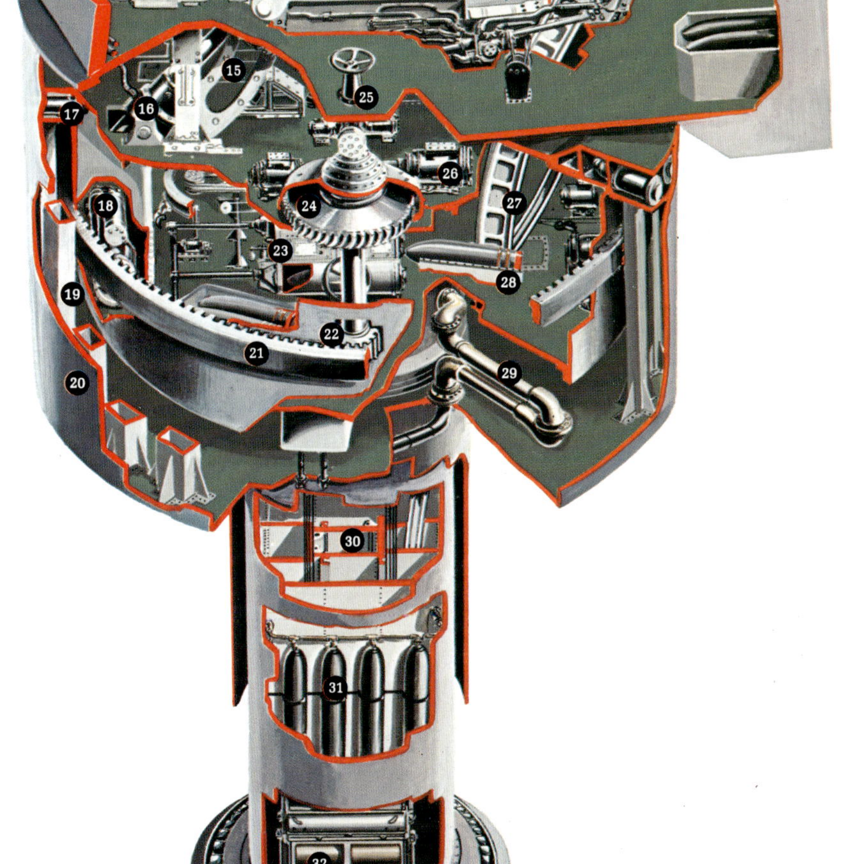

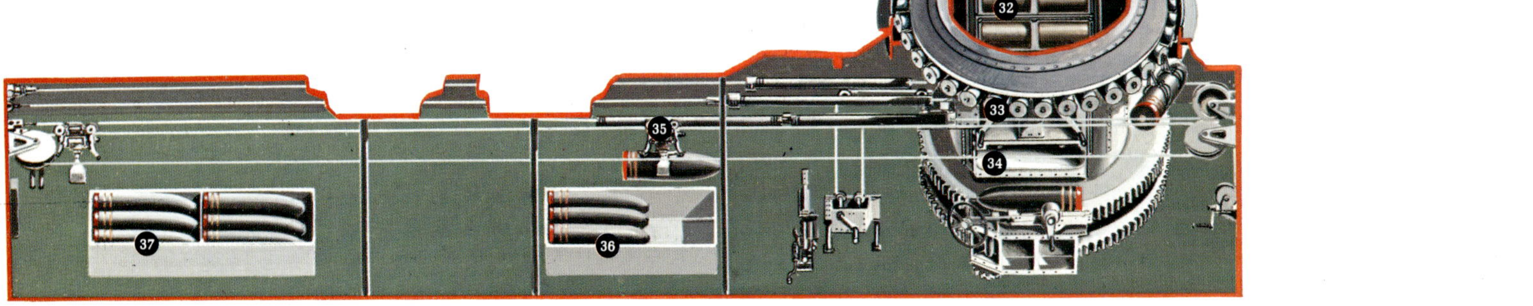

1. LAGERSCHALE FÜR RESERVEGRANATE
2. LADEKRAN FÜR RESERVEGRANATE
3. HYDRAULISCHER ANSETZER
4. GEHÄUSE FÜR LADESCHALE
5. VERSCHLUSS-STÜCK
6. SITZ FÜR LADER
7. SITZ FÜR VERSCHLUSSBEDIENUNGSMANN
8. FEUERKAMMER IM ROHR
9. BEOBACHTUNGSHAUBE
10. ROHRMANTEL
11. ZÜGE IM ROHR
12. TURMPANZERUNG – 28 ZENTIMETER
13. SCHILDZAPFENLAGER
14. ROHRLAGER
15. HÖHENRICHTGETRIEBE
16. DRUCKZYLINDER FÜR HÖHENRICHTUNG
17. ROLLENLAGER
18. NOTGENERATOR
19. VERSTÄRKUNGSTRÄGER
20. BARBETTENMANTEL
21. ZAHNKRANZ
22. RITZEL
23. TRANSPORTMECHANISMUS FÜR LADESCHALE
24. SEITENRICHTGETRIEBE
25. KUPPLUNG FÜR SEITENRICHTGETRIEBE
26. SEITENRICHTMASCHINE
27. BAHN FÜR LADESCHALE
28. LADESCHALE (SCHNITTBILD)
29. HYDRAULIKROHRE
30. MUNITIONSAUFZUGSSCHACHT
31. PRESSLUFTBEHÄLTER
32. KARTUSCHEN IN KIPPMULDE
33. GREIFEINRICHTUNG FÜR GRANATEN
34. ÖFFNUNG FÜR KIPPMULDE
35. KOPFFÖRDERBAND
36. SPRENGGRANATEN FERTIG ZUM EINSETZEN DER ZÜNDER
37. PANZERSPRENGGRANATEN

Der Entwurf, der schließlich auf dem Zeichentisch entstand, war eine Variante der *Dreadnought,* ein Schiff ähnlicher Größe (17 250 Tonnen) und Länge (171 Meter). Außerdem enthielt er eine Anzahl neuer Merkmale, unter anderem Teleskopschornsteine, die schnell einzuziehen waren, damit sie am Horizont nicht sichtbar wären. In mancher Hinsicht war es ein noch erstaunlicheres Schiff als die *Dreadnought.*

Die Maschinenanlage zeigte den weitesten Fortschritt. Turbinen lieferten die phantastische Leistung von 44 000 Pferdestärken, fast zweimal soviel wie die der *Dreadnought.* Die enorme Maschinenleistung schaffte sogar mehr als erwartet. Angelegt für eine Höchstgeschwindigkeit von 25 Knoten, erreichten die Schiffe nach Indienststellung erstaunliche 28 Knoten – sieben Knoten mehr als die *Dreadnought.*

Nach der Geschwindigkeit war die Bestückung die zweite große Neuerung für einen Kreuzer: acht 30,5-cm-Geschütze – nur zwei weniger, als die *Dreadnought* trug. Gepanzerte Kreuzer der früheren Klassen besaßen eine gemischte Bewaffnung mit im allgemeinen einem halben Dutzend 23,4-cm-Geschützen als schwerstem Kaliber. Auf den neuen Kreuzern standen zwei 30,5-cm-Geschütze auf dem Vorschiff, zwei auf dem Achterschiff und vier in der Schiffsmitte. Die Mittelschiffstürme lagen auf beiden Schiffsseiten, waren aber um einige Meter versetzt angeordnet, damit bei Ausfall eines Turmes der andere nach beiden Seiten wirken konnte. Insgesamt trug der Kreuzer eine Artillerie, die dem Eineinhalbfachen der schweren Bestükkung jedes existierenden Kriegsschiffes, außer der *Dreadnought,* entsprach.

Geschwindigkeit und Schlagkraft, die beiden großen Vorzüge dieser gigantischen Kreuzer, sagten Fisher mehr als alles andere zu. Seinem aggressiven Geist schienen diese Kreuzer dem Idealschiff näherzukommen als selbst die *Dreadnought,* und während des langen Meinungsstreites, der um sein Schiffbauprogramm tobte, blieben die Panzerkreuzer seine Favoriten. „Windhunde des Ozeans" nannte er sie wegen ihrer behenden Schnelligkeit, und er erklärte oft: „Geschwindigkeit ist Schutz."

Es war einer der wenigen Fälle, in denen seine Voraussicht getrübt war. Die nur durch Gewichtsbeschränkung erzielbare hohe Geschwindigkeit der Kreuzer bedingte eine Verminderung des Panzerschutzes, ein riskantes Mittel. Die Schiffe besaßen nur einen kümmerlichen Gürtelpanzer von 15,2 Zentimeter in der Schiffsmitte (die *Dreadnought* hatte dort 28 Zentimeter Panzerung), der sich auf gefährliche zehn Zentimeter zum Bug hin verdünnte. Hinter dem achteren Turm gab es überhaupt keine Panzerung, und Panzerdecks fehlten.

Die vielfältigen Stärken der Panzerkreuzer – ihre offenkundigen Schwächen verdeckend – boten vielfältige Einsatzmöglichkeiten. Ihre Baupläne hatten kaum das Zeichenbrett verlassen, als schon vorgeschlagen wurde, sie neben Aufklärungsaufgaben für das Abfangen von Handelsstörern, für die endgültige Vernichtung krankgeschossener Schlachtschiffe, sogar für die Eröffnung des Flottenkampfes durch Umfassung des Gegners einzusetzen. Inzwischen hatte auch ihre Bezeichnung sich von Panzerkreuzer über Dreadnoughtkreuzer bis zu Schlachtkreuzer gewandelt, die allgemeine Unklarheit über ihren Verwendungszweck damit unterstreichend.

Fisher selbst war sich über den Charakter der neuen Schiffe alles andere als im klaren. Zwar sah er sie als Aufklärungsschiffe an, behauptete jedoch auch, daß „ein erstklassiger gepanzerter Kreuzer ein Schlachtschiff hinter einer Maske" sei. Und weiter: „Niemand kann einen klaren Trennungsstrich ziehen, ab wo ein Panzerkreuzer zum Schlachtschiff wird. Ebensowenig wie man bestimmen kann, ab wann ein Kätzchen zur Katze wird."

Leider war der wachsenden Katze bestimmt, in einen Dschungel wasserbürtiger Löwen und Tiger geworfen zu werden. Baron Brassey of Bulkely, begeisterter Yachtsegler, Mitglied des Parlaments und Herausgeber der anspruchsvollen Veröffentlichung *Naval Annual,* sah es voraus, als er prophetisch schrieb: „Ein Admiral, der *Invincibles* in seiner Flotte hat, wird sie sicher in die Linie seiner Schlachtschiffe einreihen, wo sich ihr verhältnismäßig leichter Panzerschutz nachteilig auswirken könnte." Das war eine grob untertreibende Darstellung der Verhältnisse. Als der Krieg kam, waren die großen Kaliber der Kreuzer eine zu starke Versuchung für die Befehlshaber, um auf ihren Einsatz zu verzichten. Zu ihrem beträchtlichen Kummer mußten sie erst lernen, daß der schwache Panzerschutz die Schiffe auf geradezu katastrophale Weise verwundbar machte.

In den ungestümen und hektischen Tagen von Fishers Amtszeit in der Admiralität wurden solche Tragödien nicht vorausgesehen. Das erste Dreigespann der Schlachtkreuzer wurde in aller Eile, gewissermaßen im Kielwasser der *Dreadnought*, zum Aufschwimmen gebracht und bereits in den Monaten März, Juni und Oktober des Jahres 1908 in Dienst gestellt – bevor Deutschland der Fertigstellung seines ersten Schlachtschiffes auch nur nahe kam oder den ersten vergleichbaren Kreuzer auf Kiel gelegt hatte. Großbritannien hatte damit im maritimen Rüstungswettlauf gegenüber dem Rest der Welt einen Vorsprung von vier zu eins aufgebaut, ehe noch weitere Nationen die Bahn betraten.

Schlachtschiffe wie Panzerkreuzer mußten gegen Torpedoangriffe geschützt werden, eine Bedrohung, von der bekannt war, daß Deutschland sie mit Nachdruck entwickelte. Es sollte die Aufgabe jenes dritten Gliedes von Fishers modernisierter Kampfflotte sein, des Hochseezerstörers.

Der Zerstörer war eigentlich ein Schiff mit doppelter Bestimmung. Einerseits sollte er feindliche Torpedoboote vernichten, andererseits selbst Torpedoträger sein. Solch ein Doppelzweckschiff war seit etwa einem Jahrzehnt vorhanden. Die Marine hielt ungefähr eineinhalb Dutzend Zerstörer in Dienst, als Fisher im Jahre 1904 zur Admiralität stieß. Der zu jener Zeit typische Zerstörer trug eine 7,6-cm-Kanone, fünf 5,7-cm-Schnellfeuergeschütze sowie zwei Rohre zum Lanzieren von Torpedos gegen feindliche Schlachtschiffe und Kreuzer. Die frühen Zerstörer waren jedoch ziemlich kleine Schiffe (335 bis 550 Tonnen Deplacement), liefen im allgemeinen nur zwischen 25½ und 30 Knoten und konnten einen Kohlenvorrat zwischen 80 und 130 Tonnen bunkern, der ihren Einsatz auf küstennahe Seeräume beschränkte.

Fisher verlangte einen Schiffstyp mit einer Seeausdauer, die ermöglichte, die Schlachtschiffe überall hin zu begleiten. Im zweiten Jahr seiner Amtszeit arbeiteten die britischen Werften fieberhaft an der Fertigstellung von sechs neuen Zerstörern mit einem durchschnittlichen Deplacement von 900 Tonnen. Die Schiffe waren Ölbrenner, was die Brennstoffübernahme in See beschleunigte und sauberer machte und ihnen eine Geschwindigkeit von 36 Knoten gab. Bestückt waren sie mit zwei 45,7-cm-Torpedorohren (die sich von den früheren Modellen unterschieden) und zwei 10,2-cm-Geschützen, die Granaten mit einem Gewicht von 11,3 Kilogramm verschossen. Bis 1914 sollte Großbritannien 125 neue Zerstörer besitzen – verglichen mit der Flottille von 1905, ein fast siebenfacher Zuwachs.

Schlachtschiffe, Schlachtkreuzer und Zerstörer entstanden. So blieb also noch das Unterseeboot übrig, um die ideale Flotte, wie sie Fisher vorschwebte, zu vervollständigen. Indessen blieb das Unterseeboot der einzige Schiffstyp, der nicht nach seinen Vorstellungen ins Leben gerufen wurde. Das lag daran, daß Unterseeboote in Großbritannien nur wenige Freunde und Verfechter fanden. Admiral A. K. Wilson, angesehener Flaggoffizier und enger Freund Fishers, sprach für die meisten seiner Landsleute, als er bekannte, das Unterseeboot sei eine „hinterlistige, unfaire und verdammt unenglische Waffe".

Bis 1914 hatte Großbritannien 74 Unterseeboote gebaut. Aber die Zahl war eindrucksvoller als die Boote selbst. Nur einige wenige konnten sich weit hinaus auf die See wagen. Die übrigen waren kaum weiterentwickelt

Der Tag des „Kaiser"-Besuches

Eine bärtige Virginia Woolf (links) stellt sich mit ihrer Schar zu einem Photo nach ihrem Besuch auf der „Dreadnought".

Am 10. Februar 1910 genügte dem Befehlshaber der britischen Kanalflotte eine kurzer Blick auf das Telegramm vom diensttuenden Chef des Auswärtigen Amtes, um ihn emsig tätig werden zu lassen: Noch vor Ablauf von drei Stunden erwartete man die Ankunft des Kaisers von Abessinien, der den Stolz der britischen Kanalflotte, H.M.S. *Dreadnought,* besichtigen wollte.

Zur angekündigten Zeit erschien schließlich eine gebieterisch wirkende dunkelhäutige Person in Turban und bestickter Robe mit bärtigen Gefolgsleuten und einem Dolmetscher. Nach feierlichem Abschreiten der Ehrenwache wurde die Gesellschaft durch das Schiff geführt, wo sie mit gespannter Aufmerksamkeit den Erklärungen eines Offiziers lauschte, der über den Dolmetscher die technischen Wunder der Geschütztürme, der Entfernungsmeßgeräte und der Funkeinrichtung auseinandersetzte. Bei der Verabschiedung versuchten die Besucher vergeblich, dem scheuen Begleitoffizier den Orden von Abessinien zu verleihen.

Wenig später brachten die Zeitungen in London höhnische Enthüllungen, daß die ganze Angelegenheit ein Ulk gewesen sei. Der „Kaiser" und sein Gefolge waren eine Gruppe herausgeputzter Londoner Literaten gewesen, einschließlich der bald berühmt werdenden Essayistin und Romanschreiberin Virginia Woolf (als bärtiger Gefolgsmann). Der Dolmetscher hatte auch kein Abessinisch gesprochen, sondern sich einer Mischung aus Lateinisch und Griechisch bedient, mit kleinen Einsprengseln von Kisuaheli.

Als in England das Gelächter über diesen Zwischenfall verstummte, erkannte man, daß der Vorfall den traurigen Sicherheitszustand an Bord der Kriegsschiffe bloßlegte. Nach Anfragen im Parlament, die zu einer Verschärfung der Sicherheitsbestimmungen führten, bemerkte Virginia Woolf: „Ich freue mich, daß auch ich meinem Land einen Dienst erweisen konnte."

als die Boote vor eineinhalb Jahrzehnten. Ihre Unterwasserfahrstrecke war auf ungefähr 100 Seemeilen beschränkt, und sie konnten bestenfalls zum Schutz der britischen Häfen eingesetzt werden.

Jenseits der Nordsee weckten die große neue *Dreadnought* und ihre Schwesterschiffe bei Jacky Fishers Gegenspieler – Tirpitz – gemischte Empfindungen. „Einerseits lag in den maritimen Maßnahmen Englands zwar die Anerkennung, daß unser Flottenbau ernst genommen würde", schrieb Tirpitz voll Stolz über Deutschlands wachsenden Einfluß. Andererseits konnte er sich der Schlußfolgerung nicht entziehen, daß „klar die Absicht zugrunde lag, uns bange zu machen".

Als die *Dreadnought* im Juli 1906 ausgerüstet wurde, legten die Deutschen gerade den Kiel für ihr bislang größtes Schlachtschiff, die 18 900 Tonnen große *Nassau,* benannt nach einem rheinischen Herzogtum. Als ihnen jedoch die Bedeutung der *Dreadnought* aufging, wurden sie so besorgt, daß sie den Weiterbau der *Nassau* noch im gleichen Jahre plötzlich stoppten. „Deutschland ist durch die *Dreadnought* gelähmt", frohlockte Fisher in einem im Oktober 1907 an König Edward VII. gerichteten Brief.

Dann aber war es Sache der Briten, sich zu wundern, was eigentlich vorging. Im Gegensatz zu den Briten, deren Sicherheitsmaßnahmen so lasch waren, daß fast jeder Schabernack genügte, um neugierige Blicke auf ein neues Kriegsschiff werfen zu können, verbargen die Deutschen eifersüchtig die Geheimnisse ihrer Marine. Die Briten unternahmen einen zwar raffinierten, aber fruchtlosen Versuch, Informationen zu erhalten. Kapitän zur See Reginald Hall, der spätere Leiter des Marinenachrichtendienstes, lieh sich die Yacht des Herzogs von Westminster und kleidete zwei Offiziere in Arbeitsanzüge. Sie fuhren mit der Prinzenyacht geradewegs in den Kieler Hafen und täuschten einen Maschinenschaden vor, als sie die Hellingen der Krupp-Werft passierten. Während Hall für Unruhe an Deck sorgte und seine verkleideten Offiziere laut herumkommandierte, sich mit der Maschine zu beeilen, machten eben dieselben hastig Aufnahmen aus verborgenen Winkeln der Brücke. Leider konnten sie nicht mehr zu Gesicht bekommen als die bewaffneten Posten, die vor den hohen, verschlossenen Toren auf- und abschritten. So mußten die Briten, wie alle anderen, warten, bis sie die Ergebnisse der Bautätigkeit in Kiel zu sehen bekamen.

Das Schiff, das dann im Juli 1909 endlich die Werft in Kiel verließ, drei Jahre nach dem Stapellauf der britischen *Dreadnought,* zeigte die Auswirkungen von allerlei Notbehelfen und unsicherer Nachahmung. Es trug 12 große Geschütze, also zwei mehr als die *Dreadnought,* jedoch mit nur 28 Zentimeter Kaliber, was wegen der vermeintlichen Unterlegenheit der Bewaffnung heftige Vorwürfe in der deutschen Presse auslöste. Admiral Tirpitz, der eines Tages noch entdecken sollte, wie wankelmütig die öffentliche Meinung und sein Monarch waren, schrieb wehmütig: „Es bot deutscher Nörgelsucht willkommenen Anlaß, ob wir z. B. schwere Geschütze mit kleinerem Kaliber führten als die Engländer." Tatsächlich waren die zweieinhalb Zentimeter Kaliberunterschied zwischen den Geschützen der *Nassau* und den britischen Geschützen ohne Bedeutung, weil die deutschen Granaten eine höhere Durchschlagskraft besaßen. Die Bewaffnung der *Nassau* wies jedoch andere Nachteile auf. Während auf der *Dreadnought* drei Türme auf der Schiffsmittellinie standen, somit nach beiden Seiten feuern konnten, waren auf der *Nassau* je zwei Türme auf den Schiffsseiten placiert und konnten jeweils nur nach einer Seite schießen. Im Endeffekt brachten daher 12 Geschütze der *Nassau* nicht mehr Feuerkraft auf den Breitseiten auf als zehn der *Dreadnought.*

Noch bezeichnender war die das Schiff nur behindernde gemischte Bewaffnung mit weiteren zwölf 15-cm-Geschützen und 16 von 8,8 Zentimeter Kaliber. In dem Bemühen, die Schlagkraft der *Dreadnought* zu übertreffen, hatten die Deutschen die entscheidende Bedeutung einer einheitlichen Bestückung übersehen.

Die große Anzahl der Waffen brachte der *Nassau* noch einen weiteren Nachteil ein. Um alle Geschütze zu bemannen, war eine Besatzungsstärke von 963 Mann vonnöten – verglichen mit den 773 Mann der *Dreadnought*. In den Unterkunftsräumen herrschte dementsprechend eine drangvolle Enge. Die Royal Navy hatte sich zwar nie durch besondere Aufmerksamkeit für das Wohlergehen ihrer Seeleute ausgezeichnet, trotzdem konnte man im Vergleich zur *Nassau* die Mannschaftsunterkünfte der *Dreadnought* als durchaus geräumig bezeichnen.

Schließlich wurde die *Nassau* von einer altmodischen Kolbendampfmaschine angetrieben, die, abgesehen davon, daß sie als Maschinentyp schon zu Zusammenbrüchen neigte, die Höchstgeschwindigkeit auf 19 Knoten beschränkte und zur Verdrängung des Schiffes von etwa 19 000 Tonnen erheblich beitrug – 1000 Tonnen mehr als die *Dreadnought*.

Mit einem Wort: Die *Nassau* war überbewaffnet, übergewichtig und zu schwach in der Maschinenleistung.

Dieses Zwitterschiff besaß allerdings auch einige gut konstruierte, speziell deutsche Stärken. Mit ihrer Spitzenstellung in der Stahlerzeugung und bei der Herstellung von Sprengstoffen legten die Deutschen besonderen Nachdruck auf den Schutz des Schiffes. Die *Nassau* trug einen fast 30 Zentimeter dicken Gürtelpanzer (zwei Zentimeter mehr als der der *Dreadnought*), und ihr Panzerdeck war durchgehend zehn Zentimeter stark (erheblich großzügiger ausgelegt als das der *Dreadnought*, das an keiner Stelle mehr als 7,6 Zentimeter dick war und über einigen Schiffspartien nur knapp vier Zentimeter betrug). Zusätzlich bauten die Deutschen in die *Nassau* Torpedoschotten ein, Stahlwände im Schiffsinneren, die durchlaufend an beiden Seiten die lebenswichtigen Teile des Schiffes einschlossen, gewissermaßen ein Schiffskörper im Schiffskörper. In Verbindung mit den Kohlenbunkern, die sich an beiden Seiten über die ganze Länge des Schiffes hinzogen, dämpften die langen Schotten mit erstaunlicher Wirksamkeit die schweren Stöße von Artillerietreffern. Für die Besatzung sahen die Deutschen noch eine sehr nützliche Verbesserung vor, die der Aufmerksamkeit der Briten entgangen war: Schwimmwesten für jeden Mann und für den Fall, daß die Rettungsboote unbrauchbar würden.

Das Interesse der deutschen Öffentlichkeit konzentrierte sich auf die *Nassau;* Tirpitz aber warf, wie Fisher, ein wachsames Auge auch auf die anderen Schiffstypen seiner Flotte. Als nächstes stand auf seiner Liste ein Schlachtkreuzer, der die Antwort auf die britische *Invincible* sein sollte. Der Kiel des ersten Schiffes dieser Klasse, der *Von der Tann*, wurde im Oktober 1908 gestreckt. Mit diesem Kreuzer erreichten die Deutschen ihre kürzeste Bauzeit von knapp zwei Jahren, zeigten ihre besten Begabungen für Schiffsentwurf und produzierten einen Typ, der sich dem britischen überlegen erweisen würde. Die *Von der Tann* hatte acht Geschütze in gleicher Aufstellung wie die *Invincible*, besaß aber einen Gürtelpanzer, der etwa 8 Zentimeter stärker war als der der *Invincible*, und Torpedoschotten als Innenschutz wie die *Nassau*. Zwei weitere Schlachtkreuzer folgten schnell – die *Moltke* und die *Goeben* –; sie wurden im Frühjahr 1909 auf Kiel gelegt, und mit diesen Schiffen holte Deutschland die Einführung des Turbinenantriebes nach. Noch vier andere Schlachtkreuzer folgten den genannten, so daß bis zum Jahre 1912 sieben gebaut waren.

Bei den Zerstörern waren die Deutschen nicht so neuerungsfreudig. Diese Schiffe blieben kleiner als die britischen, nur wenige überschritten eine Wasserverdrängung von 680 Tonnen, und alle liefen eine durchschnittliche Höchstfahrt von 32,5 Knoten. Das Bauprogramm forderte etwa ein Dutzend pro Jahr, und zwischen 1906 und 1913 baute Deutschland 107 dieser nützlichen, wenn auch bescheidenen, kleinen Schiffe.

Dieses von einem Zeppelin aufgenommene Photo zeigt das erste deutsche Schlachtschiff, die „Nassau". 1909 in aller Eile fertiggestellt, war sie noch mit einer Kolbendampfmaschine ausgestattet, und einige ihrer Geschütze lagen so dicht über der Wasserlinie, daß sie bei hohem Seegang nicht eingesetzt werden konnten.

Beim Bau von Unterseebooten waren die Deutschen später unheimlich erfolgreich, entwarfen sie doch gut bewaffnete Boote mit großem Aktionsradius, die den Briten in den späteren Tagen des Krieges unermeßliches Leid zufügen sollten. Aber diese tödlichen, fast unsichtbaren Ungeheuer spielten im Rüstungswettlauf praktisch keine Rolle – auch nicht in dem gewaltigen Flottenkampf vor dem Skagerrak, der den Seekrieg letztlich entschied.

Der deutsche Erfindergeist wurde durch den zahlenmäßigen Vorsprung der Briten jedoch mehr als wettgemacht. Im Frühjahr 1909, als Deutschlands *Nassau* in Dienst gestellt wurde, waren bei der Royal Navy nicht nur die *Dreadnought* und die drei neuen Schlachtkreuzer aktiv, sondern auch ein Bauprogramm war schon weit fortgeschritten, das der Flotte bis 1910 sechs weitere Schlachtschiffe zuführen würde. Darüber hinaus waren für noch zehn Schlachtschiffe die Vorschläge eingebracht, was die Flotte bis 1913 auf eine Gesamtzahl von 18 bringen sollte. Und gegenüber weiteren zehn Schlachtkreuzern und 18 Zerstörern, deren Fertigstellung in den gleichen Jahren vorgesehen war, konnten die Deutschen selbst bei größtem Bemühen den britischen Vorsprung nicht aufholen.

Nach viereinhalb Jahren Dienstzeit als Erster Seelord hatte Jacky Fisher drei der vier Ziele der Modernisierung der Royal Navy erreicht. Er hatte das System der Stammbesatzungen eingeführt und damit jedes Schiff jederzeit einsatzbereit gemacht. Er hatte die Flotte abgespeckt, veraltete Schiffe verschrottet und nur diejenigen mit modernen Kanonen und hoher Geschwindigkeit gehalten. Sein Bauprogramm hatte für die ausgemusterten Schiffe Ersatz geschaffen, zwar nicht in gleicher Zahl, dafür mit weniger Einheiten von so umwälzenden Ausmaßen, daß sie stärker und schneller waren als alle sonst in der Welt schwimmenden Kriegsschiffe. Übrig blieb nur noch sein viertes Ziel: die Neuaufteilung der Schiffe auf die Flottenstationen, um die richtigen Schiffe an den richtigen Plätzen zu haben. Inzwischen entboten ihm alle Marinen der Welt die aufrichtigste Form der Schmeichelei, indem sie seine machtvolle Schöpfung nachahmten und sich gegenseitig überboten, seinen Vorsprung einzuholen *(S. 58)*.

Erfolg und Macht hatten Fisher leider in zunehmendem Ausmaße sarkastisch, grob, intolerant und boshaft werden lassen. Sein Freund, Viscount Esher, ein Vertrauter des Königs, hatte ihm schon früh geraten: „In einem Land wie dem unseren, das durch die offene Diskussion beherrscht wird, wird ein großer Mann nie abgehalftert. Er halftert sich selbst ab. Sei daher bitte Machiavellist, spiele auf dem empfindlichen Instrument der öffentlichen Meinung mit den Fingern, nicht mit den Füßen." Derartiger Rat lief Fishers Boxernatur völlig zuwider. „Ich trete anderen Leuten vor das Schienbein, wenn sie mich treten", knurrte er – und schritt weiter fort auf dem Wege, auf dem er sich selbst abhalfterte.

Als Fisher sein viertes Ziel, die Umgruppierung der Flottenabteilungen, in Angriff nahm, kam es schließlich zum Zusammenstoß mit seinen Feinden, und Fisher bezahlte seine Anmaßung teuer. Die Neuverteilung – an sich ein Randproblem – sollte die Lunte liefern, die einen Skandal aufflammen ließ, der nicht nur der unangreifbaren Marine viel Ärger eintrug, sondern auch Jacky Fisher eine bittere Niederlage bereitete.

Die Umgruppierung war seit einiger Zeit im Gange. Schon im Jahre 1904 hatte Fisher begonnen, die Flottenabteilungen in Übersee neu zu dislozieren. Er dünnte die Geschwader auf Stationen in freundlicher Umgebung aus, indem er deren veraltete Schiffe außer Dienst stellte und nicht mehr ersetzen ließ. Dann gruppierte er die näher bei dem Mutterland stationierten Schiffe um und teilte die modernsten und besten der neugebildeten Heimatflotte zu, die in sprachlicher Umschreibung als Reserveflotte bezeichnet wurde. Die deutliche Absicht hinter diesen verschiedenen Maßnahmen war, die Verteidigung um die britischen Inseln zu stärken. Als

Der Befehlshaber der Kanalflotte, Lord Charles Beresford, hier aufgenommen mit seiner Bulldogge Kora an Bord des alten Schlachtschiffes „King Edward VII.", führte die große Anti-Fisher-Partei in der Marine an. Seine Feindschaft entsprang einem banalen Vorfall im Jahre 1901, als er in Malta ein Anlegemanöver verpatzte und Fisher, damals Befehlshaber im Mittelmeer, ihm befahl, das Manöver „seemännisch korrekt" zu wiederholen.

echte Auswirkung ergab sich aber eine Herabstufung der Rolle der Kanalflotte, der bisher stärksten Kampfeinheit der Royal Navy.

Besonders für einen Mann bedeutete die Umgruppierung einen starken persönlichen Rückschlag. Es war Admiral Lord Charles Beresford, vorgesehen als nächster Befehlshaber der Kanalflotte. Beresford war seit vielen Jahren unter den Marineoffizieren einer der erbittertsten Feinde Fishers. Er war es, der als erster die *Dreadnought* mit der Kritik eines Konservativen bedacht hatte. Als blaublütiger Abkömmling des irischen niederen Adels war Beresford Persona grata der Londoner Gesellschaft, für Freunde und Bewunderer eine schneidige Erscheinung voll Charme und gesellschaftlichem Takt, wie es die Engländer allgemein von ihren Marineoffizieren erwarteten. Für seine Feinde war er ein Hanswurst mit wenig Gehirn. Der Journalist J. L. Garvin, Herausgeber der liberalen Zeitung *The Observer* und Anhänger Fishers, titulierte Beresford „das große Luftschiff" und erklärte, er sei „die größte bisher bekannte Luftblase".

Die Feindschaft zwischen Beresford und Fisher, erwachsen aus den unversöhnlichen Charakteren beider, ging bis auf das Jahr 1901 zurück. Beresford diente damals als Stellvertreter Fishers während dessen kurzen Kommandos als Befehlshaber der Mittelmeerflotte. Vom ersten Augenblick an schien Fisher entschlossen, Beresford auf Abstand zu halten. Jede Handlung seines Stellvertreters wurde genau geprüft, und Fisher ließ keine Gelegenheit aus, Beresford zu kritisieren. Natürlich kränkte den letzteren eine solche Behandlung, da er sich als Untergebener kaum dagegen wehren konnte. Einmal unternahm er einen schwachen Versuch gleichzuziehen, als er gereizt ablehnte, in einem von Fishers Ausschüssen zu arbeiten. „Es sollte mich wundern, wenn Fisher ihm nicht irgendeine Infamie antut und es ihm in der einen oder anderen Weise zurückzahlt", notierte ein Zeuge der erregten Diskussion zwischen Fisher und seinem Untergebenen.

Als sein Vorgesetzter Erster Seelord wurde, übernahm Beresford das Kommando im Mittelmeer. Er verlor keine Zeit, Fisher in Verruf zu bringen. Bei Offiziersessen schimpfte er auf „die nichtsnutzigen Kerle, mit denen ich auf Anweisung Ihrer Lordschaften arbeiten muß", und ging so weit, die ihm unterstellten Kommandanten zu bearbeiten, sie sollten zu Anordnungen der Admiralität schriftliche Stellungnahmen aufsetzen. In einer Marine, die durch bedingungslose Befolgung von Befehlen und unerschütterliche Loyalität gegenüber Offizierskameraden stark geworden war, wirkte solches Verhalten nicht nur taktlos, es schmeckte nach Widersetzlichkeit und Untergrabung der Disziplin. Fisher nahm vorerst keine offizielle Kenntnis von Beresfords Aktionen. Es gab jedoch Leute, die glaubten, der Erste Seelord hätte endlich eine Gelegenheit gefunden, es Beresford heimzuzahlen: bei der Umgruppierung der Flotte.

Nach seiner Dienstzeit im Mittelmeer sollte Beresford das Kommando über die Kanalflotte übernehmen. Mit großen Erwartungen sah er dem Tag entgegen, an dem er seine Flagge über der mächtigsten aller Flotten der Royal Navy setzen würde. Tatsächlich glaubte er, dies sei für ihn das Sprungbrett zu der höchsten Dienststellung des Ersten Seelords – wenn Fisher aus dem Wege sei.

Als aber im März 1907 für Beresford der Zeitpunkt gekommen war, die Kanalflotte zu übernehmen, hatte Fisher sie auf ein Drittel ihrer früheren Stärke herabgesetzt und ihr die zweitrangige Rolle einer Unterstützung der neuen Heimatflotte zugewiesen. Beresford, der erwartet hatte, eine Streitmacht von 67 Kriegsschiffen zu befehligen, fand statt dessen nur 21 vor.

Bitter enttäuscht und im höchsten Grade verärgert, hatte Beresford kaum seine Flagge auf der *King Edward VII.* im Ärmelkanal gesetzt, als er anfing, Sympathisanten um sich zu sammeln, die Fisher „das Syndikat der Unzufriedenen" zu nennen beliebte. Beresford schrieb an Lord Knollys, den Sekretär des Königs und Fishers Freund, daß sich die Admiralität in einem

In dunkelgrauem Kampfanstrich sind die Schlachtschiffe und andere Einheiten der neuen britischen Flotte 1911 zur Krönungsfeier für König George V. in

Spithead versammelt. Ihre schwere Bewaffnung läßt sie viel eindrucksvoller erscheinen als die alternden viktorianischen Schiffe bei der Parade von 1897.

„chaotischen Höllenzustand“ befände. Er führte seine Kampagne in der Londoner Gesellschaft und verteilte Seitenhiebe auf Fisher und seinen „Fischteich“ – damit die Männer meinend, die Fisher unterstützten. Und er schrieb einen gereizten Brief an Lord Tweedmouth, der Nachfolger Selbornes in der Admiralität geworden war, in dem er sich beklagte, daß die Heimatflotte „ein Betrug und eine Gefahr für das Imperium“ sei. Beresford bot dafür keine Beweise an, er trompete die Behauptung nur heraus.

Beresfords Widersetzlichkeit war jetzt so offenkundig, daß Tweedmouth berechtigt gewesen wäre, dem verärgerten Admiral zu befehlen, seine Flagge unverzüglich zu streichen. Tweedmouth jedoch lud den eigensinnigen Beresford in die Admiralität ein und bot ihm eine Aussprache an. Die Verhandlung fand im Juli 1907 statt. Anwesend waren Beresford, Tweedmouth, Fisher (als Begründer der Heimatflotte) und ein Stenograph.

„Ich meine, daß ein so schwerwiegender Vorwurf gegen die Heimatflotte begründet werden sollte“, sagte Tweedmouth zu Beresford. „Sie sollten erklären, warum sie ein Betrug ist und warum eine Gefahr für den Staat.“ Als Beresford das Wort erteilt wurde, fiel ihm nichts Besseres ein, als zu protestieren, er hätte nur eine „Redensart“ verwendet. „Ich streite schärfstens ab, irgendeine Insubordination beabsichtigt zu haben“, fügte er hinzu.

Fisher, beharrlich sich zusammennehmend, fragte Beresford, was zu tun wäre, um die Lage zu verbessern. „Würden Sie zufrieden sein, wenn wir Ihre gepanzerten Kreuzer auf sechs vermehren?“ Wieder war Beresford verblüfft. „Ich kann das nicht auf der Stelle entscheiden“, versuchte er Zeit zu gewinnen. „Ich werde Ihnen schriftlich antworten.“

„Aber Sie müssen doch darüber schon nachgedacht haben“, erwiderte Fisher. „Sie schreiben ja seit Monaten darüber.“

Nach mehreren Stunden Spiegelfechterei endete die Zusammenkunft mit dem förmlichen Ausdruck gegenseitiger Hochachtung, und keiner stand besser da als zuvor. Beresford behielt sein Kommando über die Kanalflotte, bearbeitete weiterhin die Londoner Gesellschaft, nannte Fisher einen „gefährlichen Irren“ und fügte seinen Anwürfen einen neuen hinzu, daß nämlich die Marine keine Pläne für den Kriegsfall ausgearbeitet hätte. Wieder hätte die Admiralität Schritte unternehmen können, um Beresford zum Schweigen zu bringen, nahm aber in der Furcht, eine Büchse der Pandora zu öffnen, eine nachsichtige Haltung ein.

Während der ersten Monate blieb die Fehde zwischen Beresford und der Admiralität – wenn sie auch immer mehr in Schwung geriet – auf Marinekreise und den Gesellschaftsklatsch beschränkt. Sie nahm eine ernstere Wendung, als die Zeitungen von einer geradezu erhaben lächerlichen Bagatelle Wind bekamen, die unter dem Namen „Der Malarbeiten-Zwischenfall“ bekannt wurde. Plötzlich sah sich die hehre Royal Navy selbst als Zielscheibe eines Skandals.

König Edward, der zu seinem Neffen, dem Kaiser, immer noch höfliche, wenn auch kühle Beziehungen unterhielt, hatte diesen für November 1907 zu einer Marineparade in Spithead eingeladen. In Erwartung des Staatsbesuches hatte Beresford einen Befehl erlassen, der alle Schiffe anwies, den Hafen anzulaufen, damit sie zur Erbauung der kaiserlichen Augen frisch gestrichen würden. Die meisten Flottenoffiziere reagierten mit stummem Gehorsam. Konteradmiral Sir Percy Scott, ein Mitglied des Fischteiches, später berühmt wegen seiner Entwicklung des Schießens mit Feuerleitgeräten, führte mit dem 1. Kreuzergeschwader gerade Schießübungen irgendwo vor der Küste durch. Spitzbübisch, aber unbedacht signalisierte er einem seiner Kommandanten: „Malarbeiten scheinen mehr gefragt zu sein als Schießübungen. Sie sollten daher besser zeitig einlaufen, um sich für den Achten dieses Monats hübsch zu machen.“ Der Signalspruch brachte sicher ein breites Grinsen auf das Gesicht des angesprochenen Kommandanten und einer guten Anzahl anderer, aber Flüsterparolen trugen ihn Beresford

Ein weltweites Statussymbol

Der Stapellauf von H.M.S. *Dreadnought* erzeugte ein Schlachtschiff-Fieber, welches bald fast die ganze Welt ansteckte. Jede Nation, die Machtansprüche erhob, wollte wenigstens ein Schlachtschiff besitzen.

An den wahnsinnigen Rüstungswettlauf der britischen und deutschen Marine schloß sich Frankreich an, das bis zum Kriegsausbruch vier Schlachtschiffe fertigstellte. Italien baute zwei, Österreich-Ungarn drei, und Rußland streckte die Kiele von vier Schiffen. Um nicht zurückzubleiben, bauten die Japaner innerhalb von zehn Jahren drei Schlachtschiffe, und die Vereinigten Staaten konnten bei ihrem Kriegseintritt im Jahre 1917 vierzehn Superschiffe vorweisen, darunter die *Arizona* mit 31 400 Tonnen Verdrängung, zwölf 35,6-cm-Geschützen und einer so starken Panzerung (bis 46 Zentimeter), daß sie eines der mächtigsten Schlachtschiffe der Welt war.

Sogar kleinere Mächte, die selber keine Schlachtschiffe bauen konnten, erschöpften ihre Staatskassen, um im Ausland gebaute Schiffe zu erwerben. Brasilien zahlte einer britischen Werft £ 3 642 800 für den Bau der *Minas Gerais* und *São Paulo*; jedes Schiff mit einem Dutzend 30,5-cm-Geschütze ausgestattet. Derweil unterzeichnete Argentinien bei amerikanischen Schiffbaufirmen einen Vertrag über $ 21 330 600 für die je 27 720 Tonnen großen *Rivadavia* und *Moreno* mit der gleichen Bestückung.

Brasilien konterte mit einem Bauauftrag für ein drittes in Großbritannien bestelltes Schlachtschiff, die 27 500 Tonnen große *Rio de Janeiro* mit 14 Geschützen von 30,5 Zentimeter Kaliber. Leider war die brasilianische Staatskasse inzwischen leer. So fuhr 1916 dieses brasilianische Schiff, umbenannt in *Agincourt*, mit der britischen Grand Fleet in die Skagerrakschlacht.

Das US-Schlachtschiff „Arizona“ mit seinen charakteristischen Gittermasten verläßt 1916 den Hafen von New York.

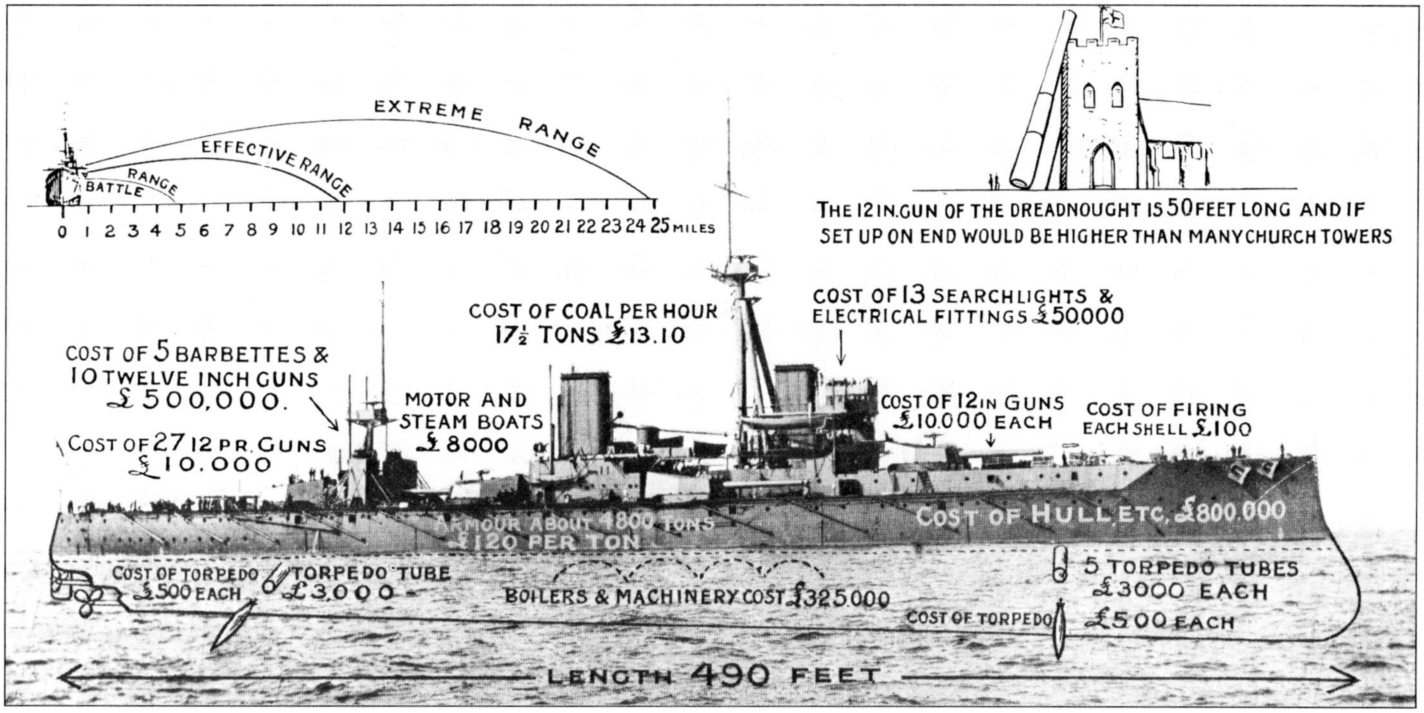

Die imponierende Größe und Schußweite der 30,5-cm-Geschütze sowie die enormen Kosten der einzelnen Komponenten eines großen Kriegsschiffes sind in dieser Abbildung aus einem Erinnerungsbüchlein zur Flottenparade 1911 der Grand Fleet aufgelistet. Für zwei Millionen Pfund, die der Bau eines Schlachtschiffes verschlang, hätte die Regierung nicht weniger als 18 000 Infanteriebataillone mit insgesamt 18 000 Mann ausrüsten und für ein Jahr unterhalten können. Die hier genannte Länge von 149,30 Metern (490 Fuß) bezieht sich auf das Hauptdeck; der Rumpf des Schiffes war noch 11,30 Meter (37 Fuß) länger.

zu, und dieser eitle und sich selbst zu wichtig nehmende Offizier geriet in Wut. Er, der vor noch gar nicht langer Zeit seine Offiziere gegen die Admiralität aufgestachelt hatte, zog jetzt wild gegen den Witz eines Untergebenen vom Leder. Er beorderte Scott auf sein Flaggschiff und rügte ihn im Beisein von Offizieren wegen seines „verächtlichen Tones" und seines widersetzlichen Charakters. Nicht zufrieden mit dieser Beschimpfung von Mann zu Mann, setzte er vor den Augen der gesamten Flotte ein Signal, mit dem er den Tadel an Scott bekanntgab.

Solch ein Schauspiel vor solch einem Publikum konnte nicht ohne Aufsehen bleiben. Die Presse stürzte sich sofort darauf. Prompt blühten in den Zeitungen aller Schattierungen, von der altersgrauen *Times* bis zu dem bombastischen *Daily Express,* die Balkenüberschriften auf. „EINE SENSATION IN DER MARINE" und „FLOTTE HÖCHST ERSTAUNT", schrien sie heraus. Die Geschichten unter den Kopfleisten wuchsen lawinenartig an und vermittelten der neugierigen Öffentlichkeit saftige Berichte über die Fisher-Beresford-Fehde, die dem Zwischenfall zugrunde lag. Parteigänger innerhalb und außerhalb der Marine spalteten sich in zwei Lager auf, in diejenigen, die Fisher folgten, und diejenigen, die Beresford anhingen.

Unvermeidlich hörte der berühmt gewordene Fall auf, nur eine Angelegenheit für Salongeschwätz zu sein und schien die Sicherheit der Nation ernstlich zu beeinträchtigen. Tiefsitzende Mißhelligkeiten unter den Admiralen stellten immerhin die Eignung der betroffenen Offiziere für ihre Aufgabe in Frage. Einige Leute verlangten die Entlassung Beresfords, andere die Entfernung Fishers, wieder andere meinten, beide sollten gehen. Viele der nicht unmittelbar Betroffenen wurden ebenso giftig wie die Hauptbeteiligten. So schrieb Sir Frederick Richards, ein Parteigänger Beresfords, der nach der Entlassung Fishers gierte, einem Freunde: „Mögest Du mit den anderen guten und wahrhaften Männern zur Stelle sein, wenn die Zeit kommt, den Krebsschaden herauszuschneiden, der sich in das Herz der Marine frißt." Fisher schien in seinem Amt aber noch sicher zu sein, wie

Lord Goschen, ein ehemaliger Erster Seelord, geschrieben hatte: „Fisher hat die gesamte Presse hinter sich und den König in der Tasche." Wirklich veröffentlichte der Vertraute des Königs, Lord Esher, eine Zuschrift in der *Times*: „Es gibt nicht einen Menschen in Deutschland, vom Kaiser abwärts, der den Sturz von Sir John Fisher nicht willkommen heißen würde." Das veranlaßte dann auch den Kaiser, sich in den Streit einzumischen. „Die Menschen hier drüben wären dankbar, wenn jedenfalls Deutschland aus der Diskussion herausgehalten würde", schrieb er an Lord Tweedmouth.

Der Dienstantritt eines neuen Ersten Lords der Admiralität, Reginald McKenna, der Tweedmouth ablöste, eröffnete auch einen neuen Akt des Dramas. McKenna kündigte die letzte Phase der Umgruppierung an, die Verschmelzung der alten Kanalflotte mit der neuen Heimatflotte. Dieser Schritt nahm Beresford sein Kommando, ohne ihn dessen förmlich zu entheben. Aber weit davon entfernt, den streitsüchtigen Beresford zu besänftigen, fühlte sich dieser durch die neue Anordnung veranlaßt, seine Kümmernisse bis zum Premierminister Herbert Asquith zu tragen, der in einem verspäteten Versuch, den Scherereien an die Wurzel zu gehen, einen Kabinettsausschuß berief.

Der die Untersuchung leitende Ausschuß tagte in 15 Sitzungen vom April bis Juli 1909. Am Ende kam er zu dem einstimmigen Beschluß, daß aus „den von der Admiralität getroffenen Maßnahmen für einen Krieg dem Land keine Gefahr erwuchs". In anderen Worten: Die neue Dislozierung der Flotte war gerechtfertigt, und die Beschuldigungen von Lord Beresford waren ungerechtfertigt. Weiter stand in dem Bericht als milder Tadel für beide streitenden Parteien: „Die Admiralität scheint Lord Beresford nicht ausreichend ins Vertrauen gezogen zu haben ... Andererseits hat Lord Charles Beresford versäumt, die Anweisungen der Admiralität anzuerkennen und auszuführen und ihre vorrangige Autorität zu würdigen." Für Fisher und seine Gefolgsleute war das eine unfaire Spitzfindigkeit, die Widersetzlichkeiten praktisch stillschweigend duldete. Fisher schrieb einem Freunde: „Es war ein schmutziger Trick zu behaupten, die Admiralität hätte Beresford nicht vertraut, wo doch dieser das Vertrauen innerhalb von 24 Stunden, nachdem er seine Flagge gesetzt hatte, mißbrauchte."

Für Fisher kam dann ein noch härterer Schlag. Der Bericht schloß mit der Feststellung, daß die Mitglieder des Ausschusses „mit großer Zuversicht der weiteren Entwicklung eines Admiralstabes entgegensehen " – mit anderen Worten, einer Körperschaft, die höherrangig als der Erste Seelord Fisher die Dispositionen für die Flotte treffen und die Kriegspläne ausarbeiten würde.

Nichts konnte Fisher wütender machen. Ein Admiralstab, polterte er einem Freunde gegenüber, wäre „eine hervorragende Einrichtung, um Ausschnitte aus ausländischen Zeitungen zu sammeln und zu ordnen".

Mochte er auch schmollen – sogar mit einiger Berechtigung, wenn man bedenkt, wieviel er geleistet hatte und wie wenig Dank er dafür erhielt –, nicht einmal Jacky Fisher konnte sich über einen Kabinettsbeschluß hinwegsetzen. Zwar argumentierten er und seine Anhänger, daß Kriegspläne geheimzuhalten wären. Daß jedoch nur ein Mann in Zeiten mit solch tödlichen Waffen die Planung für ihren Einsatz – wann und wo er auch verlangt würde – allein in seinem Kopf herumtragen sollte, hieß zuviel zu verlangen. Der Admiralstab mußte kommen, und Jacky Fisher würde gehen müssen. Seine Jahre an der Macht hatten ihn unfähig werden lassen, mit irgendeinem Ausschuß zu arbeiten. So blieb er zwar vier weitere Monate in seinem Büro in der Admiralität, erhielt gelegentlich des Geburtstages des Königs am 9. November 1909 die Peerswürde, wurde aber zwei Monate später, an seinem eigenen 69. Geburtstage, pensioniert. Winston Churchill sollte bald feststellen, daß die Vorsehung ihn noch nicht ganz vergessen hatte; für den Augenblick jedoch verschwand Jacky Fisher aus dem

Ein frohgestimmter Winston Churchill, begleitet von seiner Frau und einem Marineoffizier, begibt sich im Oktober 1912 zum Stapellauf der „Iron Duke", dem ersten Schiff einer Klasse von Superschlachtschiffen mit 25 000 Tonnen Verdrängung. Als Erster Lord der Admiralität bemühte sich Churchill, mehr zu sein als nur Titularoberhaupt der Marine. Oft besuchte er Werften, um den Bau von Schlachtschiffen zu studieren, und verbrachte Wochen mit der Flotte in See – dabei manches Mal die Admirale ärgernd, wenn er versuchte, persönlich die Flottenübungen zu leiten.

öffentlichen Leben. „Aha, Jacky zieht tatsächlich Rosen", sagte ein Offizier. „Nun, alles, was ich dazu zu sagen habe, ist, daß die Rosen verdammt gut daran täten, sich ziehen zu lassen."

Fishers Fortgang von der Admiralität hemmte nicht den maritimen Rüstungswettlauf. Auf beiden Seiten der Nordsee wurden immer größere Schlachtschiffe und Schlachtkreuzer in immer schneller werdendem Tempo gebaut. Am Ende von Fishers Amtszeit, im Jahre 1910, besaß Großbritannien vier fertiggestellte Schlachtschiffe, drei standen für die Probefahrten bereit – und für weitere sechs waren die Kiele gestreckt. Auch befanden sich – zusätzlich zu den drei schon in Dienst stehenden Schlachtkreuzern – fünf neue Schiffe dieses Typs im Bau. Das ergab eine Gesamtzahl von 21 Großkampfschiffen, die in einer Zeitspanne von wenig mehr als fünf Jahren in Auftrag gegeben waren – eine phantastische Baurate, wie sie niemals vorher erreicht worden war.

In demselben Januar 1910 waren in Deutschland vier Schlachtschiffe fertig für die Probefahrten, an neun Schiffen war der Bau begonnen, und drei Schlachtkreuzer standen in verschiedenen Baustadien: insgesamt 16 Großkampfschiffe, auf Stapel gelegt innerhalb von vier Jahren.

Großbritannien hatte während der ruhelosen Jahre von Fishers Leitung der Marine die zahlenmäßige Führung behalten und führte Neuentwicklungen im allgemeinen zuerst ein. Im Jahre 1909 hatte Fisher angeordnet, acht Schlachtschiffe mit 34,3-cm-Geschützen, anstelle von 30,5-cm-Geschützen, auszurüsten. Um maximale Schußbereiche zu erzielen, sollten alle Geschütztürme auf der Schiffsmittellinie stehen. Diese Schiffe standen 1912 in See. Deutschland folgte mit den Schiffen, die 1911 auf Stapel gelegt wurden und 1915 für die Probefahrten anstanden – mit gleichem Kaliber und der Mittschiffsaufstellung der Geschütztürme. Nachdem die erste Generation Schlachtschiffe in der *Iron Duke* und ihren drei Schwesterschiffen – 1911 auf Stapel gelegt, fertiggestellt 1914 *(S. 104–105)* – ihren Entwicklungshöchststand erreicht hatte, wagte die britische Admiralität einen neuen technischen Sprung mit der *Queen Elizabeth* und weiteren vier Superschlachtschiffen. Sie wurden 1912 begonnen und in aller Eile bis 1915 fertiggestellt. Diese Schiffe trugen bei einer Wasserverdrängung von 27 500 Tonnen – fast 10 000 Tonnen mehr als die *Dreadnought* – Geschütze von 38 Zentimeter Kaliber. Eine Maschinenanlage mit 24 Dampfkesseln und der verblüffenden Leistung von 75 000 Pferdestärken trieb den riesigen Schiffskörper auf 25 Knoten Geschwindigkeit.

Eine andere Neuerung war Öl als Brennstoff, was Fisher, der jetzt abgetreten war, seit langem befürwortet hatte. Die Einführung von Öl wurde durch einen Vertrag ermöglicht, den die britische Regierung im Jahre 1914 mit der Anglo-Persischen Ölgesellschaft abschloß. Gegen eine Abschlagszahlung von zwei Millionen Pfund wurden ihr gewaltige Mengen Öl zugesichert. Öl war nicht nur sauberer und einfacher zu bunkern, es hatte auch den Vorteil, keine verräterische schwarze Rauchwolke zu erzeugen, die bisher auch noch unter dem Horizont stehende Schiffe sichtbar machte.

Die *Queen Elizabeth* und ihre Schwesterschiffe waren die letzten Schlachtschiffe, die noch vor dem heraufziehenden Kriege fertiggestellt wurden. In dem Bemühen, Geschwindigkeit mit Schlagkraft, Eleganz und Ausgewogenheit zu vereinen, stellten sie eine Spitzenleistung dar.

Im Sommer 1914 verfügte die britische Grand Fleet – ein neuer Name für die vereinigte Heimatflotte und Kanalfotte – in ihrem Stützpunkt Scapa Flow auf den Orkney-Inseln über 20 Schlachtschiffe neuer Art und vier Schlachtkreuzer, unterstützt von acht älteren Schlachtschiffen und 42 Zerstörern. Jenseits der wenigen hundert Seemeilen flachen, stürmischen Meeres, das Britannien von seinem Rivalen trennte, gehörten zur deutschen Hochseeflotte 13 Schlachtschiffe, drei Schlachtkreuzer und 88 Zerstörer, stationiert in Wilhelmshaven an der deutschen Nordseeküste. Zusammen kamen die beiden Flotten auf über 560 Geschütze, die Granaten bis zu dreiviertel Tonnen Gewicht über eine Entfernung von zehn Seemeilen verschießen konnten. Diese Flotten kennzeichneten die größte Wandlung der Mittel für die Ausübung von Seemacht, die sich in Europa seit Einführung des Schießpulvers im 14. Jahrhundert vollzogen hatte. Dabei hatte der Wandel weniger als zehn Jahre in Anspruch genommen.

Während der Dekade ihres Aufbaus bestand wenig Zweifel, daß die Flotten für eine Verwendung im Kriege geschaffen wurden. „Die großen Nationen Europas bringen gewaltige Mittel auf, um sich gegenseitig zu töten", sinnierte der britische Außenminister, Sir Edward Grey, 1909.

So war es in der Tat. Aber in einem letzten Atemzug der förmlichen Höflichkeit vergangener Zeiten trafen sich die beiden Flotten noch einmal im Frieden. Endlich stand dem Kaiser eine Flotte zu Gebote, die er mit dem gleichen Stolz vorführen konnte wie sein Onkel 1897 die seinige in Spithead. Im Juni 1914 wurden in Kiel die Segelregatten der Kieler Woche veranstaltet. Es ist nicht bekannt, ob Wilhelm den englischen König – jetzt George V., den Sohn Edwards VII., der im Mai 1910 gestorben war –

Salut schießend, läuft im Juni 1914 ein britisches Geschwader in den Kieler Hafen ein. Es war die letzte Begegnung der rivalisierenden Seemächte vor dem Kriege. Bezeichnenderweise war der Anlaß die Verbreiterung des Kaiser-Wilhelm-Kanals, einer Abkürzung des Seeweges zwischen Ostsee und Nordsee. Der Kanal konnte nun die größten Schiffe, darunter die deutschen Schlachtschiffe, aufnehmen.

eingeladen hatte. Jedenfalls kam König George nicht. Die Briten sandten drei Schlachtschiffe und drei Schlachtkreuzer.

Der Kaiser ließ vor den Briten einige seiner besten Kriegsschiffe paradieren. Britische und deutsche Offiziere und Mannschaften nahmen viereinhalb Tage gemeinsam an Segelwettfahrten teil und besuchten am Abend Bankette und Tanzveranstaltungen auf deutschen und britischen Schiffen. Sie teilten miteinander eine gewisse Kameradschaftlichkeit der Seeleute, über dem guten Einvernehmen lag jedoch eine Spannung. Jedermann wußte, wenn sie sich wieder träfen, würde dies in der Schlacht sein. „England ist bereit, zuzuschlagen", sagte säuerlich ein deutscher Offizier. „Zweck ihres Besuches ist nur, uns auszuspähen. Sie wollen sehen, wie es mit unserer Bereitschaft steht."

Der Bruch kam früher als erwartet. Am 28. Juni wurde Wilhelm auf seiner Yacht *Meteor* die Nachricht von der Ermordung des Erzherzogs Ferdinand von Österreich in Sarajewo überreicht. Er bewirtete dort gerade den britischen Botschafter. Mit den rätselhaften Worten: „Jetzt muß ich wieder ganz von vorne anfangen", reiste der Kaiser sofort nach Berlin ab.

Europa geriet in Brand. Die Schiffe der Royal Navy verließen die deutschen Gewässer und begaben sich auf ihre Kriegsstationen.

Ein Propagandafeldzug für die Marine

Auf diesem Plakat leisten Matrosen und Soldaten sowie Zivilpersonen emsig ihren Beitrag zu den Kriegsanstrengungen. Im Gegensatz zu der heroischen Gruppe steht ein Drückeberger (rechts) untätig beiseite, womit die Frage: „Bist Du dabei?" einen doppeldeutigen Sinn erhält.

In Friedenszeiten hielten die mit geringem Nachdruck betriebenen Rekrutierungsbemühungen der Admiralität und die vom Parlament jährlich bewilligten Gelder die Marine zwar ausreichend mit Menschen und Material versorgt, für den Krieg bedurfte die neue Flotte der Schlachtschiffe jedoch eines energischeren Vorgehens. Die Regierung startete einen umfassenden Propagandafeldzug, um die Unterstützung der Öffentlichkeit zu gewinnen. Sie versicherte sich der Mithilfe der Zeitungen, druckte Hunderte von Flugblättern, veranstaltete Lichtbildvorträge und veranlaßte berühmte Persönlichkeiten, sich für die Belange der Marine einzusetzen. Das beste Werbemittel in dieser Kampagne war aber das Plakat.

Als Werbeträger seit 1900 weit verbreitet, eignete sich das Plakat in einzigartiger Weise zur Beeinflussung der Massen. Während die von Zeitungen und Flugblättern angesprochenen Zielgruppen an Zahl beschränkt blieben, konnte das Plakat den Appell der Regierung in packender Verbindung von Wort und Bild an praktisch jedermann herantragen. Unter der Leitung eines Propagandabüros und eines aus beiden Parteien gebildeten Komitees des Parlaments, veröffentlichte die Regierung Hunderte verschiedener Plakate.

Ruhm und Vaterlandsliebe ansprechend, zeigten die Plakate wehende Flaggen, glänzende Schiffe, Ritter in voller Rüstung, selbst Heilige hoch zu Roß. Kriegskameradschaft und das Wecken eines Gefühls für zwingende Notwendigkeiten waren bevorzugte Themen, nicht selten wurde auch das Gewissen angesprochen *(links)*. Solche Methoden fanden ihre Kritiker. Einer von ihnen klagte, die Plakate setzten eine niedrige Gesinnung der britischen Bevölkerung voraus (ein Plakat forderte die Matrosen auf, die Ärmel für „einen guten Kampf" aufzukrempeln). Immerhin trug die Kampagne wesentlich dazu bei, daß bis zum Jahre 1916 eine Million Mann in die Streitkräfte eingestellt werden konnten.

Ein zweites, ebenso erfolgreiches Programm zielte auf die Brieftaschen und Lebensgewohnheiten der Nation. Die Plakatmacher produzierten Serien von Aufrufen, Kriegsanleihen und Sparprogramme zu zeichnen, damit noch mehr Schiffe gebaut werden könnten. Plakate beschworen die Bevölkerung, härter zu arbeiten, weniger zu essen, sogar ihren Wein und ihren Tabak den Streitkräften zu spenden. Vielleicht blieb die stärkste Wirkung der Plakatkampagne in England nicht faßbar: Die Plakate gaben den kämpfenden Soldaten einen moralischen Auftrieb, dessen Ausmaße nicht abzuschätzen sind.

Unter Verfälschung der Realitäten des Kriegsdienstes versucht das Plakat links vorzuspiegeln, daß die Matrosen ihre Zeit mit leichten Pflichten und geselliger Unterhaltung unter umgänglichen Offizieren verbrächten. Die dramatische Haltung der uniformierten Figur auf dem Plakat oben sollte darauf hinweisen, daß auch Frauen in den Marinehilfsdiensten ihren patriotischen Beitrag leisten könnten.

Packende Bilder von Schiffen und Kanonen sollten den Bürger daran erinnern, daß der Kauf von Kriegsanleihen und Sparbriefen eine Geldanlage für einen „schnelleren Sieg" wäre, wie auf einem Plakat behauptet wurde. Zwar versorgten die Anleihen und Sparprogramme England mit den Geldmitteln, die so dringend benötigt wurden, um die Seeleute zu besolden, Schiffe auszurüsten und Rohmaterialien zu kaufen, andererseits verpfändete die Nation ihre Zukunft, um die Kriegskosten zu bezahlen. Während der Dauer des Krieges wuchs die Verschuldung der öffentlichen Hand auf das Elffache.

EVERY POUND INVESTED IN
NATIONAL
WAR BONDS
A.S.
MEANS
MORE SHIPS
MORE FOOD
AND
EARLIER VICTORY

Kapitel 3

Das lange Warten auf die Entscheidungsschlacht

Als die Männer der Royal Navy und der Kaiserlich Deutschen Flotte am Morgen des 5. August 1914 erwachten und erfuhren, daß sich ihre beiden Länder im Kriege befänden, waren sie glücklich. Im Jadebusen in der Helgoländer Bucht, wo die neuen Schlachtschiffe und die anderen Schiffe der Hochseeflotte vor Anker lagen, ging die Nachricht eilig von Schiff zu Schiff. „In dem großen Verteidigungskampf, in den sich unser Volk gestellt sah", meinte ein nationalistisch gesinnter Geschwaderchef namens Reinhard Scheer, „sollte jetzt zum ersten Male in der deutschen Geschichte auch die Seemacht eine wichtige Rolle spielen."

In der Tat, praktisch jedermann, der in Deutschland an Marineangelegenheiten arbeitete, war sich mit Stolz der neuen Stärke seines Vaterlandes zur See bewußt – wenn auch die Meinungen darüber, wie dieses Potential einzusetzen sei, auseinandergingen. Und das war kaum verwunderlich. Scheer machte das Eingeständnis: „Eigene Erfahrungen über das Verhalten und die Führung der neu entstandenen großen Kampfschiffe fehlten uns ebenso wie auch unserem bedeutendsten Gegner zur See." Dennoch, so berichtete er, fühlten alle Mann auf diesen großen Schiffen „eine helle Begeisterung und Kampfesfreudigkeit".

Auf der anderen Seite der Nordsee waren die Offiziere der Royal Navy erfüllt von Stolz und Zuversicht, waren sie doch Angehörige einer Nation, deren Kampfschiffe seit dem Kriege von 1812 keine einzige Seeschlacht verloren hatten. Für Winston Churchill, den Ersten Lord der Admiralität, waren die herrlichen Schlachtschiffe und die sie unterstützenden anderen Kriegsschiffe „die höchste Offenbarung maritimer Macht in der Geschichte der Welt". Diese Streitkraft war kampfbereit. Für Flottenmanöver im Juli war die gesamte Flotte in Gefechtsbereitschaft versetzt und durch Befehl der Admiralität vom 29. Juli in diesem Zustand gehalten worden.

Die Kampfkraft beider Flotten war so gewaltig, daß der ganze Krieg als Folge einer einzigen Seeschlacht hätte sein Ende finden können. Dennoch, so paradox es klingt, da die ganze Bühne, perfekter als je in der Geschichte, für den alles umwälzenden Zusammenstoß der Seestreitkräfte aufgebaut war, ergriff die Hauptdarsteller beider Seiten ein Lampenfieber, das die Flotten fast völlig lähmte, während sich der Krieg über vier Jahre hinzog. Plötzlich erkannte man, daß die Schlachtflotten gerade wegen ihrer achtunggebietenden Stärke zu wertvoll waren, um aufs Spiel gesetzt zu werden. Die beiden kriegführenden Mächte hatten enorme finanzielle Mittel und ein volles Jahrzehnt Arbeit investiert, um diese Riesen zu schaffen. Als die Realität des Krieges jede Seite zwang, der Tatsache ins Auge zu sehen, daß auch der Gegner über eine hohe Zahl von Schlachtschiffen verfügte, wurde der Vorteil, den ihr Besitz bot, praktisch aufgehoben. Es verblieb die Furcht vor dem Verlust, und mit ihr kam die erdrückende Versuchung, in die Defensive zu gehen. So starrten sich die beiden Giganten monatelang über einen Streifen schmutzigen, grauen Meeres an, teilten mit ihren tödlichen Machtmitteln gelegentliche schnelle Hiebe aus, richteten dabei erschreckenden Schaden an, gerieten aber nie ernsthaft aneinander.

Während sein Schwesterschiff „Gneisenau" den aussichtslosen Kampf noch weiterführt, legt sich der deutsche Panzerkreuzer „Scharnhorst" auf die Seite und versinkt nach einem Gefecht mit britischen Schlachtkreuzern im Südatlantik. Die Briten vernichteten beide Schiffe mit mehr als 60 Treffern aus ihren 30,5-cm-Geschützen, steckten bei dieser Begegnung selber aber nur 25 Treffer ein.

Inzwischen wurde der Seekrieg mit anderen Mitteln geführt und in gewissem Ausmaße auch auf anderen Meeren.

Dieses zeitweilige Patt zwischen den Schlachtflotten konnte indes dem Mann, der die deutsche Flotte geschaffen hatte, nicht als Fehler angelastet werden. Admiral Alfred von Tirpitz, der Erbauer der neuen deutschen Großkampfschiffe, wußte genau, wie sie verwendet werden sollten. Sofort verfaßte er eine Neun-Punkte-Denkschrift, deren wesentliche Mitteilung besagte, die deutsche Hochseeflotte solle Dampf aufmachen und es mit der Grand Fleet auskämpfen. „Das Ziel unseres gesamten militärischen und administrativen Vorgehens seit etwa 20 Jahren ist die Schlacht gewesen. Deshalb haben wir in der Schlacht relativ stets die besten Chancen."

Seine Befürwortung des Kampfes hatte den Klang der Götterdämmerung. „In einer Seeschlacht", schrieb er, „war mit Sicherheit anzunehmen, daß die Engländer ebensoviel verloren wie wir." Seinem kämpferischen Geist erschien ein Wettstreit im Versenken von Schiffen als eine sehr vernünftige Sache. Wenn die deutsche Kaiserliche Marine die britische Grand Fleet zu einer Pyrrhusschlacht in die Nordsee locken könnte, würden die Auswirkungen dieser Schlacht Deutschland mit seinem hervorragenden Heer und mit den inneren Verbindungslinien wesentlich weniger hart treffen als Großbritannien, das sich als Seemacht den Verlust seiner Großkampfschiffe nicht leisten konnte. Sollten dann noch Launen des Nordseewetters, menschliche Fehler, die so zahlreiche Schlachten entschieden haben, oder eine andere zufällige Glückssträhne den Deutschen den Sieg verleihen, dann wäre der Krieg fast vorbei. Neutraler Handel – von britischer Kontrolle der hohen See befreit – könnte Deutschland mit frischem Kriegsmaterial für die Armee versorgen, das in der systematischen Zerschlagung Frankreichs, Rußlands und irgendwelcher von der Heimat abgeschnittener Überreste britischer Expeditionsstreitkräfte einzusetzen wäre. England selbst würde für eine Invasion weit offen liegen.

Für die Alliierten war es ein Glück, daß Tirpitz' Ratschlag taube Ohren fand – die des Kaisers Wilhelm II. Während der letzten Jahre vor dem Kriege war Tirpitz in seiner hoch angesehenen, aber in zunehmendem Maße einflußlos werdenden Stellung als Staatssekretär des Reichsmarineamtes immer mehr eingeengt worden, bis er nur noch für wenig mehr als die Verwaltung und den Nachschub zuständig war.

Der Kaiser war de facto Oberbefehlshaber der Kaiserlichen Marine. „Ich brauche keinen Chef", sagte er, „ich kann das alleine tun." Die höchsten Admirale erstatteten ihm direkt Bericht, und Kaiser Wilhelm machte allen bis zum Überdruß klar, daß er, der so besonders stolz auf seine schönen neuen Schiffe war, sie keinesfalls als Kriegswaffen für schnellen Verbrauch aufs Spiel gesetzt sehen wollte.

Marineoffiziere mochten den Kaiser mehr als Marinedilettanten denn als wirklichen Oberbefehlshaber ansehen, sie mochten sich auch über seine Amateurhaftigkeit ärgern, an seiner Autorität gab es aber keinen Zweifel. Jeder, der in der Kaiserlichen Marine nach einem hohen Amt strebte, war wohl beraten, wenn er die Anweisungen Seiner Majestät genau befolgte. „Gegenwärtig habe ich, was die Hochseeflotte betrifft, eine defensive Haltung befohlen", verordnete der Kaiser, und seine Admirale beachteten dies, indem sie für die Schlachtschiffe, tatsächlich sogar für alle größeren Einheiten der Kaiserlichen Marine eine ihnen Schutz gewährende Strategie ausarbeiteten. Hauptaufgabe der Schiffe würde ihre Rolle als Wächter sein – über die deutsche Küste wie über ihre eigene Sicherheit.

Die vorsichtige Taktik wurde vom Heer wärmstens befürwortet. Der Generalstab wünschte, für seinen Vorstoß durch Frankreich Flanke und Rücken der deutschen Front geschützt zu sehen. Das konnte die Flotte ganz einfach dadurch sicherstellen, daß sie in der Helgoländer Bucht in Bereitschaft läge. Die Hochseeflotte wäre dabei selber von Küstenbatterien

Nach dem Mobilmachungsbefehl der Admiralität vom 2. August 1914 marschieren Männer der Marinereserve mit geschulterten Seesäcken durch Portsmouth, um ihren aktiven Dienst anzutreten. Das Einberufungssystem der Marine funktionierte so gut, daß bereits 12 Stunden nach dem Mobilmachungsbefehl fast jedes Schiff der Grand Fleet voll einsatzbereit war.

und dichten Minenfeldern geschützt, die von Terschelling an der holländischen Küste bis Horns Riff vor der dänischen Küste reichen sollten. So eingeigelt, verhinderte die Flotte, daß Deutschland in der Nordsee oder Ostsee von einer britischen Landung mit Schlachtschiffunterstützung im Rücken bedroht würde.

Der Kaiser und seine Berater machten auch geltend, daß die Briten mit Sicherheit Deutschland blockieren würden. Jede Seite der britischen Marinegeschichte bewies, daß es eine enge Blockade sein würde, bei der britische Kriegsschiffe bis dicht unter die feindliche Küste fahren müßten. Wenn sie dies dann täten, sollte die Hochseeflotte in größter Stärke bereitstehen und zuschlagen, sobald sich eine günstige Gelegenheit böte. Tirpitz war anderer Meinung. Er erklärte, daß „es einfach Unsinn" sei, „die Flotte in Watte zu packen". Aber der Kaiser beachtete ihn nicht.

Der Mann, dem die Aufgabe zufiel, die Flotte als Kampfpotential zu erhalten, war Vizeadmiral Friedrich von Ingenohl, eben zum Chef der Hochseeflotte ernannt. Sein Tagesbefehl vom 14. August nannte die Richtlinie für die deutschen Flottenoperationen der nächsten zwei Jahre: „Unsere nächste Aufgabe ist daher, dem Feinde, wo wir seiner habhaft werden können, mit allen Mitteln des Kleinkrieges Verluste beizubringen und ihn dadurch zu veranlassen, sich uns zur Schlacht zu stellen. Diese Aufgabe wird zunächst in erster Linie den leichten Streitkräften (U-Booten, Torpedobooten, Minenschiffen, Kreuzern) zufallen müssen, unsere Pflicht auf den Schlachtschiffen der Flotte ist es, diese unsere Hauptwaffe schneidig und scharf zu erhalten für die Entscheidungsschlacht." Und vorher sagte er von den britischen Kriegsschiffen: „Kommen müssen und werden sie schließlich doch, und dann wird Abrechnung gehalten. Und zu dieser Abrechnung müssen wir mit allen unseren Schlachtschiffen zur Stelle sein." Bis dahin gälte es, die Geduld nicht zu verlieren.

Der allererste Tag des Seekrieges brachte einen Zwischenfall, der die in den deutschen Richtlinien enthaltenen Voraussagen mindestens teilweise zu bestätigen schien. Den um Mitternacht beginnenden Kriegszustand nicht eben genau beachtend, war der Hilfsminenleger *Königin Luise* am Abend des 4. August aus Helgoland ausgelaufen, um seine tödliche Saat in der Themsemündung zu verstreuen. Am nächsten Morgen lief der neue britische 3500 Tonnen große Kreuzer *Amphion,* der einen Hornissenschwarm von Angreifern gegen die *Königin Luise* führte, auf eine der Minen und sank mit einem Verlust von 131 Mann. Obwohl auch der deutsche Minenleger gestellt und versenkt wurde, wog doch der britische Verlust eines echten Kriegsschiffes viel schwerer.

Dennoch war die Royal Navy in höchstem Grade zuversichtlich. In Scapa Flow waren die Männer in glänzender Stimmung. An dienstfreien Tagen und an den langen Sommerabenden spielten sie an Land Fußball. Sie veranstalteten Boxwettkämpfe, Segelregatten und Konzerte, gingen zum Angeln, zu Picknicks und sogar ins Kino.

Dieser lockere Führungsstil leitete sich direkt ab vom Oberbefehlshaber der Grand Fleet, Admiral Sir John Jellicoe. Eine kleine Erscheinung, knapp 1,70 Meter groß, mit gütigen Augen, einer großen Nase und einnehmendem Lächeln, wurde er vom späteren Premierminister Stanley Baldwin beschrieben als „ein Mann mit einem wunderbaren Verständnis für die menschliche Seele. Er war gütig und rücksichtsvoll jedem einzelnen gegenüber – ohne Ansehen des Dienstgrades".

Mehr auf seine kriegerischen Eigenschaften eingehend, sagten andere Bewunderer wie sein Kollege Admiral Sir William James, Jellicoe hätte „ein Auge für die Schlacht", was heißen sollte, die Fähigkeit, „innerhalb einer Minute den Entschluß zu fassen für die Entwicklung einer ganzen Flotte zum Kampf". Jacky Fisher ging viel weiter. „Sir John Jellicoe ist der

zukünftige Nelson", posaunte er aus, „er ist mit Abstand der fähigste Seebefehlshaber, den wir haben."

Jellicoe mag Englands bester Seebefehlshaber gewesen sein, ein zukünftiger Nelson war er jedoch nicht. England hatte sich nach einem zweiten Nelson umgesehen, seit das Original vor mehr als einem Jahrhundert bei Trafalgar auf dem Achterdeck seines Schiffes gefallen war. Dabei hatte sich die Neigung entwickelt, in jedem hervorragenden Seeoffizier die vier Eigenschaften zu sehen, die Nelsons Charakter bestimmt hatten: Eignung zur Führung, Vorstellungskraft, Aufgeschlossenheit gegenüber Ideen Untergebener und Offensivgeist.

Wenn auch Jellicoe wahrscheinlich die ersten drei Eigenschaften besaß, so fehlte ihm doch die überragend wichtige vierte. Die Förderung seitens des Admirals der Flotte, Jacky Fisher, war wohl die stärkste Karte, die er während seines Aufstieges in der Marine in der Hand hielt. Als junger Leutnant hatte Jellicoe die Aufmerksamkeit Fishers gewonnen, weil er ein Spitzenschüler der Königlichen Marineschule war, an der Fisher Artilleriewesen lehrte. Auch später hatte Jellicoe seinen Mentor beeindruckt, zuerst als fähiger Wachoffizier, dann als brillanter Kommandant verschiedener Schiffe unter Fishers Kommando im Mittelmeer und auf anderen Flottenstationen. Jellicoe machte sich seinerseits durch Unterstützung von Fishers Flottenbauplänen so angenehm bemerkbar, daß er bei dessen Gegnern bald als einer von „Fishers Handlangern" bekannt wurde. Fisher hatte ihn in den Ausschuß berufen, der die *Dreadnought* entwarf, und hatte seine innersten Gedanken dem Mann mitgeteilt, den er „mein sehr lieber Jellicoe" anzureden sich angewöhnte. Selbst noch nach seiner Pensionierung im Jahre 1910 vertrat Fisher – meist zusammen mit Churchill – in privaten Zusammenkünften und leidenschaftlichen Briefen die Meinung, sein Schützling solle gefördert werden, bis er in der Stellung säße, die ihn zum „Admiralissimus macht, wenn die Entscheidungsschlacht herannaht".

Als im August 1914 die Entscheidungsschlacht wirklich nahe schien, befand sich Fisher, ähnlich wie Tirpitz, noch im Ruhestand und fern des Geschehens. Seine wilde Doktrin „Schlag dem Feind in den Bauch und tritt ihn, wenn er liegt" rief er vergeblich aus seinem Rosengarten.

Was Fishers zukünftigen Nelson betraf, so erwies er sich bald als ebenso kampflustig wie Deutschlands zögernder Drache, Ingenohl. Jellicoe war der Ansicht, der richtige Platz für die Grand Fleet sei Scapa Flow, wo sie allein durch ihr Vorhandensein die deutsche Flotte binden und gleichzeitig Englands Küsten vor Angriffen bewahren könnte. Die von den Deutschen erwartete enge Blockade sollte nicht eingerichtet werden. Patrouillierende Kreuzer und Zerstörer könnten die Nordsee für alle neutralen Frachter sperren, die versuchen sollten, Deutschland zu erreichen. Jellicoe schrieb an Churchill: „Es wäre selbstmörderisch, die vorteilhafte Stellung, in der sich unsere Schiffe befinden, aufzugeben und sie in Gewässern, die mit Unterseebooten verseucht sind, aufs Spiel zu setzen. Das Ergebnis solchen Handelns könnte den Deutschen die Seeherrschaft geben und damit die Zukunft unseres Landes ernstlich gefährden."

Einige Zeit darauf gab diese vorsichtige Haltung Fisher Anlaß zur Klage, Jellicoe fehle Nelsons „göttlicher Funke des Ungehorsams". Aber die entscheidenden Stimmen in der Führung der britischen Marine, hauptsächlich die von Churchill und die des Ersten Seelords, Prinz Louis von Battenberg, stimmten Jellicoes Ansichten zu.

Die Grand Fleet würde also dort bleiben, wo sie war. Gleiches galt für die Kanalflotte, deren 19 ältere Schlachtschiffe mit ihren Geleitflottillen und Hilfsschiffen weit im Süden, in Portland Harbour, lagen. Von dort aus konnte sie jedes Frachtschiff abfangen, das Deutschland durch die Straße von Dover anlaufen wollte, und gleichzeitig den ungehinderten Verkehr britischer Truppentransporter nach Frankreich sicherstellen.

In dem ersten größeren Seegefecht des Krieges schlägt eine überlegene britische Streitmacht von 52 Fahrzeugen deutsche Geschwader mit 38 Kreuzern und Booten in der Helgoländer Bucht in die Flucht und versenkt drei leichte Kreuzer und einen Zerstörer. In dieser Bildmontage, die das Geschehen mehrerer Stunden zusammenfaßt, verlassen fünf britische schwere Schlachtkreuzer im Triumph die Szene, während die überlebenden Deutschen (Hintergrund oben, rechts) in den Schutz ihrer Minenfelder vor Helgoland hetzen.

Mittlerweile schützte auf den Seewegen der Welt ein dünner, aber wirksamer Schirm aus älteren und wenigen neuen Kriegsschiffen die Handelsschiffe, die Nahrung und Waffen nach Großbritannien trugen, und jagte die deutschen Handelsstörer. Alles in allem stand die Bilanz aller großen Kriegsschiffe bei 177 zu 87 zugunsten Großbritanniens, ein ausreichendes Übergewicht, um den Untertanen von König George V. die Überzeugung zu geben, daß Britannia immer noch die Meere beherrsche.

In der Nacht des 26. August lag dichter Nebel über dem Finnischen Meerbusen. In diesem dicken Dunst ereignete sich einer der Glücksfälle, die soviel wie jedes andere Kriegsgeschehen dazu beitrugen, den Briten ihre Vorteile zu erhalten. Der deutsche leichte Kreuzer *Magdeburg* lief auf Grund und wurde von den mit den Briten verbündeten Russen in Stücke geschossen. An der Leiche eines ertrunkenen Signalgasten fanden die Russen das geheime Signalbuch der deutschen Marine und Gitternetzkarten der Helgoländer Bucht und der Nordsee. Die vom Seewasser fleckig gewordenen, aber immer noch lesbaren, unschätzbar wertvollen Unterlagen wurden nach England geschickt.

Die Deutschen waren über den fahrlässigen Verlust der *Magdeburg* tief bekümmert, hatten aber keine Ahnung, daß die wichtigsten Geheimsachen ihrer Marine in Feindeshand gefallen waren. Für ihren Kummer blieb ihnen indessen nur wenig Zeit; bald mußten sie noch schlechtere Nachrichten schlucken. Als an dem diesigen Morgen des 28. August die übliche Morgenpatrouille von etwa einem halben Dutzend Zerstörern ihre Nase aus der Helgoländer Bucht steckte, um nach britischen Unterseebooten zu suchen, hörte sie den Donner von Abschüssen und fand sich plötzlich in einem Granatenhagel, mit dem ein Geschwader feindlicher Schiffe sie eindeckte. Die Briten waren über Nacht mit acht leichten Kreuzern (die Hälfte davon neu, alle bis auf einen mit 15,2-cm-Geschützen), 31 Zerstörern und acht Unterseebooten über die Nordsee gejagt. Der zweifache Zweck ihrer Unternehmung war, die regelmäßige Zerstörerpatrouille zu überfallen – und dazu alles, was vielleicht zu deren Unterstützung herbeieilen würde – und die Aufmerksamkeit der Deutschen von einer Landung alliierter Truppen bei Ostende in Belgien abzulenken. Für den Fall, daß etwas schiefgehen sollte, reckten sich hinter den Schiffen für den Überfall die 30,5-cm- und 34,4-cm-Geschütze von fünf Schlachtkreuzern unter dem Kommando eines jungen Admirals, Sir David Beatty.

Sehr bald ging es aber auf beiden Seiten schief. Nach dem ersten Schußwechsel liefen zwei mit ihren 10,5-cm-Geschützen in jeder Hinsicht unterlegene deutsche leichte Kreuzer aus Helgoland aus, um sich am Kampf zu beteiligen. Zu ihnen stießen später noch weitere sechs Kreuzer; vier schwere deutsche Schlachtkreuzer, die Dampf auf hatten, wurden jedoch von dem übervorsichtigen Ingenohl in der Bucht zurückgehalten. Das sich über die nächsten Stunden hinziehende Gefecht war erschreckend verworren und durch Nebel sowie das entsetzlich unzulängliche britische Nachrichtensystem, das es nicht zustande brachte, die einzelnen britischen Einheiten über den Standort der Nachbargruppen zu informieren, zusätzlich der Kontrolle entzogen. In dem Durcheinander begann das genauere Feuer der deutschen leichten Geschütze auf den britischen Kreuzer *Arethusa* seine Wirkung zu zeigen. Dann hob sich in einem kritischen Augenblick eben nach Mittag kurzzeitig der Nebel, und da standen Admiral Beattys Schlachtkreuzer, alle Türme klar zum Feuern. Innerhalb von 40 Minuten waren drei deutsche Kreuzer versenkt, 712 deutsche Seeleute tot und die Reste der deutschen Streitkraft in den Schutz von Helgoland geflohen. Auf britischer Seite gab es nur 35 Tote.

„Eine schöne Waffentat", jubelte Churchill, während Deutschlands einziger unbeirrbar kampffreudiger Seebefehlshaber, Admiral Franz von

Hipper, vor Wut über seine untätigen Vorgesetzten kochte. Des Kaisers nachträgliche Billigung von Ingenohls Befehl, sich zurückzuhalten, und eine nachfolgende kaiserliche Order, daß zukünftig „Flottenvorstöße und alle größeren Unternehmen von Seiner Majestät im voraus zu genehmigen" wären, war fast mehr, als Hipper ertragen konnte.

Der erschreckende Verlust an Schiffen und die erneute Bestätigung des deutschen Grundsatzes größter Vorsicht fanden bald ihre Entsprechung auf der anderen Seite der Nordsee. Denn in diesem Augenblick scheinbaren Triumphes war die britische Flotte in die Periode ihrer schwersten Gefährdung seit Trafalgar eingetreten. Ein knauseriges Vorkriegskabinett hatte die Gelder verweigert, mit denen die Nordseestützpunkte Scapa Flow, Cromarty und Firth of Forth gegen Unterseeboote abgesichert werden sollten. So waren alle großen Schiffe der Grand Fleet, die dort vor Anker lagen, jedem heimlich geführten Angriff hilflos ausgesetzt.

Am 9. August drang ein deutsches Unterseeboot, *U-15,* bis in das Innere von Scapa Flow ein, bevor es von einem aufmerksamen Kreuzerkommandanten durch Rammstoß versenkt wurde. Wenig später, am Morgen des 22. September, sichtete das deutsche Unterseeboot *U-9* drei britische gepanzerte Kreuzer, die *Hogue,* die *Aboukir* und die *Cressy,* die mit langsamer Fahrt von zehn Knoten ohne Geleitschutz vor Hoek van Holland standen. Der erste Torpedo von *U-9* traf die Munitionskammer der *Aboukir.* Die Explosion riß das Schiff in zwei Teile. Die *Hogue* wendete, um ihrem Schwesterschiff beizustehen, wurde von einem Torpedo getroffen und ging in 20 Minuten unter. Die *Cressy* versuchte, sich mit Zickzackfahrt in Sicherheit zu bringen, aber zwei Torpedos schickten sie auf den Grund – „mit einem lauten Schrei, als ob er von einer gequälten Kreatur käme", wie ein Augenzeuge berichtete. Mit den drei Schiffen starben in einer einzigen Stunde 1459 britische Soldaten, Opfer eines der spektakulärsten Vernichtungsschläge eines Unterseebootes im Ersten Weltkrieg.

Die Briten waren wie vor den Kopf geschlagen. Und waren es wieder, als drei Wochen später der Kreuzer *Hawke* nach einem Torpedotreffer mit mehr als 500 Mann unterging. Schließlich geriet am 27. Oktober das Schlachtschiff *Audacious,* das 34,4-cm-Geschütze trug und das erste Schiff seiner Klasse war, das vom Feind auch nur einen Kratzer erhielt, vor der Spitze Irlands in ein deutsches Minenfeld *(S. 92),* traf auf eine dieser schwimmenden Bomben und sank. Die *Audacious* blieb gerade so lange über Wasser, daß sich die ganze Besatzung retten konnte. Ihr Verlust war aber ein so schwerwiegendes Unglück, daß ihn die Admiralität bis nach dem Kriege geheimhielt. Endlich wurde die Furcht vor Sehrohren so stark und allgemein, daß Jellicoe mit der gesamten Grand Fleet einen sichereren Liegeplatz aufsuchte – zuerst an der schottischen Westküste bei Loch Ewe, danach sogar in Lough Swilly in Irland. Fast einen Monat blieb die Flotte dort, ehe sie wieder nach Scapa Flow zurückkehrte.

Die englische Ostküste lag inzwischen für Aktionen der Hochseeflotte weit offen, und hätte der Kaiser auch nur ein Quentchen des Mutes vom alten Tirpitz besessen oder wäre er dessen Rat gefolgt, hätte Britannien sehr ernsten Schaden nehmen können. Die Hochseeflotte bestand jetzt aus 15 Schlachtschiffen und fünf Schlachtkreuzern, alle voll gefechtsbereit, während Jellicoe nur über 17 Schlachtschiffe (die anderen waren in fernen Seegebieten eingesetzt oder befanden sich in Überholung) und fünf Schlachtkreuzer verfügte. Und Jellicoe war auf der Flucht.

Großbritannien mußte etwas unternehmen, und zwar schnell. Beatty schrieb an seine Frau von „Stümperei höheren Orts" und an Churchill, daß „wir einer Katastrophe entgegengehen". Anscheinend war der Erste Lord der Admiralität gleicher Meinung, denn am 28. Oktober entließ er den Ersten Seelord, Prinz Louis von Battenberg, der sich wegen seiner deutschen Abstammung als Sündenbock geradezu anbot. Der neue Erste

Die wagemutige Fahrt des Kaperschiffes „Emden"

Während die mächtigen Schlachtschiffe noch auf das Signal zum Kampf warteten, vollbrachte auf der anderen Seite der Weltkugel ein kleines deutsches Schiff einige der kühnsten Taten des Krieges. Im Herbst 1914 führte der 3650 Tonnen große leichte Kreuzer *Emden* auf seiner Kaperfahrt im Indischen Ozean so verwegene Schläge gegen den alliierten Schiffsverkehr, daß einer der verzweifelnden britischen Verfolger zugeben mußte: „Wir bewundern ihre Taten ebensosehr, wie wir wünschen, daß das Schiff genommen wird."

Unter dem Kommando von Fregattenkapitän Karl von Müller, einem der besten Offiziere der deutschen Marine, wandte die *Emden* eine ebenso einfache wie raffinierte Täuschung an, um sich ihren Opfern zu nähern, ohne diese mißtrauisch zu machen. Da die *Emden* wie die meisten deutschen leichten Kreuzer drei Schornsteine trug, die britischen Kreuzer aber vier besaßen, baute Müller aus Holz und Leinwand einen falschen Schornstein auf sein Schiff, das als Bewaffnung zehn Schnellfeuergeschütze mit 10,5-Zentimeter-Kaliber trug. Mit einer Spitzengeschwindigkeit von 25 Knoten konnte die *Emden* alle Handelsschiffe einholen und sich jeder Verfolgung entziehen.

Die Laufbahn der *Emden* als einsamer Räuber begann am 10. September auf den stark befahrenen Schiffahrtswegen zwischen Indien und Ceylon, wo Müller sein erstes Opfer, einen 3400 Tonnen großen Frachter, anhielt und versenkte. Innerhalb von einer Woche hatte die *Emden* sechs britische Schiffe versenkt, und nach einem Monat stand der Verlust bei Schiffen mit einer Gesamttonnage von ungefähr 50 000 Tonnen.

Während dieser frühen Streifzüge ging – so erstaunlich es klingt – kein einziges Menschenleben verloren. Der ritterliche Müller vergewisserte sich immer, daß die Besatzungen in ihren Rettungsbooten saßen oder zur *Emden* gebracht worden waren, bevor er ihre Schiffe in den Grund bohrte.

Elegant gleitet der deutsche leichte Kreuzer „Emden" kurz nach seiner Indienststellung im Jahre 1909 durch den Kaiser-Wilhelm-Kanal. Dem deutschen Ostasiengeschwader zugeteilt, nannte seine Besatzung ihn „Schwan des Ostens", bevor er 1914 nach Kriegsausbruch unter Fregattenkapitän von Müller (Einsatzbild) zu einem gefürchteten Handelsstörer wurde.

Ein hoher Preis für leichte Beute

Die Kaperfahrer arbeiteten mit einer phänomenalen Kaltblütigkeit. Als bereits 14 alliierte Schiffe den Indischen Ozean auf der Suche nach der *Emden* durchstreiften, lief Müller am späten Abend des 22. September in Madras ein, beschoß ein Öllager und setzte zwei riesige Öltanks in Brand.

Am 28. Oktober schlich sich das Kaperschiff in einen alliierten Hafen bei Penang in Malaya. Sich langsam bis auf kürzeste Entfernung nähernd, nahm die *Emden* den russischen Kreuzer *Yemtschuk* unter Feuer und versenkte ihn, eilte dann zurück auf die offene See und versenkte noch einen französischen Zerstörer, den sie unterwegs traf.

Die Besatzung genoß einen Überfluß an Luxusgütern wie Kaffee, Süßigkeiten, Zigarren und Zigaretten, die sie auf alliierten Schiffen erbeutet hatte. „Manchmal glaubte ich, auf einem großen Markt zu sein", erinnerte sich ein Offizier. „Es gab Stapel von Schokolade und Flaschen mit dem Etikett ‚Cognac' und drei Sternen." Trotz des hohen Lebensstandards waren sich aber alle Mann an Bord bewußt, daß die *Emden* jeden Tag auf ein rachedurstiges alliiertes Kriegsschiff stoßen konnte.

Am 9. November ankerte Müller bei der Keeling-Insel vor der Westküste Australiens und schickte 50 Mann an Land, um die britische Funkstation zu zerstören. Das war ein verhängnisvoller Fehler. Kaum war das Schiff erschienen, erkannte es der Funker und setzte einen SOS-Ruf ab: „*Emden* hier."

Der Landungstrupp schlug die Station in Trümmer. Als er sich fertigmachte, zum Schiff zurückzukehren, bot sich ihm ein erschreckender Anblick: Die *Emden* jagte hinaus auf die offene See, als ein feindliches Kriegsschiff über dem Horizont auftauchte.

Rauchwolken quellen in den Abendhimmel, nachdem die „Emden" einen britischen Öltank im indischen Hafen Madras in Brand geschossen hat. Ein deutscher Seeoffizier sagte fröhlich: „Abwechslung tut immer gut. Jetzt haben wir Millionen an Feindvermögen in den Himmel gejagt, anstatt hinunter in die See."

Nach dem Angriff des Landungstrupps der „Emden" bleibt von der britischen Funk- und Kabelstation auf der Keeling-Insel nur noch ein wirres Durcheinander zerschnittener Drähte und zerschlagener Schalttafeln zurück. Die Deutschen brauchten zwei Stunden, um dieses wichtige Glied der Nachrichtenverbindung zwischen England und Australien zu zerstören.

Auftrag erfüllt, über ihr eigenes Schicksal jedoch im Zweifel, warten Männer des Landungstrupps der „Emden" auf der Anlegebrücke der Keeling-Insel auf ihren Kreuzer, der in See gegangen ist, um den Kampf mit einem australischen Kriegsschiff aufzunehmen. Im Hintergrund liegt die „Ayesha" vor Anker, ein alter Schoner, den die Männer später für eine tollkühne Rückreise in ihr Vaterland kaperten.

Die Odyssee der Überlebenden

Alarmiert von dem Notruf des Funkers, steuerte der australische schwere Kreuzer *Sydney* sofort die Keeling-Insel an. Mit der überlegenen Feuerkraft seiner 15,2-cm-Geschütze griff er die *Emden* an, selbst außerhalb der Reichweite von deren Geschützen bleibend. Nach 90 Minuten ungleichen Kampfes war die *Emden,* die 23 alliierten Schiffen ihr Ende bereitet hatte, ein verbranntes, auf ein Riff aufgesetztes Wrack. Von den 325 Mann an Bord waren 141 tot, der Rest, einschließlich Müller, wurde für die Dauer des Krieges zu Gefangenen.

Nur der Landungstrupp konnte entwischen. Die Männer kaperten einen alten Schoner und schlichen sich fort. Während der nächsten acht Monate segelten sie 4300 Seemeilen nach Arabien und reisten dann zu Fuß und mit der Bahn zu ihren Verbündeten in Konstantinopel. Dort begrüßte im Juni 1915 ein deutscher Admiral die tapfere Gruppe, dem der führende Offizier meldete: „Ich melde den Landungstrupp der *Emden* in Stärke von fünf Offizieren, sieben Unteroffizieren und 30 Mann."

Besatzungsmitglieder der brennenden, von der „Sydney" (links) zusammengeschossenen „Emden" versuchen verzweifelt, sich in überfüllten Booten zu retten. Das Bild erschien drei Wochen nach dem Kampf in einer italienischen Zeitung.

Kameraleute der Wochenschau filmen das bewegende Geschehen, als zwei deutsche Matrosen das geborgene Namensschild der „Emden" forttragen. Als Zeichen des guten Willens war es 1933 von Australien an Deutschland zurückgegeben worden. Reichspräsident Paul von Hindenburg nahm das Namensschild persönlich in Empfang. Von diesem Schiff hatte Kaiser Wilhelm II. einmal gesagt: „Es erfüllt jedes deutsche Herz mit Stolz."

Seelord sollte Jacky Fisher werden, nach Churchills Meinung ein Mann, bei dem „neun Zehntel dessen, wofür er gekämpft hatte, richtig waren“.

Fisher und Churchill bildeten ein außergewöhnliches Gespann, um die Royal Navy zu führen: der jähzornige, in starren Auffassungen befangene Admiral und der begabte Dilettant, nur etwa halb so alt wie sein Partner. Viele Leute prophezeiten, es würde nicht lange dauern, bis sie in Streit gerieten. Aber zumindestens anfänglich kamen sie ausgezeichnet miteinander aus, und Fisher beeindruckte jedermann mit seiner Tatkraft. Der alte Mann schien allen Schwung seiner längst vergangenen Jugend bewahrt zu haben. Er sprach ununterbrochen, benutzte die bekannten alten Redewendungen und erzählte seine Lieblingsgeschichten immer und immer wieder. Ein Augenzeuge, Baron George Riddell, nannte ihn „einen prächtigen alten Knaben – voll Leben und Energie. Beim Mittagessen stand er auf und zeigte uns, wie er einer polnischen Gräfin das Tanzen beigebracht hatte. Er tanzte Walzer durch den ganzen Raum – in großem Stil“.

Kaum in seinem neuen Amt, befahl er ein umfangreiches Bauprogramm. Sein Plan sah fünf Schlachtschiffe, fünf leichte Schlachtkreuzer, zwei leichte Kreuzer, fünf Flottillenführerzerstörer, 56 Zerstörer, 65 Unterseeboote und zahlreiche kleinere Fahrzeuge vor – insgesamt etwa 600 Schiffe und Boote, die möglichst schnell fertigzustellen wären. Es gingen Befehle heraus, die nördlichen Stützpunkte mit Minenfeldern, Dämmen aus mit Zement beladenen versenkten Handelsschiffen und schweren Netzsperren vor den Hafeneinfahrten gegen Unterseeboote abzuriegeln. Luftschiffe sollten über den Gewässern vor der Ostküste patrouillieren und mehr Küstenbatterien in Stellung gebracht werden.

Vier Tage war Fisher erst wieder im Amt, da erhielt er die Nachricht von einer neuen vernichtenden Niederlage, die der Welt größte und mächtigste Marine erlitten hatte. Diesmal war das Unglück im Südostpazifik geschehen, vor der Küste Chiles, über 7000 Seemeilen vom Mutterland entfernt.

Der deutsche Admiral Maximilian Graf von Spee, Chef des deutschen Ostasiengeschwaders, war während der seit Kriegsausbruch vergangenen Monate mit seinen besten Schiffen nach Osten gedampft, um an der Westküste Südamerikas Handelskrieg zu führen. Falls möglich, wollte er Kap Hoorn runden, den britischen Schiffsverkehr im Südatlantik unterbrechen sowie feindliche Stützpunkte angreifen. Ende Oktober hatte er bei den Juan-Fernández-Inseln, 400 Seemeilen westlich der chilenischen Küste etwa auf der Breite von Santiago liegend, eine Streitmacht von fünf Schiffen versammelt. Seine stärksten Schiffe waren die Panzerkreuzer *Scharnhorst* und *Gneisenau,* beide 1907 gebaut, mit 11 420 Tonnen Wasserverdrängung und einer Hauptbatterie von acht 21-cm-Geschützen. Sie wurden von den leichten Kreuzern *Nürnberg, Leipzig* und *Dresden* begleitet, alle drei zwischen 1906 und 1909 gebaut, mit je zehn 10,5-cm-Geschützen. Alle Schiffe konnten mit mehr als 20 Knoten Geschwindigkeit fahren, und ihre Besatzungen waren nach mehreren gemeinsam in See verbrachten Jahren auf höchstem Leistungsstand.

Spee, ein beliebter und bewundernswerter Offizier, handelte praktisch aus eigenem Entschluß ohne irgendeine klare Order vorgesetzter Stellen. Er wußte, daß er sich auf einer letztlich hoffnungslosen Unternehmung befand. „Ich bin völlig heimatlos“, bemerkte er einmal, „ich kann Deutschland nicht erreichen. Ich muß durch die Weltmeere pflügen und dem Feind so viel Schaden zufügen, wie ich kann, bis meine Munition verbraucht ist oder ein weit überlegener Gegner mich fängt.“

Aufgrund gelegentlicher Agentenmeldungen von den Inseln im Pazifik, die Sichtungen des Geschwaders meldeten, konnte die britische Admiralität ungefähr abschätzen, wo er sich befand. Sie nahm an, Spee würde um Kap Hoorn gehen und in den Atlantik fahren. Aber die Schiffe, die Großbritannien ihm entgegenstellen konnte, waren für ihren Auftrag ungeeignet. Die Falkland-Inseln, östlich von Kap Hoorn, gehörten zu dem weltweiten Netz von Kohlenstationen der Royal Navy. Dort war Konteradmiral Sir Christopher Cradock mit vier Schiffen stationiert: seinem Flaggschiff *Good Hope,* einem 1902 gebauten Kreuzer von 14 000 Tonnen Wasserverdrängung, bestückt mit zwei 23,4-cm-Geschützen und 16 von 15,2 Zentimeter Kaliber, der *Monmouth* und *Glasgow,* leichten Kreuzern mit 15,2-cm-Geschützen, und einem bewaffneten Handelsschiff, *Otranto,* mit acht 12-cm-Geschützen. Das Schlachtschiff *Canopus* war gerade an der Ostküste Südamerikas unterwegs, um zu ihm zu stoßen. Die *Canopus* war noch älter als die anderen Schiffe, 1897 auf Stapel gelegt und 1900 in Dienst gestellt. Sie trug vier 30,5-cm-Geschütze und war für eine Höchstgeschwindigkeit von 18½ Knoten ausgelegt; ihre Maschinen waren jedoch verbraucht, und zur Zeit schleppte sie sich mit kaum 12 Knoten dahin.

Cradocks allgemeiner Auftrag lautete, er solle deutsche Kreuzer vernichten; die Befehle, die er von der Admiralität erhalten hatte, waren jedoch unbestimmt gehalten und widersprüchlich. Zuerst erhielt er eine Warnung, Spees Schiffe hätten eben Kap Hoorn passiert, und er „müsse ihnen mit allen Kräften entgegentreten". Das hieß, er solle kämpfen. Dann wurde er angewiesen, seine Schiffe sollten „Suchpatrouillen fahren und die Handelsschiffe schützen", was nach englischer Marinetradition bedeuten konnte, daß er beim Sichten feindlicher Kriegsschiffe zu kämpfen habe, gleichgültig in welcher Stärke der Feind auftrete. Ihm wurde mitgeteilt, die *Canopus* sei eine „Zitadelle, in deren Nähe alle unsere Kreuzer absolute Sicherheit finden" – was wahrscheinlich heißen sollte, man erwarte von ihm, die Ankunft des alten Eimers abzuwarten. Als Cradock protestierte, die *Canopus* sei für ihn nutzlos, er brauche zusätzliche Unterstützung durch neuere Schiffseinheiten, wurde seine Bitte mit der Begründung abgelehnt, daß zwei alliierte japanische Kriegsschiffe und ein britischer leichter Kreuzer aus dem Nordpazifik auf dem Wege zu ihm wären.

Cradock, ein impulsiver und tapferer Mann, entschloß sich, auf eigene Faust zu handeln. Dem Gouverneur der Falkland-Inseln übergab er einen versiegelten Umschlag mit der Anweisung, ihn, „sobald mein Tod bestätigt ist", nach Hause zu schicken. Dann nahm er mit seinem altersschwachen kleinen Geschwader Kurs auf Kap Hoorn, während die *Canopus* mit 250 Seemeilen Abstand hinter ihm her durch die See rollte. Spee bei den Juan-Fernández-Inseln hatte inzwischen Anker gelichtet und stand südlich der Inselgruppe. Die Geschwader trafen sich am Abend des 1. November vor dem Hafen Coronel, 1400 Seemeilen nördlich von Kap Hoorn, bei zunehmendem Wind und schwerem Seegang.

Sobald Cradock den Rauch der deutschen Schiffe sichtete, unternahm er das in dieser Lage ungünstigste Manöver. Er drehte nach Süden, um auf parallelen Kurs mit dem Gegner zu kommen. Die deutschen leichten Kreuzer waren mit ihren kleinkalibrigen Geschützen klar unterlegen und hielten sich aus dem Gefecht heraus. Die beiden deutschen schweren Kreuzer mit ihren 16 Schnellfeuergeschützen von 21 Zentimeter Kaliber waren Cradocks einem Paar 23,4-cm-Geschütze jedoch unvergleichlich überlegen. Außerdem waren die deutschen Geschützbedienungen ganz hervorragend, Cradocks Männer hingegen waren „grüne" Reservisten. Auch standen die britischen Schiffe nun im Westen, hoben sich daher deutlich gegen den hellen Abendhimmel ab, während Spees Schiffe gegen die schnell dunkler werdende Küste kaum zu erkennen waren.

Was jetzt folgte, hat ein britischer Überlebender „den schlimmsten Anblick, den man sich vorstellen kann", genannt. Um 19.00 Uhr eröffnete Spee das Feuer und setzte mit seiner dritten Salve das vordere Geschütz der *Good Hope* außer Gefecht. Inzwischen begann die *Gneisenau,* die *Monmouth* zu zerschlagen. Cradock versuchte verzweifelt, seine beiden Kreuzer näher an den Feind und damit seine 15,2-cm-Geschütze zum Tragen zu

Vor der Seeschlacht von Coronel, die im November 1914 an der chilenischen Küste stattfand, hatte Admiral Christopher Cradock davor gewarnt, daß er von den Panzerkreuzern des deutschen Admirals Graf von Spee zerschlagen werden könnte.

Nach dem Siege von Coronel beschlich Graf von Spee eine Vorahnung seines eigenen Todes. Als ihm auf einem Empfang ein Strauß Rosen überreicht wurde, bemerkte er melancholisch: „Sie sollten sie lieber für mein Begräbnis aufheben."

bringen. Dies hieß aber, in den Wind zu drehen, der jetzt auf volle Sturmstärke angewachsen war. Gischt und Wasser fegten über die Vorschiffe, so daß die an Deck freistehenden 15,2-cm-Geschütze fast nicht mehr zu bedienen waren. Methodisch schießend, erzielte die *Scharnhorst* 35 Treffer auf der *Good Hope,* der letzte schlug in die Munitionskammer des englischen Schiffes ein. Ein Offizier der *Glasgow* beschrieb das Ende der *Good Hope:* „Um 19.50 Uhr gab es eine Riesenexplosion zwischen ihrem Hauptmast und dem Schornstein. Flammen schossen über 60 Meter hoch. Danach lag sie zwischen den Linien, ein schwarzer Rumpf, nur von einem Glühen erhellt." Wenig später war die *Good Hope* untergegangen, Admiral Cradock sowie 900 Offiziere und Mannschaften mit sich nehmend.

Die erfahrenen deutschen Geschützbedienungen der *Gneisenau* hatten sich unterdes auf die *Monmouth* eingeschossen, die der Beobachter an Bord der *Glasgow* als „wild brennend und mit leichter Schlagseite" beschrieb. Das schwer beschädigte Schiff drehte ab. Gleiches taten die *Glasgow* und die *Otranto,* die nach Süden in die Dunkelheit flohen, in Richtung auf das Schlachtschiff *Canopus.* Die sich dahinschleppende *Monmouth* wurde aber gegen 21 Uhr in der Nacht von den Deutschen eingeholt. Sie sank bereits und konnte ihre Geschütze nicht mehr abfeuern; die Flagge wehte aber noch am Mast, und auch die Maschine arbeitete noch. Sie drehte auf den Feind zu, als wolle sie zum Rammstoß ansetzen. Die Deutschen eröffneten das Feuer auf eine Entfernung von etwa 900 Metern und stellten es bei ungefähr 550 Metern ein, als die *Monmouth* kenterte und unterging.

Als die Nachrichten von der Schlacht in Deutschland eintrafen, verlieh der Kaiser den siegreichen Besatzungen 300 Eiserne Kreuze. Seine Schiffe und Männer hatten Großbritannien in einer Schlacht auf hoher See zwischen Überwasserschiffen die erste Niederlage beigebracht, die das Land seit fast einhundert Jahren erlitt.

Am 4. November schlug Churchill vor, Fisher solle einen Schlachtkreuzer mit 30,5-cm-Geschützen nach den Falkland-Inseln schicken, um für Cradock Rache zu nehmen. „Ich fand Fisher aber in kühnerer Stimmung", schrieb er. „Er will zwei schicken." Admiral Sir John Jellicoe erhielt ein Telegramm: Die *Invincible* und die *Inflexible* hätten ihre Nordseestationen zu verlassen und „sich mit aller gebotenen Eile nach Plymouth zu begeben". Die beiden Schlachtkreuzer erreichten Plymouth am 8. November und wurden Vizeadmiral Sir Doveton Sturdee unterstellt.

Sturdee, ein zwar fähiger, aber arroganter und voreingenommener Offizier, war aus ungewöhnlichem Grunde zu diesem Kommando gekommen. Vor Jahren war er ein Anhänger und Schützling von Lord Charles Beresford gewesen, mit dem Fisher seinen erbitterten Streit über die Umgruppierung der Flotte ausgefochten hatte. Fisher haßte Sturdee und weigerte sich, diesen „verdammten Narren" und „pedantischen Esel" weiterhin in der Admiralität zu beschäftigen. Churchill verhalf Sturdee mit gewohnter Schläue zu einer Möglichkeit, aus Fishers Augen zu verschwinden. Er schlug ihn als Befehlshaber Südatlantik und Südpazifik vor, betraut mit der wichtigen Aufgabe, Graf von Spee abzufangen.

Fisher war einverstanden. Er erteilte Sturdee und den Schlachtkreuzern Befehl, am 11. November auszulaufen. Auf der *Invincible* mußten die Feuerräume der Kessel mit neuen Schamottsteinen ausgelegt werden; die Werft in Plymouth meldete, daß die Arbeit nicht vor dem 13. beendet werden könne. Fisher explodierte: Die Schlachtkreuzer hätten am 11. November auszulaufen. Außerdem war der 13. ein Freitag: „Wie kann man sich nur so einen Tag aussuchen!" Churchill unterstützte ihn mit einem Telegramm an den Admiral-Werftdirektor: „Die Schiffe sollen am Mittwoch, dem 11. November, auslaufen. Die Werftarbeiten sind dementsprechend einzurichten. Sie sind mir dafür verantwortlich." Der Werftdirektor setzte sich in einen Zug nach London, um persönlich darzulegen, daß es

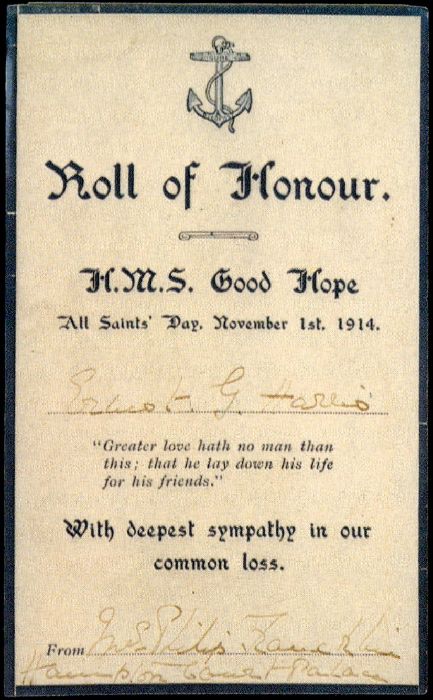

Roll of Honour.

H.M.S. Good Hope

All Saints' Day, November 1st, 1914.

"Greater love hath no man than this; that he lay down his life for his friends."

With deepest sympathy in our common loss.

From

Von Bug bis Heck in Flammen, sinkt der britische Kreuzer „Good Hope" mit seiner gesamten Besatzung nach einem Gefecht mit den überlegenen „Scharnhorst" und „Gneisenau" vor der Küste von Chile. Der Tod von 900 Mann löste eine Welle von Mitgefühl aus. Die Familien aller Besatzungsmitglieder – auch der des Maschinisten Ernest Harris (unten, Mitte) – bekamen von der Witwe des Kommandanten der „Good Hope" eine Beileidskarte (unten links). Weiterhin erhielten sie eine Erinnerungsplakette und Auszeichnungen (unten rechts) als Zeugnis dafür, daß sich die Seemänner, wie es ein Mitglied der Admiralität ausdrückte, „einen Platz in der Unsterblichkeit errungen hatten".

unmöglich sei. Fisher befahl ihm, auf seinen Posten zurückzukehren, und sagte, die Schiffe wären bereits ausgelaufen, bevor er wieder in Plymouth ankäme. Sie waren ausgelaufen und hatten eine Gruppe sich äußerst unwohl fühlender Maurer an Bord, die die Feuerräume unterwegs reparierten. Auf ihrer Reise nahmen die Schlachtkreuzer noch sechs leichte Kreuzer und ein bewaffnetes Handelsschiff, die *Macedonia,* auf und trafen alle zusammen am 7. Dezember bei den Falkland-Inseln ein, wo die *Canopus* bereits vor Anker lag. Spee stand am nächsten Morgen vor den Inseln.

Der deutsche Admiral wollte die Kohlenstation zerstören und Schiffe, die er in der Nähe fand, versenken, um anschließend die lange, wahrscheinlich hoffnungslose Reise nach Norden durch den Atlantik nach Deutschland anzutreten. Er schickte die *Gneisenau* und die *Nürnberg* voraus, um aufzuklären. Ihre Ausguckposten sahen schwarzen Rauch und glaubten zuerst, man hätte in Vorbereitung einer Kapitulation die Kohlenhalden in Brand gesteckt. Dann sahen sie Masten und Schornsteine von Kriegsschiffen. Die Deutschen blieben zunächst auf ihrem Annäherungskurs, bis bei einer Entfernung von 12300 Metern plötzlich zwei Salven schwerer Granaten aus dem Hafen heraus abgefeuert wurden. Eine Granate traf den achteren Schornstein der *Gneisenau,* riß ein großes Loch, behinderte das Schiff aber nicht weiter. Daraufhin drehten die *Gneisenau* und die *Nürnberg* scharf ab. Spee, der mit der *Scharnhorst* noch weiter entfernt stand, tat, gefolgt von der *Leipzig* und der *Dresden,* das gleiche.

Die Salven kamen von den 30,5-cm-Geschützen der alten *Canopus,* die Fisher im Schlamm des Hafens auf Grund setzen lassen hatte, damit sie als Fort diene. Noch andere Überraschungen warteten auf die Deutschen. Kurz nachdem sie unter den Salven der *Canopus* abgedreht waren, sichteten deutsche Matrosen Dreibeinmasten. Ein kaum zu glaubender Anblick, waren doch nur britische Schlachtschiffe und Schlachtkreuzer mit Dreibeinmasten versehen, und Spee hatte von dem sonst zuverlässigen deutschen Nachrichtendienst keine Warnung erhalten, daß sich solche Schiffe in der Gegend befänden. Da er den Sichtmeldungen keinen Glauben schenkte, setzte Spee sich nicht ab. Er meinte, schneller zu sein als jedes britische Schiff in diesem Seegebiet, daher die endgültige Aufklärung der Feindstärke abwarten und notfalls immer noch ablaufen zu können. Als die *Invincible* und *Inflexible* in der Hafeneinfahrt auftauchten, mit ihren Maschinen auf Höchstfahrt von 28 Knoten gingen und ihre Hauptbewaffnung von 30,5-cm-Geschützen auf den Feind richteten, erkannte Spee, daß ihn das Verhängnis ereilt hatte. Jetzt flohen die Deutschen.

Bei hellem, klarem Wetter war die Jagd fast gemütlich. Im Bewußtsein seiner überlegenen Bewaffnung und Geschwindigkeit gab Sturdee an sein Geschwader den Signalbefehl, vor Beginn des Gefechtes noch das Mittagessen auszugeben. Um 12.45 Uhr stand er in Schußweite zum letzten deutschen Kreuzer und signalisierte: „Feind angreifen." Spee entließ seine drei leichten Kreuzer – sie sollten versuchen zu entkommen – und nahm mit der *Scharnhorst* und *Gneisenau* den Kampf mit den Schlachtkreuzern auf.

Innerhalb von drei Stunden wurde das Flaggschiff Spees, die *Scharnhorst* – den englischen 30,5-cm-Geschützen in Schußweite und Wirkung absolut unterlegen –, von so zahlreichen Treffern eingedeckt, daß sie schwere Schlagseite bekam und brannte. Sturdee signalisierte an Spee, er solle kapitulieren, erhielt jedoch keine Antwort. Etwa um 16.15 Uhr rollte die *Scharnhorst* auf die Seite und sank – mit ihr der tapfere Spee und die gesamte Besatzung von 765 Mann.

Fast drei Stunden kämpfte die *Gneisenau* allein weiter, indes die leichten Kreuzer verzweifelt versuchten, sich an der südamerikanischen Küste in Sicherheit zu bringen. Es war ein unerhört tapferer und aussichtsloser Kampf. Die *Gneisenau* erhielt mindestens 50 Treffer der schweren 30,5-cm-Granaten. Trotzdem weigerte sich ihr Kommandant, die Flagge zu streichen. Um 17.40 Uhr hatte sie endlich ihre gesamte Munition verschossen, den Dampfdruck auf allen Kesseln verloren, und von der Besatzung von 850 Mann waren 600 Mann tot oder verwundet. Der Kommandant gab nun Befehl, das Schiff zu versenken, um das Ende zu beschleunigen, und ließ die Flagge niederholen. Ein überlebender Offizier schrieb: „Er ließ drei Hurras auf Seine Majestät ausbringen, worauf das Schiff von der Besatzung verlassen wurde. Ich rutschte auf der Außenbordwand von der Brücke hinab . . ., da das Schiff plötzlich kenterte."

Die Briten fischten etwa 190 Überlebende auf. Sturdee gab gegenüber dem überlebenden I. Offizier der *Gneisenau* seiner Bewunderung – vor allem für die Schießleistungen der Deutschen – in einem Funkspruch Ausdruck. „Wir fühlen mit Ihnen wegen des Verlustes Ihres Admirals und so vieler Offiziere und Mannschaften", sagte er in einer förmlichen Bekanntmachung. „Unglücklicherweise befinden sich unsere beiden Länder im Kriege miteinander. Die Offiziere beider Marinen, die Freunde in der anderen haben mögen, haben ihrem Land gegenüber ihre Pflicht zu erfüllen. Das haben Ihr Admiral, Ihr Kommandant und Ihre Offiziere in würdiger Weise bis zum letzten Augenblick getan."

Das deutsche Opfer blieb aber nutzlos. Die Briten fingen die *Nürnberg* ab und versenkten sie um 19.27 Uhr. Nur fünf von 320 Mann wurden gerettet. Eine Stunde später ging die *Leipzig* unter, von 290 Mann gab es nur 18 Überlebende. Die *Dresden* entkam, wurde monatelang gejagt und endlich im März von einem britischen Kreuzer bei den Juan-Fernández-Inseln, wo Spee einst die Anker gelichtet hatte, um zu der verhängnisvollen Unternehmung in den südlichen Ozean aufzubrechen, versenkt.

Die taktische Lehre aus den zwei Schlachten lag offen zutage. Bei Coronel waren die ältlichen, als Typ überholten britischen Schiffe keine gleichwertigen Gegner für die moderneren deutschen Kriegsschiffe, und bei den Falkland-Inseln konnten die Deutschen nichts gegen die Schlachtkreuzer ausrichten. Das schnelle Schiff mit großen Geschützen herrschte unumschränkt auf der hohen See.

Seestrategisch gesehen, setzte die Falkland-Schlacht das Ende der Kämpfe in Übersee. Die letzten der über die Weltmeere verteilten deutschen Schiffe waren vernichtet, einschließlich eines unternehmungsfreudigen Handelsstörers im Indischen Ozean, der *Emden*, die schon vor einem Monat versenkt worden war *(S. 75–78)*. Fast alle britischen Schiffe wurden in die Heimat beordert. Der Kampf der großen Schiffe konzentrierte sich jetzt ausschließlich auf die Nordsee.

In diesem so abweisenden Seegebiet, voll herumschleichender Unterseeboote und verborgener Minen, die ihren Rückhalt in der aus dem Boden gestampften Hochseeflotte fanden, war selbst Fisher vorsichtig geworden. Dem Triumph von Falkland würde keine schnell herbeigeführte Entscheidungsschlacht folgen. „Kein großes Schiff der Schlachtflotte soll in die Nordsee auslaufen", hatte er entschieden. Er schrieb „WENN die deutsche Schlachtflotte herauskommt, DANN wird auch unsere Schlachtflotte auslaufen. WENN die deutschen Schlachtkreuzer auslaufen, DANN laufen auch unsere Schlachtkreuzer aus."

Somit lag die Initiative bei den Deutschen, sofern diese sie ergriffen. Das taten sie dank der Bemühungen des Admirals Franz von Hipper, Befehlshabers der Schlachtkreuzer und eines Mannes, dem die übervorsichtigen Richtlinien seines Kaisers zuwider waren.

Hipper war als Sohn eines Kaufmannes, weit entfernt vom Meer, in Bayern geboren, hatte sich aber schon als Kind entschieden, zur See zu fahren. Mit 17 Jahren trat er in die Marine ein und wuchs zu einem fröhlichen, doch äußerst willensstarken Offizier heran. Schreibtischarbeit verachtete er und vermied Landkommandos, was seinem Fortkommen aber nicht geschadet

Vizeadmiral Sir Doveton Sturdee steht vor den 30,5-cm-Geschützen seines Flaggschiffes „Invincible", das in der Schlacht bei den Falkland-Inseln die vorangegangene demütigende britische Niederlage an den deutschen Panzerkreuzern „Scharnhorst" und „Gneisenau" rächte. Weil ein deutsches Schiff entkommen konnte, machte Sturdees lebenslanger Feind, der Erste Seelord Jacky Fisher, den Sieg bei den Falklands als Fall von „verbrecherischer Unfähigkeit" verächtlich.

Überlebende des versenkten deutschen Panzerkreuzers „Gneisenau" versuchen, sich in dem kalten Südatlantik über Wasser zu halten, bis sie von den Rettungsbooten der „Inflexible" aufgefischt werden. Für viele kam die Rettung zu spät. Sie erlagen ihren Wunden oder einem Schock.

zu haben scheint. Als er mit 49 Jahren zum Admiral befördert wurde, besaß er nur wenig Erfahrung in Verwaltungsangelegenheiten. Sein Flaggkapitän nannte ihn „handlungsfreudig, schnell in seinen Entschlüssen, ein höchst angenehmer Vorgesetzter, immer gutherzig". Hippers erstes eigenes Kommando war auf einem Zerstörer gewesen. Das Kommando über die Schlachtkreuzer gab ihm jedoch dieselbe Erfüllung – unabhängig zu sein, stets der Flotte voraus, vorwärtsstürmend, um den Feind zu finden. In See war er kühl, behielt einen klaren Kopf und war ein Meister der Taktik.

Er hatte schon ein Schlachtkreuzerunternehmen gegen die Briten geführt: Am 4. November war er mit vier Schiffen über den Ostausgang des Ärmelkanals gestürmt und hatte mit 28-cm-Geschützen die Stadt Yarmouth beschossen. Der Vorstoß besaß nur geringen militärischen Wert – abgesehen davon, daß einige Küstenbatterien zum Schweigen gebracht und auf den küstennahen Schiffahrtswegen Minen gelegt wurden. Aber als „Beleidigungsbeschießung", wie Jacky Fisher sie nannte, versetzte die Aktion die Briten in Wut und freute die Deutschen. Der Kaiser verlieh Hipper für seinen mutigen Streifzug das Eiserne Kreuz. Jedoch weigerte sich der freimütige Admiral, es zu tragen, „bis ich eine Tat vollbracht habe". Damit meinte er ein Gefecht mit britischen Kriegsschiffen. Er fing sofort an, einen nächsten Vorstoß zu planen, um den Feind wirklich herauszulocken. Er sollte am 16. Dezember unternommen werden und sich gegen die Städte Scarborough, Hartlepool und Whitby an der englischen Ostküste richten.

Dabei hofften die Deutschen, Einheiten der britischen Grand Fleet auf sich ziehen und in eine Falle locken zu können. Hipper erhielt die Genehmigung, mit seinen fünf Schlachtkreuzern und dem modernisierten Panzerkreuzer *Blücher* sowie einem Aufklärungsschirm aus leichten Kreuzern und Zerstörern auszulaufen. Zusätzlich sollte ihm Ingenohl mit einer massiven Unterstützungsmacht aus 14 neuen Schlachtschiffen, acht älteren Schlachtschiffen, neun leichten Kreuzern und 54 Zerstörern folgen. Diese Einheiten sollten bis an den Ostrand der Doggerbank vorstoßen – weiter von ihrem Stützpunkt entfernt, als sich die Hochseeflotte bisher vorgewagt hatte. Damit waren die Voraussetzungen für einen klassischen Hinterhalt gegeben: Hipper würde einen Teil der Grand Fleet herauslocken, der dann zwischen den Backen einer riesigen Zange – zwischen Ingenohl und ihm – zermalmt werden konnte. Was sich dann aber wirklich ereignete, war eine Komödie der Irrungen, die Deutsche wie Briten vor Verlegenheit und Enttäuschung mit den Zähnen knirschen ließ.

Der britische Nachrichtendienst hatte, was den Deutschen verborgen blieb, ihre Funksprüche entschlüsselt. Die Briten wußten daher, wann Hipper die Jade verlassen, wohin er sich in etwa richten würde und wann er den Rückmarsch antreten wollte.

Die Funksprüche wurden im Zimmer Nr. 40 der britischen Admiralität aufgefangen und ausgewertet. Das deutsche Signalbuch und die Gitternetzkarten, vor knapp vier Monaten bei dem toten Signalgasten des Kreuzers *Magdeburg* gefunden, waren zu den Grundsteinen eines äußerst wirkungsvollen Feindnachrichtendienstes geworden, der von einem Schotten, Sir Alfred Ewing, geleitet wurde. Im Zimmer 40 wurden die aufgefangenen Funksprüche – aus Sicherheitsgründen „japanische Telegramme" genannt – entschlüsselt, in rote Umschläge gesteckt und sofort den höchsten Untergebenen Ewings ausgehändigt, die im Entschlüsseln genügend erfahren waren, um die regelmäßigen Wechsel der deutschen Endverschlüsselung zu erkennen. Dann wurden die Nachrichten den Marinebefehlshabern zugestellt. Allerdings kannten nur wenige Spitzenpersonen, wie Jellicoe und einige andere, deren Herkunft. Wenn ein Unternehmen im Gange war, wurden diese Daten durch regelmäßige Meldungen über die Standorte der feindlichen Schiffe ergänzt, die von einer Kette von Peilstationen an der englischen Ostküste eingingen. Auf diese Weise gaben die Deutschen vom

Dezember 1914 bis zum Kriegsende den Briten die Mehrzahl ihrer Planungen und die Standorte ihrer Schiffe unwissentlich bekannt.

Die Mehrzahl, aber nicht alle. Aus unbekannten Gründen fing Zimmer 40 entweder keine Nachricht über Ingenohls Auslaufen mit der Masse der Hochseeflotte zur Unterstützung Hippers auf oder entschlüsselte den Funkspruch nicht. Die Briten kannten also nur die Hälfte des Planes. Hätte das Schicksal nicht zu ihren Gunsten eingegriffen, wäre dies einem beträchtlichen Teil der Grand Fleet zum Verhängnis geworden.

In der Annahme, Hippers Schlachtkreuzer wären das einzige zu jagende Wild, sandte ihm die Admiralität vier Schlachtkreuzer unter dem Kommando von Vizeadmiral Sir David Beatty entgegen, der vor vier Monaten den Deutschen in der Helgoländer Bucht so empfindliche Verluste beigebracht hatte. Weiterhin ging Vizeadmiral Sir George Warrender mit sechs Schlachtschiffen und einem Schwarm Kreuzer, Zerstörer und Unterseebooten in See, um notfalls als Rückhalt zu dienen.

Rein technisch gesehen, hatte Warrender den Oberbefehl über die Streitkräfte, spielte jedoch die zweite Geige hinter Beatty, der seit seiner entschlossenen Aktion vor Helgoland fast zu einem Marinehelden geworden war. Und Beatty spielte diese Rolle perfekt. Er war eine ansehnliche Erscheinung mit kantigem Gesichtsschnitt, setzte seine Admiralsmütze verwegen schief auf und hatte den Ruf, furchtlos und fähig zu sein. Mit 13 Jahren hatte er seine reiche Familie verlassen, um zur Marine zu gehen. Während des Aufstandes im Sudan war er mit seinem Kanonenboot zur Unterstützung der in der Schlacht von Omdurman hart bedrängten 21. Lanzenreiter nilaufwärts gefahren. Einer der Lanzenreiter war Winston Churchill, der für den Einsatz ewig dankbar blieb. Mit 29 Lebensjahren wurde Beatty zum jüngsten Kapitän zur See der Marine befördert, mit 39 Jahren zum jüngsten Konteradmiral.

Als sich jetzt Hipper der englischen Küste näherte, operierten Beatty und Warrender so, daß sie ihm den Rückweg abschneiden konnten. Dabei bewegte sich Warrender, ohne es zu wissen, in eine Lage, die ihn bis auf zehn Seemeilen an die vorstürmende deutsche Hochseeflotte heranbrachte. Die aufeinandertreffenden vorgeschobenen Zerstörer beider Seiten wechselten einige Salven. Warrender – in der Annahme, er träfe auf eine unterlegene Flottenabteilung – bereitete sich zum Kampf vor. Tatsächlich waren die Deutschen mit schweren Schiffen aber im Verhältnis von drei zu eins in der Überzahl. Für die Briten kündigte sich eine vernichtende Niederlage an, hätte nur Ingenohl seine Chance wahrgenommen.

Ingenohl kannte jedoch die Feindstärke ebensowenig, wie die Briten die Stärke der deutschen Kräfte kannten. Jetzt überkam ihn seine angeborene Furchtsamkeit. Plötzlich meinte er, der gesamten Grand Fleet gegenüberzustehen, vielleicht überwältigt zu werden und damit den Seekrieg für Deutschland zu verlieren. Er drehte mit seiner großen Flotte um und beeilte sich, nach Hause zu kommen.

Allein gelassen, eilte Hipper in dem vor der Küste liegenden Nebel vorwärts und fand genügend Zeit, die drei Städte zu beschießen, was 140 Zivilpersonen das Leben kostete. Dann wendete er auf Heimatkurs in einen Wind- und Regenschauer hinein. Unterwegs wurde er beinahe von der jetzt überlegenen britischen Streitmacht abgeschnitten. Zwei britische leichte Kreuzer, die *Southampton* und *Birmingham,* hatten einige von Hippers Schiffen gesichtet und waren ihnen entgegengefahren, um den Kampf aufzunehmen. Hipper indessen erhielt eine Atempause, als Beattys Nachrichtenoffizier, Kapitänleutnant Ralph Seymour, der bald noch für weitere Scherereien verantwortlich werden sollte, einen mißverständlichen Signalspruch mit dem Scheinwerfer absetzte. Er lautete: „An leichte Kreuzer – Aufklärungsstellung wiedereinnehmen. Position fünf Meilen voraus.“ Der Spruch sollte nicht für die *Southampton* und *Birmingham* gelten, sondern nur für die beiden anderen Kreuzer, die *Nottingham* und *Falmouth,* die noch keine Feindberührung hatten. Beatty erwartete, demnächst auf Hippers Hauptkräfte zu stoßen, und verlangte zusätzliche Aufklärung voraus. Da der Signalspruch aber „An leichte Kreuzer" gerichtet war, wurde angenommen, daß alle leichte Kreuzer gemeint wären. Widerstrebend brachen die *Southampton* und *Birmingham* den Kontakt zum Feind ab. Hipper war damit die Möglichkeit zum Entkommen geboten. Die Entscheidungsschlacht hatte nicht stattgefunden. In beiden Flotten breitete sich ein Gefühl zerstörter Hoffnungen aus, jedermann hatte den Eindruck eines Fehlschlages und verpaßter Gelegenheiten.

Folglich bekam die Vorsicht, die von Anfang an die Entschlüsse der britischen Admiralität wie des deutschen Obersten Hauptquartiers bestimmt hatte, wieder die Oberhand. Beatty lenkte in aller Stille jeden Vorwurf von seinem Nachrichtenoffizier ab. In privatem Gespräch murrte Jellicoe über die verwirrenden Signale in seiner Flotte, schrieb indessen den Fehlschlag einer Wetterverschlechterung zu, und Churchill gab einige diplomatisch gehaltene Kommentare ab, denen zufolge niemandem eine Schuld anzulasten sei. Auf der Gegenseite stellte sich der Kaiser taub gegen einen Ausbruch von Tirpitz, der die übertriebene Vorsicht Ingenohls scharf angriff. Schließlich warteten alle auf den nächsten Schlag.

Sie brauchten nicht lange zu warten. Am 23. Januar 1915 wurde Churchill gemeldet: „Die Burschen kommen wieder heraus." Die Meldung wurde, ergänzt durch wesentliche Einzelheiten, an Jellicoe und Beatty weitergeleitet: „Vier deutsche Schlachtkreuzer, sechs leichte Kreuzer und 22 Zerstörer werden heute abend auslaufen, um auf der Doggerbank aufzuklären." Die Flottenabteilung bestand wirklich aus vier Schlachtkreuzern, die leichten Unterstützungskräfte umfaßten aber vier leichte Kreuzer und 19 Zerstörer. Weitere aufgefangene Funksprüche von den redseligen deutschen Funkern ergaben dann das genaue Bild. Die Deutschen, unter dem Kommando von Hipper, würden um sieben Uhr morgens an einem bestimmten Ort, 30 Seemeilen nördlich der Doggerbank, stehen.

Genauso war es. Hipper verließ seinen Ankerplatz um 17.45 Uhr und steuerte einen Punkt nördlich der Doggerbank an. Wenige Minuten später lief Beatty mit fünf Schlachtkreuzern und vier leichten Kreuzern aus dem Firth of Forth aus; eine andere Gruppe, bestehend aus drei leichten Kreuzern und 35 Zerstörern, verließ Harwich. „Es herrschte nur ein Wille", schrieb später Churchill. „Seeschlacht im Morgengrauen. Zum ersten Male in der Geschichte Kampf zwischen diesen mächtigen Superschiffen."

Die Flottengruppen trafen sich dann tatsächlich im Morgengrauen. Hipper war entsetzt. Er vermutete richtig, daß das Treffen nicht zufällig geschah. Wer aber hatte seinen Plan verraten? Er verdächtigte die neutralen Fischerboote, die sich immer noch im ganzen Kriegsgebiet herumtrieben. Weder er noch irgendein anderer Mann in den hohen deutschen Stäben ahnte, daß die Briten den Glücksfall *Magdeburg* ausnutzten, um praktisch jede Bewegung der kaiserlichen Flotte zu überwachen. Die Briten wußten, daß die *Von der Tann* im Trockendock lag, daß Hipper die *Seydlitz* als Flaggschiff benutzte und daß die anderen Schlachtkreuzer die *Moltke* und *Derfflinger* waren, dazu die ältere *Blücher,* deren 21-cm-Geschütze sie wirklich nicht als vollwertigen Schlachtkreuzer auswiesen.

Wegen der Rauchentwicklung der Schiffe war die Sicht schlecht. Hipper konnte weder genau feststellen, auf welche Art von Feindschiffen er gestoßen war, noch wie viele es waren – möglicherweise Schlachtschiffe, möglicherweise viele. Bei dieser Lage wurde selbst in diesem sonst so draufgängerischen Offizier die Vorsicht übermächtig, und er wendete auf Heimatkurs. Er sollte jedoch nicht ohne Wunde entwischen.

Beatty führte mit der *Lion* die *Tiger* und die *Princess Royal* an, alles Schiffe mit acht 34,3-cm-Geschützen. Dazu kamen mit der *New Zealand* und der *Indomitable* zwei Schiffe mit je acht 30,5-cm-Geschützen. Beatty befahl 29 Knoten Fahrt. Das war mehr, als die Schiffe wirklich fahren konnten, immerhin erreichten die drei führenden Schlachtkreuzer 27 Knoten, und die beiden anderen mit den sieben leichten Kreuzern und 35 Zerstörern des Aufklärungsschirmes versuchten mitzuhalten, so gut es eben ging. Hinter Beatty standen sieben Vordreadnought-Schlachtschiffe mit vier leichten Kreuzern, um den Deutschen den Weg zu verlegen, wenn sie etwa auf Nordkurs schwenken sollten. Noch weiter entfernt stand das Gros der Grand Fleet, über 60 Schiffe stark, darunter 21 Schlachtschiffe.

Ein junger Leutnant auf der *Lion* beschrieb das Bild, wie die Schlachtkreuzer dahinstürmten: „Der Feind erschien am ostwärtigen Horizont in Form von vier einzelnen Keilen oder Dreiecken aus Rauch. Plötzlich brach aus dem letzten der Keile ein weißer Flammenblitz hervor."

Die Deutschen hatten das Feuer eröffnet. Der junge Offizier berichtet: „Wir warteten eine uns lang erscheinende Zeit, wahrscheinlich etwa 25 Sekunden. Dann stieg an unserer Backbordseite, mehr als eine Seemeile entfernt, eine große gischtige Wassersäule auf. Der erste Schuß war abgefeuert, und eine neue Epoche der Kriegsgeschichte hatte begonnen."

Hippers Geschwindigkeit war auf 23 Knoten beschränkt, dem äußersten, was die *Blücher* noch laufen konnte. „Mit unerwarteter Geschwindigkeit näherte sich der Feind bis auf Gefechtsentfernung", schrieb er später. Gegen 9 Uhr vormittags dieses klaren Wintertages befahl Beatty: „Feuer eröffnen, Feind angreifen." Und das bei einer noch nie dagewesenen Schußentfernung von 22 000 Metern, das sind fast 12 Seemeilen.

Die *Blücher,* das letzte Schiff in Hippers sich zurückziehender Linie, wurde von drei der Schiffe Beattys – der *Lion, Tiger* und *Princess Royal* – heftig unter Feuer genommen. Ein Überlebender erinnert sich: „Die britischen Geschütze schossen sich ein. Die tödlichen Wassersäulen krochen näher und näher heran. Die Männer an Deck sahen dem mit einer eigenartigen Spannung zu." Kurz vor 9.30 Uhr kam auch die *New Zealand* in Schußentfernung zur unglücklichen *Blücher.* „Jetzt fielen die Granaten dicht und schnell", schrieb der deutsche Überlebende. „Sie richteten sofort verheerenden Schaden an. Sehr bald war die elektrische Anlage zerstört, und im Schiff breitete sich eine Dunkelheit aus, die man fühlen konnte. Unter Deck herrschten Schrecken und Verwirrung, atemlose Rufe und Stöhnen, als sich die Granaten durch die Decks bohrten und sogar bis zu den Kesselfeuerungen durchschlugen. Die Kohle in den Bunkern fing Feuer. Da die Bunker halb leer waren, brannten sie lichterloh."

Um 10.30 Uhr traf eine furchtbare Salve die *Blücher,* setzte die Buggeschütze außer Gefecht, traf die Kessel und beschädigte die Rudermaschine. Der Bericht fährt fort: „Im Maschinenraum setzte ein Treffer das Öl in Brand und spritzte es in blauen und grünen Flammen umher. Das Öl verbrannte seine Opfer und entzündete, wo es auftraf, alles zu hellen Flammen. In der fürchterlichen Druckwelle, die Explosionen in geschlossenen Räumen erzeugen, wurden die Menschenkörper wie Blätter im Wintersturm herumgeschleudert und an den Stahlwänden erschlagen. Als ein armer Kerl durch eine Bodenluke steigen wollte, krepierte eine Granate in seiner Nähe. Er war gerade halb durchgekommen. Die Luke schlug mit einem entsetzlichen Geräusch zu. In einem der Maschinenräume wurden die Männer von diesem fürchterlichen Wirbelwind fortgeblasen und in die Maschine geworfen, wo sie einen qualvollen Tod fanden."

Hippers Flaggschiff *Seydlitz* erhielt „einen schweren Treffer im Achterschiff", wie der deutsche Befehlshaber schrieb, „der das Feuer im Turm C und D verursacht. Die Rudermaschinenräume müssen infolge Gasgefahr für längere Zeit verlassen werden. Munitionskammern werden geflutet".

Sein kühler Berichtsstil verdeckt die Tatsache, daß die gesamte Bemannung der achteren Türme – insgesamt 159 Mann – unter Deck eingeschlos-

Vizeadmiral Sir David Beatty, Befehlshaber der britischen Schlachtkreuzer in der Seeschlacht auf der Doggerbank, die von der englischen Presse zum überwältigenden Sieg hochgelobt wurde, meinte immer, ihn hätten die Umstände um einen viel größeren Triumph betrogen: „Wenn ich daran denke, ist die Enttäuschung dieses Tages mehr, als ich ertragen kann."

Admiral Franz von Hipper, Befehlshaber der Aufklärungsstreitkräfte der Hochseeflotte, konnte in der Doggerbankschlacht 22 Treffer auf Beattys Schlachtkreuzern anbringen und sich mit dem Verlust von nur einem Schiff zurückziehen. Als Hipper im Jahre 1932 starb, nannte Beatty ihn voller Anerkennung „einen tapferen Offizier und einen großen Seemann".

sen war, verbrannte oder ertrank. Er ließ die Heldentat eines Pumpenobermeisters unerwähnt, der die rotglühenden Handräder der Flutventile für die Munitionskammern ergriff, und während das Fleisch von seinen Händen brannte, das Seewasser einließ, welches Schiff und Besatzung vor einer vernichtenden Explosion rettete.

Inzwischen steckten die Briten wieder in dem Durcheinander ihres Signalwesens, das sie durch den ganzen Krieg verfolgen sollte. Beatty funkte an seine Schiffe: „Feuerverteilung auf jeweils gegenüberstehendes Schiff der feindlichen Linie." Da aber fünf Schiffe gegen vier standen, entschied der Kommandant der *Tiger,* des zweiten Schiffes der britischen Linie, daß zwei Schiffe ihr Feuer auf Hippers *Seydlitz* vereinigen sollten. So blieb die *Moltke,* das zweite Schiff der deutschen Linie, unbeschossen und konnte gewissermaßen ein Übungsschießen auf die *Lion* durchführen – was sie prompt tat. Schließlich verwechselte der Artillerieoffizier der erst kürzlich in Dienst gestellten *Tiger* seine Geschoßaufschläge mit denen der *Lion,* und seine eigenen Salven lagen 2700 Meter hinter dem Ziel.

Trotz ihrer Schäden beteiligte sich das Hauptziel, die *Seydlitz,* weiter am Kampf gegen Beattys *Lion.* Eine Salve traf die Backbordmaschine der *Lion,* die langsamer wurde und endlich ganz gestoppt werden mußte. Die *Lion* fiel hinter ihre Schwesterschiffe zurück. Eine andere Trefferserie zerstörte zwei ihrer drei Generatoren, was zu einer gefährlichen Überlastung der elektrischen Anlage führte. Um 10.47 Uhr befahl Beatty allen Schiffen: „Annäherung an den Feind so schnell wie möglich." Und einen Augenblick später gab er der eben eingetroffenen *Indomitable* den Befehl, die *Blücher* endgültig zu erledigen. Beattys Bericht über die Schlacht stellt fest: „Um 10.48 Uhr drehte die *Blücher,* die inzwischen beträchtlich hinter der feindlichen Linie zurückgefallen war, nach Backbord auf Nordkurs. Sie hatte schwere Schlagseite, brannte und befand sich offensichtlich in zerschlagenem Zustand. Immer noch aber schoß sie."

Dann fiel plötzlich Beattys letzter Generator aus, die *Lion* hatte keine elektrische Stromversorgung mehr, und der Admiral konnte seine Flotte nur noch mit Hilfe von Flaggensignalen führen.

Kurz nach 11 Uhr signalisierte Beatty seinen Schiffen wieder, an den Feind heranzugehen. Zur Übermittlung des Befehls wählte Kapitänleutnant Seymour zwei Flaggensignale aus, die die Bedeutung hatten: „Kurs Nordost" und „Ende der feindlichen Linie angreifen". Auf der *Lion* gab es nur noch zwei nicht zerschossene Flaggleinen, und Seymour setzte die Signale in einer Reihenfolge, die die anderen Schiffe als: „Ende der Feindlinie, die Nordost steuert, angreifen" ablasen. Das war der Kurs der *Blücher,* und Beatty, der zu weit zurückgefallen war, um noch etwas veranlassen zu können, sah zu seinem Erstaunen, wie sein Geschwader die Verfolgung abbrach und sich um das Wrack der *Blücher* zusammenzog.

Verzweifelt beorderte er einen Zerstörer längseits der *Lion,* dampfte mit Höchstfahrt zur *Princess Royal* und gab seinem Geschwader den Funkbefehl, die Jagd wieder aufzunehmen. Es war jedoch zu spät. Der Mittag war herangekommen. Unter dem Beschuß auf nächste Entfernung von vier Schlachtkreuzern und mehreren Zerstörern fing die *Blücher* an zu sinken, und Hippers drei andere Schiffe hatten inzwischen einen Vorsprung von 11 Seemeilen gewonnen. Um 12.13 Uhr ging die *Blücher* unter, bis zum Ende mit ein oder zwei Geschützen schießend. Die Seeschlacht war vorüber. Die Deutschen hatten 951 Tote zu beklagen, alle auf der *Blücher* und der *Seydlitz.* Auf britischer Seite waren trotz des schweren Schadens auf der *Lion* weniger als 50 Mann tot oder verwundet.

Die britische Presse machte aus dem Gefecht auf der Doggerbank einen großen Sieg. Sogar ein Admiral, Sir William Pakenham, sagte dem Ersten Lord in einem privaten Gespräch das Unvermeidliche über Beatty: „Nelson ist wiedergekommen." Beatty selbst, ein ehrlicher Mensch in der Beurteilung seiner Leistungen, wußte, daß er kein Nelson war und auch kein Trafalgar stattgefunden hatte, sondern nur die Versenkung eines alten Schlachtkreuzers. „Wir hätten alle vier kriegen müssen", bemerkte er verdrießlich, und einem Freund schrieb er etwas später: „Jedermann glaubt, es wäre ein großer Erfolg gewesen, in Wirklichkeit war es ein Fehlschlag."

Zwar hatten die Deutschen die *Blücher* und fast 1000 Mann verloren, einigen Nutzen zogen sie dennoch aus der Doggerbankschlacht. Die auf der *Seydlitz* beinahe eingetretene Katastrophe hatte einen Fehler in ihrer Bauart enthüllt. Schlug eine Granate in einen Geschützturm, so konnte der Explosionsblitz über die unteren Munitionsmannräume in den benachbarten Turm durchschlagen. Nur sofortiges Fluten der Munitionskammern konnte dann noch eine Detonation der Munition verhindern, die das Schiff augenblicklich versenkt hätte. Die Deutschen bauten in alle Schlachtkreuzer zusätzliche Schotten und Decks ein. Die britischen Schlachtkreuzer jedoch, die denselben Fehler aufwiesen, hatten keine ähnlichen Treffer erhalten. Der schwache Punkt blieb daher unentdeckt – und unbehoben.

Die Notwendigkeit der technischen Verbesserung war anscheinend die einzige Lehre, welche die Deutschen aus dem Ereignis auf der Doggerbank zogen. Der Kaiser geriet über den Verlust der *Blücher* in Wut. Nachdem er ein volles Jahr auf vorsichtiger Seekriegsführung bestanden hatte, wandte er sich eigenartigerweise jetzt gegen Ingenohl, beschuldigte ihn, den Vorstoß nicht ausreichend unterstützt zu haben, und enthob ihn seines Kommandos. Tirpitz hatte bei verschiedenen Gelegenheiten seine eigene Ernennung zum Flottenchef vorgeschlagen und wollte dieses Amt mit dem des Chefs des Admiralstabes und dem des Marinestaatssekretärs vereinigt wissen, was ihm die alleinige Befehlsgewalt über die Marine verschafft hätte. Der Kaiser wies indessen jeden Gedanken an ein vereinigtes, aggressives Oberkommando zurück und wandte sich betont und endgültig von Tirpitz ab. Es kam noch schlimmer. Anstatt einen Mann wie Hipper zum neuen Flottenchef zu ernennen, fiel die Wahl des Kaisers auf einen kranken, unbedeutenden Admiral, Hugo von Pohl. Dieser war ein verdrießlicher, anmaßender Mensch, in der Flotte nicht beliebt, aber eine Persönlichkeit, bei der man sich darauf verlassen konnte, daß die Schiffe keinen Risiken ausgesetzt würden. Unter Pohl verging ein ganzes Jahr, in welchem sich die Hochseeflotte nie über die näheren Küstengewässer hinauswagte.

Nichts anderes tat die Grand Fleet, obgleich der Nachhall der Erregung der Doggerbank in den offensiven Gemütern von Beatty und Fisher noch widerklang. „Unsere Untätigkeit ärgert mich manchmal in einem solchen Ausmaße, daß ich es kaum aushalten kann", schrieb Beatty an seine Frau. Bei Fisher entzündete die Enttäuschung den Streit zwischen Churchill und ihm, den so viele Leute vorausgesehen hatten. Beide warteten ungeduldig, die Schlachtschiffe auf irgendein positives Angriffsziel ansetzen zu können. „Wenn die Deutschen uns in den Hintern treten, dann bewegen wir uns, und das noch verdammt langsam", schrieb Fisher an Churchill, seine milden Flüche hinter höfischer Zurückhaltung schlecht verbergend. „TUN SIE ETWAS!! Wir warten wieder darauf, getreten zu werden!!!"

Über das, was zu tun sei, konnten sie sich aber nicht einigen. Fishers Lieblingsplan sah vor, sich den Weg in die Ostsee gewaltsam zu öffnen, die britische Flotte zu benutzen, um russische Truppen in Deutschland anzulanden und derweil die Hochseeflotte durch ein riesiges Minenfeld einzuschließen, somit unbeweglich zu machen. Kein anderer Marinefachmann glaubte an die Ausführbarkeit dieses Planes. Für Fisher wurde er zu einer Zwangsvorstellung. Im Mai 1915 erklärte er nach einer stürmischen Sitzung mit Churchill seinen Rücktritt. Premierminister Herbert Asquith sagte: „Fisher tritt immer zurück. Das ist nichts Neues."

Der jetzt 74 Jahre alte Mann verließ jedoch theatralisch sein Amtszimmer in der Admiralität, weigerte sich, noch weiter zu arbeiten, und kündigte an,

Besatzungsmitglieder versuchen, sich über die Seite des gekenterten Panzerkreuzers „Blücher“ zu retten. In der Doggerbankschlacht erhielt die „Blücher“ 70 Granattreffer und sieben Torpedotreffer. Mit ihren 21-cm-Geschützen war sie für die britischen Giganten mit ihren 34,3-cm-Geschützen kein gleichwertiger Gegner, was Admiral von Hipper zu der Schlußfolgerung veranlaßte, daß „nur wirklich leistungsfähige Schiffe in die Schlachtgeschwader aufgenommen werden sollten“.

daß er sofort nach Schottland aufbrechen und nie wieder zurückkehren würde. Der Premierminister mußte ihm schreiben: „Lord Fisher, im Namen des Königs befehle ich Ihnen, auf Ihrem Posten zu bleiben.“ Jellicoe, Beatty und andere baten Fisher zu bleiben, die Presse meinte einstimmig, er solle nicht gehen. Wegen des allgemeinen Aufsehens drohte der Sturz der Regierung, die sich infolge von Meinungsverschiedenheiten im Kabinett ohnehin in Schwierigkeiten sah.

Überzeugt, unentbehrlich zu sein, schrieb Fisher einen törichten Brief an Asquith. „Wenn den folgenden sechs Bedingungen zugestimmt wird“, fing er an, „kann ich die erfolgreiche Beendigung des Krieges garantieren.“ Die Bedingungen forderten unter anderem, daß Churchill aus dem Kabinett zu entfernen sei und daß er, Fisher, „die uneingeschränkte und alleinige Verfügung über die Flotte, über die Ernennung aller Offiziere, gleichgültig, welchen Dienstranges, die absolut unbehinderte und alleinige Befehlsgewalt über alle Seestreitkräfte und alleinige absolute Verantwortlichkeit für alle Schiffsneubauten“ erhalte. Gleiches sollte für „alle Werftarbeiten, gleichgültig, welcher Art“ gelten.

Fisher verlangte von der Regierung unendlich viel mehr, als sie geben konnte. Es war Irrsinn zu glauben, daß solche Macht und die Arbeit von einem Dutzend Menschen auf nur einen 74 Jahre alten Mann übertragen werden könnte. In seinem Größenwahn hatte Fisher jede Beziehung zur Wirklichkeit verloren. Der Premierminister äußerte dem König gegenüber, das Dokument zeige „Anzeichen geistiger Verwirrung“.

Asquiths Antwort war kurz und bündig: „Lieber Lord Fisher, der König hat mir befohlen, Ihren Rücktritt vom Amte des Ersten Seelords der Admiralität anzunehmen.“ Das war alles. In seinem Ärger hatte Asquith es sich versagt, Fisher für seine lebenslangen Dienste zu danken oder ihm seine guten Wünsche für seinen Ruhestand zu übermitteln. Diese Unterlassung seitens Asquiths war indessen verständlich. Die Alliierten hatten einen Krieg zu gewinnen, und es blieb keine Zeit, sich nachsichtig mit einem senilen, alten Mann zu befassen, egal, was dieser bislang für die Marine oder die Sicherheit des Landes geleistet hatte. Fisher wurde durch Admiral Sir Henry Jackson ersetzt, der den Ruf besonderer Fähigkeiten auf dem Gebiet der Verwaltung besaß und ein erfahrener Flottenoffizier war.

In Deutschland hielt Admiral von Tirpitz etwas länger aus. Im März 1916 trat jedoch auch er zurück, verärgert über des Kaisers verächtliche Gleichgültigkeit ihm gegenüber, erzürnt auch, weil die Hochseeflotte nicht eingesetzt wurde und er, Tirpitz, zu machtlos war, etwas dagegen zu unternehmen. So waren die beiden Männer, welche die Flotten neuer Schlachtschiffe geschaffen hatten, von der Bühne abgetreten, und die Schlachtschiffe lagen tatenlos in ihren Häfen.

Der tote Punkt wurde – so unglaublich es klingt – durch einen ärztlichen Befund überwunden. Es stellte sich heraus, daß Admiral von Pohl an einem inneren Leiden, wahrscheinlich Krebs, litt. Am 8. Januar 1916 meldete er sich krank, um sich einer Operation zu unterziehen, und ein Mann sehr unterschiedlicher Prägung wurde Chef der Hochseeflotte. Es war Admiral Reinhard Scheer, der Offizier, der bei Kriegsbeginn die Aussicht auf den Kampf ehrlich begrüßt hatte, seitdem aber gezwungen war, ein untätiges Geschwader von Schlachtschiffen zu befehligen.

Mit dieser Auswechslung der Hauptdarsteller auf beiden Seiten, verbunden mit dem wachsenden Druck in beiden Ländern, aus dem tückischen Patt von Blockade und Gegenblockade auszubrechen, war das Klima für eine echte Konfrontation geschaffen. Nach den langen Monaten des Wartens meldete Zimmer 40 in Whitehall am 30. Mai 1916, daß die Hochseeflotte am nächsten Morgen in See gehen würde. Diesmal nahm die ganze Grand Fleet die Herausforderung an. Endlich sollte der wirklich entscheidende Zusammenprall der Flotten stattfinden.

Minenkrieg: ins Meer gestreute Todessaat

Von allen Seekriegsmitteln des Ersten Weltkrieges waren Minen die bei weitem teuflischsten Waffen. Diese Unterwasserbomben standen schweigend und unsichtbar etwa drei bis fünf Meter unter der Wasseroberfläche und konnten mit ihrer hochbrisanten Sprengladung von etwa 160 Kilogramm den Rumpf jedes Schiffes aufreißen. Sie wurden in Feldern von 25 bis 100 Minen ausgelegt und verwandelten weite Strecken der strategischen Seewege in unsichtbare Todesfallen.

Für die Briten mit ihrer überlegenen Flotte war die Mine zuerst eine verächtliche und barbarische „Waffe des Schwächeren". Im fortschreitenden Verlauf des Krieges legte aber auch die Royal Navy ihren vollen Anteil an Minen, besonders als Defensivsperren um die Liegeplätze der Flotte. Die Deutschen hingegen sahen von Anfang an in der Mine eine wirkungsvolle Offensivwaffe.

Besonders ausgerüstete deutsche Unterseeboote, Zerstörer und Kreuzer schlichen sich verstohlen durch die Nacht, um ihre mörderische Ladung entlang der ganzen Kanalküste und an den Nordseeküsten Englands auszulegen. Dutzende britischer Schiffe – Kriegsschiffe wie Handelsschiffe – wurden während der ersten Monate des Krieges versenkt. Am 27. Oktober 1914 lief das brandneue, 23 000 Tonnen große Schlachtschiff *Audacious* auf eine Mine und sank. Im Stabe der Grand Fleet löste ihr Untergang eine Panikwelle der Minenfurcht aus. Admiral John Jellicoe schrieb: „Es ist reiner Selbstmord, die Flotte ohne Minenräumer auslaufen zu lassen, und ich verfüge über nichts, womit ich Minen räumen kann."

Um den dringendsten Bedarf an Räumfahrzeugen zu decken, rüsteten die Briten Hunderte von Fischdampfern mit einer Einrichtung aus, die die Ankertaue der Minen erfaßte und kappte. Das war eine gefährliche Arbeit, gab es vor Verfeinerung der Räummethoden doch Zeiten, in denen für je zwei geräumte Minen ein Fischdampfer verlorenging.

Alles in allem legten die Deutschen in vier Kriegsjahren mehr als 43 000 Minen, und bis zum Jahre 1918 gingen mehr als 210 britische Minenräumfahrzeuge bei dem Bemühen unter, mit ihnen fertig zu werden. In einem Fall fügte man die geborgenen Vorschiffs- und Achterschiffshälften von zwei Zerstörern, die auf Minen gelaufen waren – der *Zulu* und der *Nubian* –, in aller Eile zusammen und schuf damit ein neues Minenräumschiff, die *Zubian.*

Auf der Höhe des britischen Abwehrkampfes gegen die Minen liefen täglich 725 Räumfahrzeuge aus, um einen 540 Seemeilen langen „Kriegskanal" zwischen dem Firth of Forth und Dover minenfrei zu halten. Nie konnten indessen die Räumfahrzeuge alle Minen unschädlich machen. Bei Kriegsende waren eine Million Tonnen alliierten Schiffsraumes, darunter 588 britische Schiffe, der Todessaat, die in das Meer gestreut worden war, zum Opfer gefallen.

In einer mondlosen Nacht, nur schwach vom Sternenlicht erhellt, legt ein umgebauter deutscher leichter Kreuzer ein Feld hochbrisanter Kontaktminen auf einem Schiffahrtsweg vor der englischen Küste aus. Er wird von einem Zerstörer begleitet. Die Minen werden in genau berechneten zeitlichen Abständen über Bord geschoben. Die Intervalle waren so bemessen, daß man mit der geringstmöglichen Anzahl von Minen eine möglichst lückenlose Sperre legte.

Bei dem schwachen Licht blauer Verdunkelungslampen arbeiten Matrosen eines deutschen Minenlegers vorsichtig an den noch auf dem Minenstuhl gesicherten Minen, die sie auf Gleisen zu den Minentoren schieben. Ein Minenleger konnte bis zu 400 Minen aufnehmen, die auf einem sich über die ganze Länge des Schiffes erstreckenden Miniaturgleisbahnhof gestaut waren. Ein britischer Matrose, der eine Zeitlang als Kriegsgefangener an Bord eines deutschen Minenlegers war, erzählte, daß die tödlichen Minen, „aussahen wie schwarze Rieseneier in Eierbechern".

Die Minen sinken auf den Grund und befreien sich – wie in dieser Zeitrafferzeichnung dargestellt – aus ihren Halterungen. Das Seewasser löste in fünf bis 25 Minuten Salzstücke auf, die die Ankerarme des Minenstuhles in senkrechter Stellung festhielten. Wenn die Ankerarme herunterklappten, stieg die Mine am Ankertau auf die eingestellte Tiefe. Die „Hörner" auf den Minen sind elektrisch auslösende Zündmechanismen, die auf die leiseste Berührung mit einem Schiffskörper ansprechen.

Wenn die von ihrer Verankerung abgeschnittenen Minen an die Oberfläche kamen, erledigten sie die Männer auf dem Räumfahrzeug mit Gewehrschüssen. Auf der Zeichnung explodiert eine Mine mit einem Geiser aus Rauch und Gischt. Ein englischer Offizier beschrieb eine Minenexplosion als „einen gewaltigen Pilz von 100 bis 150 Meter Höhe". Häufiger aber sanken die Minen harmlos auf den Grund, nachdem ihre Auftriebskammer von den Gewehrkugeln durchlöchert war.

In einer Formation von überlappenden Rotten fahrend, kann eine Flottille von sechs Minensuchern (fünf davon sind auf der Zeichnung zu sehen) einen Weg von etwa einer halben Seemeile Breite durch ein feindliches Minenfeld räumen. Die Boote jeder Rotte schleppen zwischen sich einen „Räumdraht" von 250 bis 450 Meter Länge, der in bestimmten Abständen Scheren trägt, die die Ankertaue der Minen kappen. Ein keilförmiges Gerät, „Drachen" genannt (kleines Bild), hält den Draht in der Tiefe der Ankertaue straff.

Der Bug eines als Räumfahrzeug eingesetzten Fischdampfers wird von einer explodierenden deutschen Mine in die Höhe gerissen, und das getroffene Schiff bäumt sich auf, bis das Heck fast gänzlich unter Wasser liegt. Eine neue Klasse von Raddampfern als Minensucher (Vordergrund) wurde auf extrem geringen Tiefgang ausgelegt, um ungefährdet über die Minen fahren zu können. Bis zum Kriegsende gelang es den Briten, mehr als 30 000 deutsche Minen unschädlich zu machen.

Kapitel 4

Scharfes Vorhutgefecht vor dem Skagerrak

Die Persönlichkeit des neuen Chefs der Hochseeflotte, Vizeadmiral Reinhard Scheer, erwuchs aus Konflikten. Sein Urinstinkt war der eines Kämpfers, er war indessen während einer langen und entmutigenden Friedenslaufbahn gründlich um seine Hoffnungen betrogen worden. Sohn eines bayrischen Lehrers, war Scheer mit 16 Jahren in die Kaiserliche Marine eingetreten und hatte 39 Lebensjahre erreicht sowie 23 Dienstjahre hinter sich gebracht, bevor er auch nur Erster Offizier eines großen Schiffes wurde.

In zunehmendem Maße ließ sich jedoch erkennen, daß eine Zeit heraufzog, die nach ernsterer Arbeit verlangte, als sie Regatten und Flottenparaden in Kiel oder Spithead forderten. Wohlhabenheit der Familie und gesellschaftliche Stellung traten als Vorbedingungen für eine erfolgreiche Marinelaufbahn hinter beruflichem Können zurück, und Scheers Beförderungen folgten schneller aufeinander. Im Jahre 1907 wurde er Chef einer Zerstörerflottille und schrieb eine fachlich hervorragende, wenn auch wenig beachtete Abhandlung über die Taktik des Torpedoangriffes. 1914 übernahm er das Kommando über das aus alten Linienschiffen bestehende Zweite Schlachtgeschwader und entwickelte während dieser Zeit eine Anhänglichkeit an die veralteten Kriegsschiffe, die ihn noch teuer zu stehen kommen sollte. Nach kurzer Dienstzeit als Chef des Dritten Schlachtgeschwaders – aus neuen Schlachtschiffen gebildet – wurde er zum Chef des Stabes beim Befehlshaber der Hochseeflotte ernannt. Aus dieser Stellung heraus erhielt er im Januar 1916 das Kommando über die Flotte.

Scheer hatte Zutrauen in seine eigenen Fähigkeiten und zuviel Zutrauen zu den Fähigkeiten der Flotte. So sagte er nach dem Kriege, „daß Material sowie Geist und Ausbildung der Besatzungen auf solcher Höhe standen, daß unsere Flotte sich im Kampf gegen die englische behaupten konnte". Ähnlich wird seine Einstellung schon am 23. Februar 1916 in Wilhelmshaven bei einer Konferenz über Marinefragen gewesen sein. Er bemühte sich eindringlich um die Zustimmung des Kaisers zu einer aggressiveren Verwendung der Flotte. Daß der Kaiser zustimmte, war Scheers Überredungskunst, vielleicht aber auch der Tatsache zu verdanken, daß der Monarch durch die Vorbereitungen für die Großoffensive gegen die Franzosen bei Verdun abgelenkt war.

Für den Anfang wollte Scheer eine Operation unternehmen, die derjenigen Ingenohls, welche im Dezember 1914 zu so peinlichen Ergebnissen geführt hatte, sehr ähnlich war. Nur würde es diesmal keinen panikartigen Rückzug der Schlachtschiffe beim ersten Anzeichen der Anwesenheit des Feindes geben. Wie Ingenohl wollte Scheer die Schlachtkreuzer Franz von Hippers als Köder benutzen. Während Hipper ostenglische Städte beschoß, würden seine eigenen Schlachtschiffe in 60 Seemeilen Abstand folgen. Wenn dann Beatty mit den britischen Schlachtkreuzern von seinem Ankerplatz im Firth of Forth heranhetzte, um die Küste zu verteidigen, würden Scheers Hauptkräfte ihn überfallen, bevor Jellicoe mit der Grand Fleet aus dem entlegenen Scapa Flow zur Stelle sein könnte. 18 Unterseeboote sollten vor Scapa Flow, Cromarty und dem Firth Stellung beziehen, wo sie Jellicoes Marsch nach Süden stören und verzögern konnten.

Am Morgen des 31. Mai 1916 beobachten Offiziere und Mannschaften des deutschen Schlachtschiffes „Ostfriesland" die sich bis zum Horizont erstreckende Kiellinie der deutschen Schlachtschiffe, die in die Skagerrakschlacht fahren. Unter den großen Türmen mit 30,5-cm-Geschützen nehmen sie sich wie Zwerge aus. Insgesamt liefen 99 deutsche Schiffe aus.

Zeppeline sollten für die Luftaufklärung sorgen. Das Unternehmen wurde auf den 17. Mai festgesetzt. Um die Briten in Wut zu bringen und damit sicherzustellen, daß sie in die Falle tappten, schickte Scheer Admiral Hipper am 6. März und am 24. April auf Vorstöße gegen Küstenstädte.

Wie sich später herausstellen sollte, war das ein Fehler. Beim zweiten Vorstoß lief die *Seydlitz* auf eine britische Mine und kehrte schwer beschädigt nach Hause zurück. Scheer konnte aber keinen einzigen seiner fünf neuen Schlachtkreuzer entbehren. Er verschob daher die Hauptoperation für mehrere Wochen, bis der Schaden repariert war. Bis die *Seydlitz* wiederhergestellt war, ging jedoch den Unterseebooten, die nach dem ursprünglichen Zeitplan ausgelaufen waren, der Brennstoff für ihre Dieselmotoren aus. Nur vier Boote verblieben vor Scapa Flow auf der Lauer.

Eine erneute Verschiebung des Unternehmens wäre durchaus möglich gewesen. Geduld zählte indessen nicht zu den besonderen Stärken Scheers, und am Morgen des 30. Mai um 9.48 Uhr sandte der Funkraum auf der *Friedrich der Große* den schicksalsschweren Funkspruch aus, daß sich die Kriegsschiffe der Hochseeflotte um 19.00 Uhr auf der Außenreede der Jade versammeln sollten, um vor Sonnenaufgang auszulaufen.

Noch während des Tages des 30. Mai hatte Scheer seine Absicht bezüglich des Zieles des Flottenvorstoßes geändert. Die Meteorologen hatten für die Zeppeline Gegenwinde vorausgesagt, was bedeutete, daß diese zerbrechlichen Leichter-als-Luft-Fahrzeuge während des Marsches der Flotte zur englischen Küste nicht für die Aufklärung eingesetzt werden konnten. Scheer entschied sich daher für einen schon ausgearbeiteten Alternativplan, bei dessen Ausführung er mehr auf der eigenen Seite der Nordsee blieb und weniger auf Luftaufklärung angewiesen war.

Gemäß diesem Plan sollten Hippers Erste Aufklärungsgruppe (Schlachtkreuzer), die Zweite Aufklärungsgruppe (leichte Kreuzer) und drei Zerstörerflottillen nach Norden vorstoßen, sich dabei gerade außerhalb der Sichtweite von der neutralen dänischen Küste halten und vor Sonnenuntergang am 31. Mai ihre Anwesenheit vor der norwegischen Küste durch Angriffe auf die Handelsschiffahrt bekanntgeben. In einer späteren Änderung des Planes entschloß sich Scheer, hinter Hipper nur mit einem Abstand von 25 Seemeilen anstatt der vorgesehenen 60 Seemeilen zu folgen. Da er auf Luftaufklärung verzichten mußte, schien es ihm sicherer, für den Fall, daß etwas schieflaufe, näher bei Hipper und seinen Schlachtkreuzern zu stehen. Und schließlich gab er den Bitten des Zweiten Schlachtgeschwaders nach, die sechs veralteten Linienschiffe, die ja sein erstes größeres Kommando gewesen waren, mitzunehmen. Diese Schiffe waren mit nur je vier 28-cm-Geschützen bestückt und hießen in der deutschen Marine die „Fünf-Minuten-Schiffe“, weil das ungefähr die Zeitspanne war, die man ihnen in einem größeren Flottenkampf als Überlebenszeit zubilligte. Mit der Einwilligung, sie mitzunehmen, verringerte Scheer die Höchstgeschwindigkeit seiner Hauptstreitkraft um mindestens drei Knoten.

Selbstverständlich wurden Scheers Funksprüche abgehört und von den Experten des Zimmers 40 der Admiralität entschlüsselt. Am Mittag des 30. Mai wußte Admiral Sir John Jellicoe, daß sich die Hochseeflotte zum Auslaufen versammelte. Um 17.40 Uhr befahl die Admiralität Jellicoe und der Grand Fleet, Dampf aufzumachen; wenige Minuten später folgte die Anweisung, die Flotte solle „sich ostwärts der Long Forties sammeln und für alle Eventualitäten bereit halten“. In den Kartenhäusern von Jellicoes Schlachtschiff *Iron Duke* und Vizeadmiral Sir David Beattys Schlachtkreuzer *Lion* setzten die Navigationsoffiziere ihre Kurse in Richtung Norwegen und Dänemark ab.

Um 21.30 Uhr ging Jellicoe in See. Seine Kommandoflagge, ein rotes St. Georgskreuz auf weißem Grund, wehte von der Gaffel der *Iron Duke*

Vorspiel der Schlacht

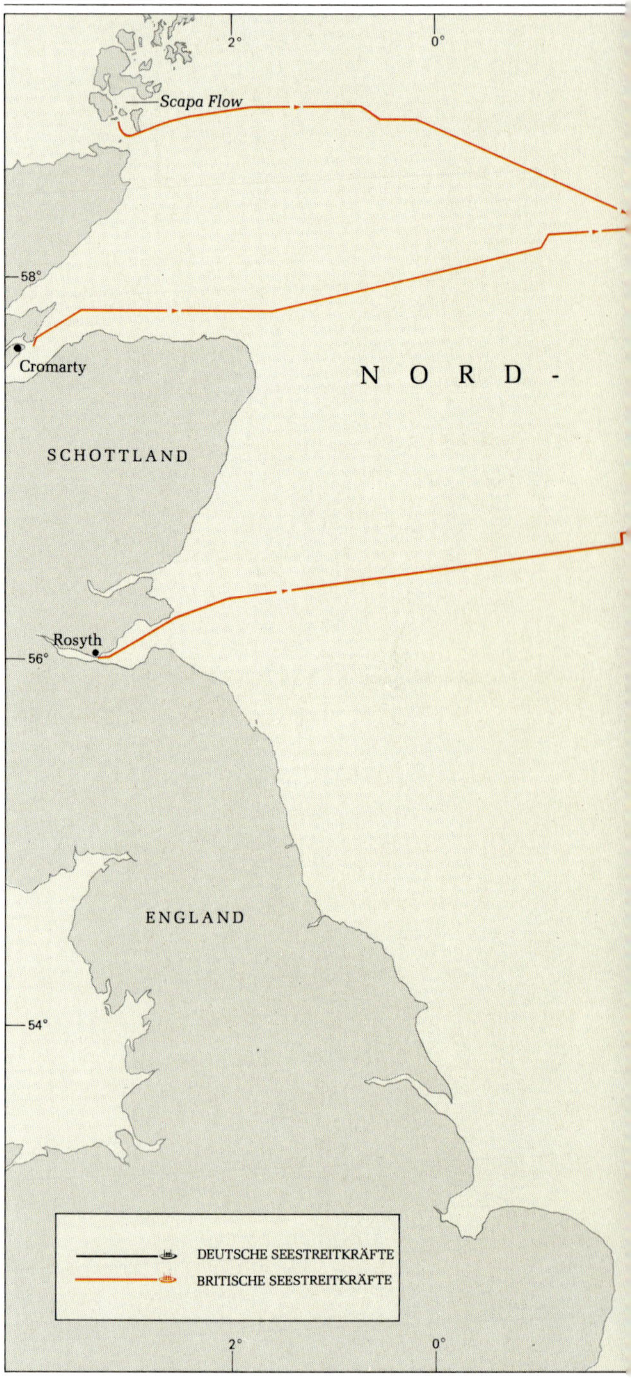

30. MAI, 21.30 UHR, BIS 31. MAI, 14.15 UHR. Um 21.30 Uhr befiehlt Admiral John Jellicoe seinen 16 Schlachtschiffen das Auslaufen aus Scapa Flow. Admiral David Beattys sechs Schlachtkreuzer sowie die vier neuen Superschlachtschiffe verlassen Rosyth, und acht Schlachtschiffe laufen aus Cromarty aus. Admiral Franz von Hippers fünf Schlachtkreuzer verlassen die Jade am 31. Mai um 1.00 Uhr, und Admiral Reinhard Scheer führt seine 16 Schlachtschiffe und sechs alten Linienschiffe um 2.30 Uhr in See. Fast 12 Stunden später, um 14.10 Uhr, sichtet die britische „Galatea“ deutsche Kriegsschiffe, die, vom Kreuzer „Elbing“ geführt, einen Handelsdampfer angehalten haben.

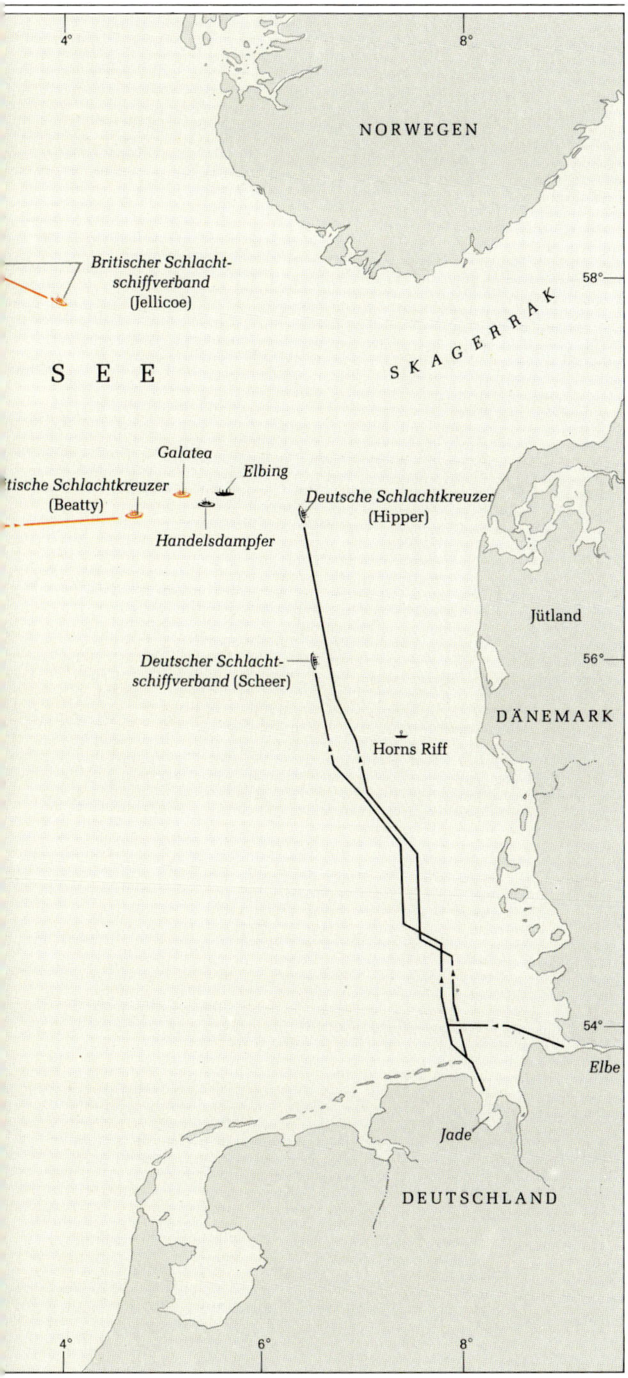

(Karte links). In die schweigende Prozession blaugrauer Kriegsschiffe reihten sich weitere 15 Schlachtschiffe, drei Schlachtkreuzer, acht kleinere gepanzerte Kreuzer, 11 leichte Kreuzer, 51 Zerstörer und ein Minenleger ein. Nur wenige Menschen in den öden Küstenstrichen von Scapa Flow sahen sie davonfahren, und als die Dunkelheit heraufzog, konnten selbst die Admirale und Kommandanten auf den Brücken der Schiffe sowie die Signalgasten und Mannschaften der Oberdecksbesatzung nicht mehr als den verschwommenen Schatten des nächsten Schiffes, das trübe blaue Hecklicht ihres Vordermannes und die scheinbar in der Luft schwebenden Blitze der Signallampen des Flaggschiffes ausmachen. Die meisten Besatzungsmitglieder merkten wenig von der düsteren Fahrt durch die Nacht. Sie waren unter Deck in einer anderen Welt mit hellen Lichtern und stampfenden Maschinen, saßen in den Mannschaftsdecks oder schliefen in den Hängematten. Um 22.30 Uhr hatte die Grand Fleet die Pentland Skerries mit 17 Knoten Marschfahrt passiert und lag auf Kurs 61 Grad.

Beatty auf der *Lion* verfügte über eine Streitmacht von 52 Schiffen. Er verließ Rosyth um ungefähr 21.30 Uhr und dampfte an den schlafenden Städten Leith und Edinburgh vorbei. Seine sechs Schlachtkreuzer, zwölf leichten Kreuzer, 29 Zerstörer und ein einzelnes Mutterschiff für Seeflugzeuge wurden von den vier stärksten und modernsten Superschlachtschiffen begleitet, die es damals gab – der *Barham*, der *Valiant*, der *Warspite* und der *Malaya*. Jedes dieser Schiffe trug acht 38-cm-Geschütze und konnte eine Geschwindigkeit von 25 Knoten laufen. Sie waren nur zufällig bei Beattys Schlachtkreuzern, und dieser Zufall sollte sich in der bevorstehenden Seeschlacht für die Briten ungünstig auswirken. Weil es vor Rosyth keinen für Schießübungen ausreichenden, geschützten Seeraum gab, war Beattys Drittes Schlachtkreuzergeschwader unter Konteradmiral Sir Horace Hood zur Ausbildung nach Scapa Flow verlegt worden. Zum Ausgleich waren Beatty die vier Schlachtschiffe des Fünften Schlachtgeschwaders unter Konteradmiral Hugh Evan-Thomas zeitweilig unterstellt worden. Dieser Offizier kannte den Führungsstil von Beatty nicht und gehörte, wie sich herausstellen sollte, zu der unglückseligen Sorte Menschen, die sich im Zweifelsfalle nur nach den Vorschriften richten, die natürlich strikte Befolgung von Befehlen vorschreiben, selbst wenn der gesunde Menschenverstand nach persönlicher Initiative verlangt.

Trotz – vielleicht auch wegen – der fremden Schiffe in seiner Mitte war Beatty unheimlich stolz auf seinen Schiffsverband. Seiner Frau schrieb er: „Ich habe den besten Kampfverband der Welt hier versammelt.“ In dieser Auffassung lag ein Mißverstehen der hauptsächlichen Aufgabe für Schlachtkreuzer, die weniger aus Zuschlagen als aus Aufklären bestand. „Schlachtkreuzer“, schrieb später Jellicoe, „waren dafür entworfen und gebaut, daß sie am Feind Fühlung halten und seine Bewegungen melden konnten. Sie sollten den Feind für die Schlachtflotte finden und für die Schlachtflotte seine Stärke ermitteln.“

Um 22.15 Uhr begann die dritte und letzte größere britische Flottenabteilung mit dem Auslaufen aus Cromarty. Es war das Zweite Schlachtgeschwader mit acht Schlachtschiffen unter dem Kommando von Vizeadmiral Sir Martyn Jerram. Cromarty liegt am Ende des stark strömenden und sehr tiefen Moray Firth. Die Briten hatten bisher vermieden, in den schwierigen Gewässern nachts zu operieren, und das Leuchtfeuer auf Kinnairds Head war gelöscht worden. Um ein Uhr in der Frühe blitzte es nun zum ersten Male seit 1914 wieder auf und brannte 40 Minuten, bis das letzte der Kriegsschiffe die Landzunge sicher passiert hatte, mit Kurs auf den Treffpunkt mit Jellicoe. Des Königs Flotte stand jetzt in See.

In wenigen Stunden würde auch die kaiserliche Flotte in See sein. Am 31. März um 7.50 Uhr erreichten Hippers Schlachtkreuzer mit ihren hellgrauen Rümpfen und den blauen, roten, weißen oder gelben Schorn-

Die Flaggschiffe der Flotten

Es mag zwar überraschen, aber H.M.S. *Dreadnought* befand sich nicht unter den Schiffen der britischen Flottenformation in der Skagerrakschlacht. Nur zehn Jahre nach seiner Indienststellung war das große Kriegsschiff bereits veraltet und für die Teilnahme an einem Kampf der Grand Fleet unbrauchbar.

Vor dem Skagerrak bestanden die Hauptkontingente der Schlachtflotten aus Schiffen, die um die Hälfte größer waren als ihre ältere Schwester, die einen um ein Drittel stärkeren Panzerschutz trugen sowie Geschütze, die Granaten mit fast dem zweieinhalbfachen Geschoßgewicht derer der *Dreadnought* verschossen. Diese modernen Kriegsschiffe besaßen Antriebsanlagen mit mehr als der doppelten Leistung der Maschinen der *Dreadnought* und konnten damit 25 Knoten fahren, vier Knoten mehr als das ältere Schiff.

Noch schneller waren die Schiffe eines neuen Typs: Schlachtkreuzer. Sie waren größer und bis zu sechs Knoten schneller als die Schlachtschiffe, dabei fast ebenso schwer bestückt. Allerdings wurde viel an Panzergewicht der Ge-

Der britische Zerstörer „Lydiard“ führte in der Skagerrakschlacht eine Flottille von 22 Fahrzeugen an. Der neuen L-Klasse zugehörig, maß er 80 Meter in der Länge bei nur 8,25 Meter Breite, verdrängte 807 Tonnen und fuhr 35 Knoten. Er trug drei 10,2-cm-Geschütze und vier Torpedos.

Das 25 000 Tonnen große Schlachtschiff „Iron Duke“ diente Admiral John Jellicoe als Flaggschiff der Grand Fleet. Aus seinen zehn 34,3-cm-Geschützen konnte es ein Breitseitengeschoßgewicht von 6350 Kilogramm abfeuern. Es war 189 Meter lang und konnte 21 Knoten fahren.

Flaggschiff von Admiral Beattys Schlachtkreuzerflotte war die 26 850 Tonnen große „Lion“ mit acht 34,3-cm-Geschützen. Ihr Gürtelpanzer war an keiner Stelle stärker als 23 Zentimeter. Bei 206 Meter Länge und 26,40 Meter größter Breite konnte der Schlachtkreuzer 29 Knoten erreichen.

schwindigkeit geopfert. Sie sollten aufklären und als Lockvögel für die Schlachtflotte dienen. Ihre Befehlshaber versuchten, Schlachtkreuzer gegen Schlachtkreuzer in den Kampf zu kommen, das Gefecht mit den Schlachtschiffen jedoch zu vermeiden.

In den wesentlichen Eigenschaften wie Schiffsgröße, Geschwindigkeit, Fahrstrecke und Besatzungsstärke waren die Schiffe beider Flotten ziemlich gleichwertig. Die Briten verfügten über mehr Schiffe mit Geschützen größerer Kaliber. Die deutschen Schiffe hingegen waren besser geschützt, mit stärkerer Panzerung der Türme und Decks.

Daneben besaßen beide Seiten kleine, leichte, schnelle Geleitzerstörer. Die Deutschen, die auf die Offensiveigenschaften besonderen Wert legten, nannten ihre Zerstörer Torpedoboote und statteten sie mit so vielen Torpedos wie möglich aus. Auf der anderen Seite trugen die britischen Zerstörer weniger Torpedos, dafür aber eine stärkere Geschützbewaffnung, um einen wirksamen Verteidigungsschirm um die Flotte bilden zu können.

Ausgelegt für 32,5 Knoten, konnten V-29 und ihre fünf Schwesterschiffe von der Schichau-Werft tatsächlich eine Höchstgeschwindigkeit von 36,5 Knoten laufen. Bei etwa gleichen Abmessungen wie die britischen Zerstörer trugen sie nur je zwei 8,8-cm-Geschütze, aber acht Torpedos.

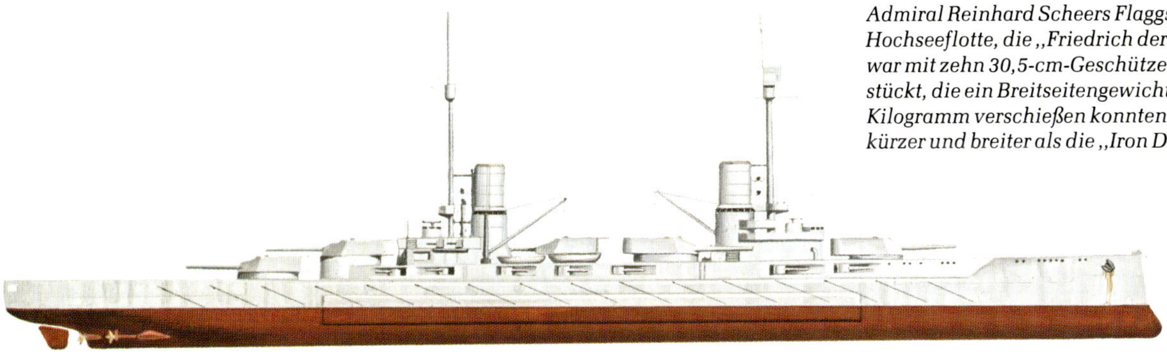

Admiral Reinhard Scheers Flaggschiff der Hochseeflotte, die „Friedrich der Große", war mit zehn 30,5-cm-Geschützen bestückt, die ein Breitseitengewicht von 3856 Kilogramm verschießen konnten. Sie war kürzer und breiter als die „Iron Duke".

Der neueste deutsche Schlachtkreuzer, Admiral Franz von Hippers 26 700 Tonnen große „Lützow", trug acht 30,5-cm-Geschütze, war 211 Meter lang und konnte trotz seiner schweren Panzerung, die im Mittelschiff eine Stärke von 33 Zentimetern erreichte, 27 Knoten laufen.

steinbändern, die die Stellung jedes Schiffes im Geschwaderverband anzeigten, den Ausgang des durch die Minenfelder der Helgoländer Bucht geräumten Kanals und schwenkten auf Nordkurs. In diesem Augenblick hob sich trotz schlechter Wettervorhersage der Morgennebel. Der Artillerieoffizier des Schlachtkreuzers *Derfflinger,* Korvettenkapitän Georg von Hase, erinnerte sich: „Die Sonne ging strahlend auf, überschüttete die See mit ihren goldenen Lichtern und zeigte uns bald das so oft angestaunte unvergeßliche Bild der gesamten Hochseeflotte auf dem Marsche gegen den Feind. In weiter Ferne vor uns fuhren die kleinen Kreuzer in Kiellinie, umgeben von einem Gürtel von Torpedobooten . . . Dann kamen die Schlachtkreuzer. Fünf mächtige Schiffe mit trotzigen Namen, der Stolz der Flotte . . . Weit hinter uns sahen wir bei dem klaren Wetter das Gros, unsere Linienschiffe. Zweiundzwanzig Linienschiffe standen in der Linie, eine stolze Armada."

Die Armada wurde von der Gegenseite bei weitem übertroffen. Alles in allem standen bei den Deutschen 99 Schiffe mit 45 000 Mann und einer Gesamttonnage von 660 000 Tonnen in See gegen 149 Kriegsschiffe der Grand Fleet, die fast eineinviertel Millionen Tonnen umfaßten und etwa 60 000 Mann Besatzung hatten. Die besten deutschen Schlachtschiffe waren nur mit 28-cm-Geschützen bestückt, während die britischen Schiffe 33-cm-Geschütze als Standardbewaffnung und 38-cm-Geschütze auf den Superschlachtschiffen aufwiesen. Die Briten hatten nur moderne Schiffe; lediglich ihre gepanzerten Kreuzer waren mehr als sieben Jahre alt. Selbst die *Dreadnought,* damals zehn Jahre alt, wurde bereits als zu überholt angesehen, um mit der Flotte mitfahren zu können. Auf der Gegenseite waren Scheers Hauptkräfte durch die sechs veralteten Linienschiffe behindert.

Außerdem konnten die Briten aus der nachrichtendienstlichen Arbeit des Zimmers 40 immensen Nutzen ziehen – ein Vorteil, der in geradezu skandalöser Weise verschenkt wurde. Bevor Scheers Flaggschiff *Friedrich der Große* auslief, um Hippers Verband zu folgen, hatte er sein im Hafen benutztes Rufzeichen – DK – an die Küstenstation übertragen und ein anderes Funkrufzeichen gewählt. Er tat dies, um die Tatsache, daß die ganze Flotte in See ging, zu verschleiern. Dieselbe Maßnahme hatte er schon bei früheren Gelegenheiten angewandt, und Zimmer 40 kannte den Trick.

Auch dieses Mal wurde der Rufzeichenwechsel vom Zimmer 40 schnell erkannt, das nicht nur die deutschen Funksignale entschlüsselte, sondern auch über Peilstationen verfügte, die die Bewegungen der deutschen Schiffe in See verfolgten. Ein weiter Strom Marinearroganz trennte jedoch die Operationsabteilung der Admiralität von den Kodebrechern. Die Truppenoffiziere sahen in den Experten des Zimmers 40 eine Gruppe von Pedanten, die im Entziffern zwar Wunderbares leisteten, von denen man aber kaum erwarten konnte, daß sie die Befunde ihrer Arbeit in richtiger marinemäßiger Weise analysieren oder auswerten würden. Nach wiederholten Zurückweisungen waren die Männer im Zimmer 40 sehr zurückhaltend geworden und gaben freiwillig keinerlei Information oder Ratschläge weiter, um die man sie nicht ausdrücklich gebeten hatte. Als daher am 31. Mai um 11.10 Uhr der Leiter der Operationsabteilung, Konteradmiral Thomas Jackson, in das Zimmer 40 kam und sich nach dem Standort des Rufzeichens DK erkundigte, erhielt er genau die Auskunft, die er erfragt hatte, und nichts mehr. „In der Jade", wurde ihm gesagt, worauf er prompt Beatty und Jellicoe mitteilte, daß Hipper mit den Schlachtkreuzern in See stehe, die Schlachtflotte selbst aber noch an ihren Ankerplätzen liege.

So waren beide Flottenchefs zuversichtlich und zufrieden, weil sich die Schlachtschiffe ihres Gegners außerhalb einer zum Eingreifen geeigneten Reichweite zu befinden schienen, und die dunkelgraue britische Flotte wie die hellgraue deutsche, auf denen zusammen nicht weniger als 25 Admirale eingeschifft waren, tasteten sich weiter blindlings an das Ereignis heran, welches Churchill bald „die krönende Demonstration maritimer Machtmittel in der Geschichte der Welt" nennen sollte. Die Skagerrakschlacht – oder, wie die Engländer sie nennen, die Seeschlacht vor Jütland – war die einzige mit vollen Kräften geschlagene Seeschlacht des Ersten Weltkrieges und die letzte, die die Royal Navy und die Kaiserliche Marine miteinander ausfechten würden. Sie blieb sogar das letzte Aufeinandertreffen großer Flottenkräfte irgendeiner Nation, auf das Luftmacht keinen oder nur geringen Einfluß nahm.

Trotz Churchills großer Worte war ihr Ablauf durchaus verwirrend, gekennzeichnet durch zwei Hauptphasen – der ersten, ein laufendes Gefecht zwischen den Schlachtkreuzern, und einer zweiten, dem Zusammenprall der Schlachtschiffe –, begleitet von Dutzenden kleinerer Aktionen. Admiral von Hipper, der einzige Seebefehlshaber, dem praktisch kein Fehler unterlief, traf fast ins Schwarze, als er, während einer Gefechtspause sich seinem Stab zuwendend, sagte: „Ich wette, daß die Lehnstuhlstrategen an der Marineakademie sich eines Tages den Kopf zerbrechen werden, um herauszufinden, an was wir alle gedacht haben. Ich meine, wir haben überhaupt nicht nachgedacht. Wir waren mit dem Versuch, solide taktische Grundsätze anzuwenden, vollauf beschäftigt."

Fast wären die Flotten aneinander vorbeigefahren. Beatty hatte Befehl, einen Punkt 100 Seemeilen nordwestlich der Minenfelder bei Horns Riff anzusteuern. Sollte er bis 14.00 Uhr keinen Feind gesichtet haben, hätte er auf Nordkurs zu gehen, um sich mit Jellicoe zu vereinigen, der 65 Seemeilen entfernt stehen würde. Beatty war genau zur Zeit an dem entscheidenden Punkt, sein Aufklärungsschirm aus leichten Kreuzern stand auf einer Linie acht Seemeilen vor ihm. Auf seinem Marsch hatte er bisher nichts angetroffen und sah auch jetzt nichts. Widerwillig setzte er das Signal für die Schwenkung nach Norden, die die Jagd beenden würde. Zur gleichen Zeit standen Hippers Schlachtkreuzer 40 Seemeilen weiter östlich und Scheer etwa 50 Seemeilen hinter Hipper im Süden. Und durch die offene See zwischen Hipper und Beatty pflügte ein kleiner dänischer Trampdampfer, die *N. J. Fjord,* deren unschuldige Anwesenheit die Skagerrakschlacht unmittelbar auslösen sollte.

Um 14.00 Uhr, als Beatty eben die ostwärtige Grenze seines Suchstreifens erreicht hatte, sichtete der deutsche leichte Kreuzer *Elbing,* der auf der Westflanke von Hippers Aufklärungsschirm stand, die *N. J. Fjord* und schickte zwei Zerstörer aus, um den Trampdampfer zu stoppen und zu untersuchen. Inzwischen hatte auf der Ostflanke von Beattys Aufklärungslinie der britische Kreuzer *Galatea* das Signal, nach Nord einzuschwenken, verpaßt und steuerte weiter Ostkurs.

So sichtete die *Galatea,* ihren einsamen Kurs weiter verfolgend, um 14.10 Uhr die *N. J. Fjord,* die gestoppt lag und Dampf abblies. Das war ungewöhnlich und lohnte das Nachschauen. Als die *Galatea* sich näherte, liefen die beiden Zerstörer hinter dem Dampfer ab; mit ihren kurzen Vormasten und hohen Hauptmasten waren sie einwandfrei als deutsche auszumachen. Auf der *Galatea* wurde sofort Gefechtsalarm gegeben (immer noch, wie seit Jahrhunderten, durch Hornsignal), sie ging auf 28 Knoten Fahrt und eröffnete mit einem 15,2-cm-Buggeschütz das Feuer.

Die Druckwelle des Mündungsfeuers blies den ahnungslosen Funkoffizier fast über Bord. Vielleicht war ihm wegen der strengen Sicherheitsvorkehrungen nicht bekannt, daß die Grand Fleet diesmal etwas anderes unternahm als eine der langweiligen und ereignislosen Suchfahrten über die Nordsee. Er hatte daher auf dem Achterdeck den Sonnenschein genossen. Selbst als der Hornruf erscholl, glaubte er noch an einen Übungsalarm, hatte er doch gehört, daß nachmittags einer stattfände. Sein gemütlicher Spaziergang zum Funkraum wurde von dem Aufbrüllen des

Geschützes dramatisch beendet. „Schneller als ich es erzählen kann, verschwand ich in dem Kaninchenloch meiner kleinen Funkbude", erinnerte er sich später, „und als ich eintrat, klapperte in dem Fallrohr für Meldungen von der oberen Brücke die erste Feindmeldung der Skagerrakschlacht in den Messingkasten: ‚Feind in Sicht.'"

Beim Insichtkommen von zwei deutschen Kreuzern, die sofort das Feuer eröffneten, wurde die Jagd der *Galatea* auf die Zerstörer schnell abgebrochen. Die *Galatea* meldete die Kreuzer über Funk, erhielt aber bald von der *Elbing* einen Treffer, der nahe der Brücke einschlug, abgeschossen auf etwa 13 000 Meter Entfernung. Sie zog sich schnell nach Nordwesten in Richtung auf Jellicoes Hauptkräfte zurück.

Volle 12 Minuten vergingen, bis die Sichtmeldung der *Galatea* verschlüsselt, gesendet, entschlüsselt, ausgeschrieben und Beatty auf der *Lion* ausgehändigt worden war. Um 14.31 Uhr wurde die Teestunde der Schlachtkreuzer vom Gefechtsalarm unterbrochen, und Beatty, der hoffte, den Rückweg der deutschen Kriegsschiffe zu ihrem Stützpunkt abschneiden zu können, setzte das Signal: „Kursänderung auf Südsüdost."

Weil beide Schiffe außer Sichtweite voneinander standen, hatte die *Galatea* ihre Meldung an die *Lion* mit Funkspruch abgesetzt. Ansonsten vermieden die Briten im Kampf den Gebrauch von Funk, soweit es irgend möglich war. Funkverkehr galt als unzuverlässig. Die zerbrechlichen Drähte und Röhren in den Sendern und Empfängern litten leicht Schaden. Selbst die Erschütterungen beim Abschuß der eigenen Artillerie konnten sie funktionsunfähig machen. In der Skagerrakschlacht wurden Beattys Befehle daher mit Flaggensignalen gegeben, obgleich die Anordnungen der Flaggleinen auf der *Lion* die Signale schlecht erkennen ließen – wofür sie berüchtigt war – und sie oft vom Schornsteinqualm verdeckt wurden, wenn Beatty Dampfdruck für Höchstfahrt verlangte.

Die Ergebnisse zeigten sich bald und waren kummervoll. Die vier Superschlachtschiffe unter Evan-Thomas erkannten Beattys Signal, auf Südostkurs zu schwenken, nicht. Da Evan-Thomas nicht der Mann war, der ohne ausdrücklichen Befehl ‚Dem-Führer-Folgen' spielen würde, behielten sie stur ihren Kurs bei. Sechs Minuten vergingen, bevor man auf den Schlachtschiffen den Fehler erkannte und die Schwenkung vollzog. Zu dieser Zeit standen sie bereits zehn Seemeilen achteraus und waren damit für das erste Gefecht ausgefallen.

Die Deutschen reagierten sehr viel schneller auf das erste Zusammentreffen mit dem Feind. Nur einen Augenblick nachdem Hipper die Funkmeldung der *Elbing* über den Schußwechsel mit der *Galatea* erhalten hatte, schwenkte er um 14.27 Uhr mit seinen Schlachtkreuzern auf Westsüdwestkurs und damit auf einen Kollisionskurs mit den Briten. Als sie das Flaggschiff drehen sahen, folgten die deutschen leichten Kreuzer und Zerstörer der Bewegung, ohne weitere Befehle abzuwarten. Die deutschen und britischen Schlachtkreuzer hatten sich zwar noch nicht in Sicht, steuerten aber mit hoher Fahrt auf konvergierenden Kursen direkt auf Scheers Schlachtschiffe zu.

Der britische Vorteil begann bereits geringer zu werden, sei es auch nur, weil Hipper wußte, wohin ihn sein Kurs führte, Beatty aber nicht.

Beatty unternahm einen schwachen Versuch, eine Fernaufklärung anzusetzen. Er befahl dem Seeflugzeugmutterschiff *Engadine,* eines seiner zweisitzigen Wasserflugzeuge für einen Aufklärungsflug zu starten *(Karte S. 110).* Das kleine Flugzeug wurde über Bord gehievt, startete in der ruhigen See glatt und flog nach Norden, wo es nur feindliche leichte Kreuzer und mehrere Zerstörer antraf. Unter der niedrigen Wolkendecke mußte es so tief fliegen, daß die Deutschen mit Torpedobootsabwehrkanonen nach ihm schießen konnten. Es blieb jedoch unbeschädigt, und der Pilot meldete, was er gesehen hatte, mit Funkspruch an die *Engadine,* die

Während einer Flottenübung im Ersten Weltkrieg überfliegt ein Zeppelin (links) einen deutschen Schlachtkreuzer. Die Zeppeline sollten die Adleraugen der Hochseeflotte sein. Bei der Skagerrakschlacht waren die empfindlichen, mit Wasserstoffgas gefüllten Luftfahrzeuge jedoch durch Nebel und starke Winde behindert und brachten daher keinen Nutzen. Auch die Briten hatten mit ihrer Luftaufklärung wenig Erfolg. Das Seeflugzeugmutterschiff „Engadine" (unten) setzte zwar ein Flugzeug ein, dieses mußte aber nach kaum 40 Minuten Flugzeit wegen einer technischen Panne notlanden.

wegen ihres unzuverlässigen Senders die Meldung an Beatty nicht weitergeben konnte. Nach kurzem Flug brach eine Brennstoffleitung am Motor des Flugzeuges. Der Flugzeugführer, Leutnant Frederick J. Rutland (später bekannt geworden als „Rutland of Jutland"), konnte die Maschine noch in Sichtweite der *Engadine* landen. Er flickte die Leitung mit einem Gummischlauch und war bereit, wieder zu starten, als ihm mitgeteilt wurde, er solle längsseits der *Engadine* kommen und aufgeholt werden. Er wurde nicht mehr gebraucht. Geführt von ihren Aufklärungsgürteln waren die Schlachtkreuzergeschwader in Sichtkontakt gekommen. So endete die einzige Rolle, die ein Luftfahrzeug in dieser Schlacht spielte.

Die Sicht nach Westen war besser als nach Osten, wo sich Nebel bildete. Um 15.20 Uhr sichteten Hippers Schiffe, jetzt 11 Seemeilen nordöstlich von Beatty stehend, zum ersten Male den Feind, der nun in nordöstlicher Richtung fuhr. Korvettenkapitän Georg von Hase auf dem Schlachtkreuzer *Derfflinger* sah die gegnerischen Schlachtkreuzer durch das Fernglas seines Feuerleitgerätes. Er schrieb: „Dunkle Kolosse, sechs hoch- und breitbordige Riesenschiffe in zwei Kolonnen fahrend. Noch waren sie weit weg, aber sie zeichneten sich klar am Horizont ab, sie wirkten selbst auf diese großen Entfernungen gewaltig, massig . . . Um 15 Uhr 33 Minuten schwenkte unser Flaggschiff, *Lützow,* hinter dem wir als zweites Schiff in der Linie fuhren, auf südlichen Kurs. Der Feind rangierte sich ebenfalls auf südlichen, konvergierenden Kurs, und so liefen beide Linien, sich immer einander nähernd, mit höchster Fahrt nach Süden. Die Absicht des Admirals Hipper lag klar zutage: Er wollte kämpfend die feindlichen Schlachtkreuzer auf unser Linienschiffgros führen."

Nur wenige Wochen zuvor hatte Beatty geprahlt: „Wenn ich Hipper mit seinen Schlachtkreuzern treffe, kann ich mit ihnen fertig werden." Nach Sichten der deutschen Schlachtkreuzer hatte Beatty seine Geschwindigkeit auf 25 Knoten erhöht und dem von Vizeadmiral Sir William Pakenham geführten Zweiten Schlachtkreuzergeschwader befohlen, sich hinter das Erste Geschwader zu setzen und die Linie zu formieren, die, von der *Lion* geführt, sich aus der *Princess Royal, Queen Mary, Tiger, New Zealand* und *Indefatigable* zusammensetzte. Nachdem Pakenham sein Manöver ausgeführt hatte, signalisierte Beatty seinen Schlachtkreuzern, auf Kurs 100° zu schwenken, einen auf den Feind zulaufenden Kurs. Die vier Superschlachtschiffe mühten sich immer noch verzweifelt, aufzuholen.

Hippers Antwort war einfacher und klarer: Da er wußte, daß die britischen Geschütze eine größere Schußweite besaßen, verringerte er die Entfernung, indem er diagonal auf Beatty zuhielt. Hinter ihm führten die *Derfflinger, Seydlitz, Moltke* und *Von der Tann* die gleiche Bewegung aus, so daß jedes Schiff in einem stumpfen Winkel zur britischen Schußrichtung lag. Um 15.48 Uhr, als Hippers Geschwader bei 18 Knoten Fahrt sich dem Feind bis auf eine Entfernung von etwa 13 700 Metern genähert hatte, stiegen an den Flaggleinen der *Lützow* die Signale in die Höhe, und alle fünf Schlachtkreuzer eröffneten gleichzeitig das Feuer.

Wenig später wendete Beatty mit einer scharfen Kursänderung auf ungefähr 180°, um auf parallelen Kurs zu Hippers Schiffen zu kommen *(Karte S. 111).* Die Briten waren jetzt mitten in einem schwierigen Manöver bei hoher Geschwindigkeit gefangen und erwiderten das Feuer nur langsam, ungleichmäßig und ungenau. Um sie herum kamen mit den Entfernungskorrekturen der deutschen Geschützbedienungen die turmhohen Wassersäulen der Granataufschläge immer näher heran. Einem Offizier auf der *Tiger* erschienen die Geschosse „wie große Schmeißfliegen, die direkt auf dich zufliegen, und jede einzelne schien dich genau ins Auge zu treffen. Dann fielen sie herab, und die Granaten krepierten entweder oder prallten von der Wasseroberfläche ab und sprangen zur Seite oder über dich hinweg, sich dabei in der Luft ständig überschlagend".

Erstes Gefecht der Schlachtkreuzer

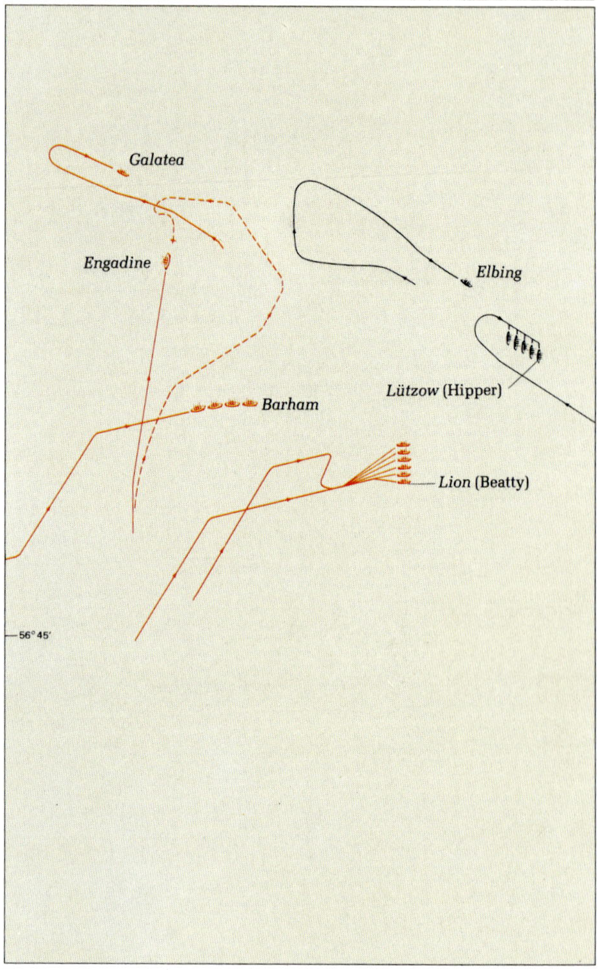

15.15 UHR BIS 15.48 UHR. Da Beatty keine genaue Kenntnis von der Stärke des Feindes besitzt, läßt er vom Seeflugzeugmutterschiff „Engadine" einen Aufklärer starten. Obgleich das Flugzeug (punktierte Linie) um 15.30 Uhr die feindlichen Kreuzer ausmacht, verhindern fehlerhafte Nachrichtenverbindungen, daß die Meldung die britischen Geschwader erreicht. Im Norden jagt die „Elbing" die „Galatea" nach Westen und wendet dann auf Südostkurs, um sie auf die von der „Lützow" angeführten Schlachtkreuzer Hippers zu ziehen. Beatty, der nur weiß, daß die Deutschen irgendwo im Norden und Osten von ihm stehen, schwenkt inzwischen auf einen Kurs, mit dem er sie abfangen kann. Seine Superschlachtschiffe, geführt von der „Barham", folgen ihm. Um 15.20 Uhr sichtet Hipper die Schiffe Beattys und schwenkt auf Südkurs. Beatty macht um 15.30 Uhr Hipper aus; um 15.48 Uhr beginnt das Gefecht.

Der Lauf nach Süden

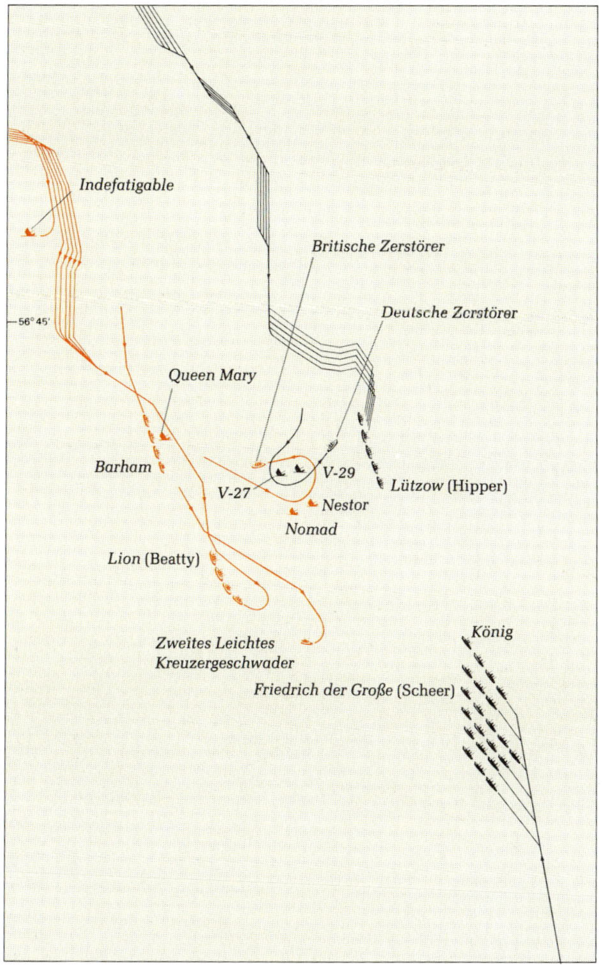

15.48 UHR BIS 16.48 UHR. Hipper, an Artillerie den Schlachtkreuzern und Superschlachtschiffen Beattys unterlegen, läuft nach Süden ab in Richtung auf die Schlachtflotte Scheers, die sich, angeführt von der „König", nähert. Während die Schlachtkreuzergeschwader auf fast parallelen Kursen nach Süden fahren, hat das deutsche Geschützfeuer eine vernichtende Wirkung. Drei Granaten schlagen in die „Indefatigable" und versenken das Schiff. Später explodiert auch die „Queen Mary". Zwischen den Schlachtlinien kommen die kleineren Schiffe ins Gefecht, und jede Seite verliert zwei Zerstörer. Um 16.40 Uhr erhält Beatty von dem vorgeschobenen Geschwader leichter Kreuzer schließlich die Meldung, daß er im Begriff steht, direkt in die Hochseeflotte hineinzulaufen. Er befiehlt eine Kehrtwendung der Spitzenschiffe um 180° und zieht sich auf die eigenen Schlachtschiffe zurück.

Nur vier Minuten nach Feuereröffnung, um 15.52 Uhr, traf eine Granate der *Moltke* das Vorschiff der *Tiger* und zerstörte das Entfernungsmeßgerät. Kurz darauf durchschlugen zwei 28-cm-Granaten der *Moltke* ihre vorderen Geschütztürme und setzten damit ihre Feuerkraft auf die Hälfte herab. Um 15.56 Uhr krachte eine nächste Salve tief in den Schiffsrumpf der *Tiger*, zerstörte mehrere Dampfleitungen, und nur der heldenhaften Arbeit der Kesselraumbesatzung war es zu verdanken, daß das Schiff noch Fahrt machte. Während der nächsten sieben Minuten mußte die *Tiger* noch fünf weitere Treffer von der *Moltke* hinnehmen.

Inzwischen hatte sich die *Derfflinger* auf die *Princess Royal* eingeschossen, setzte eine Granate in den vorderen Geschützturm A des britischen Schiffes und zerschlug mit einem weiteren Treffer den Hauptfahrstand im Maschinenraum, so daß sich das Schiff während der nächsten 20 Minuten nur mit Mühe steuern ließ. Schließlich trafen andere Granaten der *Derfflinger* noch den vorderen Geschützturm B der *Princess Royal* und durchschlugen den Vormast und den Schornstein.

In dem laufenden Gefecht zwischen den beiden Flaggschiffen zog Beattys *Lion* gegen Hippers *Lützow* deutlich den kürzeren. Die Schlacht hatte kaum begonnen, als die *Lion* schon zweimal getroffen wurde. Ein Treffer zerstörte ein Beiboot des Schiffes, auch der andere richtete nur geringen Schaden an. Das Glück der *Lion* hielt noch über eine dritte einschlagende Granate an, die harmlos explodierte, weil sie kein panzerbrechendes Geschoß war. Der vierte Treffer der *Lützow* war jedoch verhängnisvoll. Ein Offizier auf der Brücke der *Lion* erinnerte sich an das schreckliche Ereignis. Er beobachtete das Artilleriefeuer, als ein benommener, blutbefleckter und verbrannter Sergeant der Royal Marines auf die Brücke taumelte. „Ich fragte ihn, was los wäre. Mit müder Stimme antwortete er: ‚Turm Q ist ausgefallen, Sir. Die ganze Turmbesatzung ist tot, und wir haben die Munitionskammer geflutet!' Ich sah über die Brücke zur Schiffsmitte. Die Panzerdecke des Turmes Q war aufgefaltet wie eine offene Sardinendose, und aus der Öffnung quoll gelber Rauch in dichten Schwaden. Eigenartig, daß sich dies nur wenige Meter vom Standort Beattys entfernt ereignen konnte und daß niemand von uns auf der Brücke die Detonation gehört hatte."

Die *Lion* hatte dasselbe Unglück getroffen, welches der deutschen *Seydlitz* in der Doggerbankschlacht widerfahren war. Eine Granate war in den Turm eingedrungen, hatte die Turmbesatzung getötet und einige Pulverladungen in Brand gesetzt. Die Deutschen hatten aus der Erfahrung bei der Doggerbank gelernt und die fehlerhafte Konstruktion in den Türmen ihrer Schlachtkreuzer durch Einbau von Schutzvorrichtungen gegen Explosionsblitze – wie zum Beispiel doppelte zusammenhängende Schotten an den Munitionskammern, die vor einem Gefecht geschlossen wurden – berichtigt. Den Briten war ein solches Unglück noch nicht zugestoßen, sie wußten daher nichts von dem Fehler in ihren Geschütztürmen. Der Pulverblitz war in dem Zentralschaft des Turmes nach unten geschlagen. Er hätte die Munitionskammer zur Explosion gebracht, wenn nicht Major Francis J. W. Harvey von der Leichten Infanterie der Royal Marines als Turmkommandant schnell reagiert hätte. Selbst schon tödlich verwundet, gab Harvey den Befehl, die Munitionskammerschotten zu schließen und die Kammer zu fluten. Einige der Männer, die Harveys Befehl ausführten – und damit die *Lion* retteten –, wurden später tot aufgefunden. Ihre Hände umklammerten immer noch die Vorreiber der Schotten.

Bis jetzt hatten die Briten nur wenige wirksame Schläge ausgeteilt. Ihre ersten Schüsse verfehlten weit das Ziel; die Geschosse gingen in der Nähe des leichten Kreuzers *Regensburg* nieder, fast 1800 Meter hinter der Schlachtkreuzerlinie Hippers. Dann wurde die *Seydlitz* getroffen und erlitt einen Schaden an der elektrischen Schalttafel. Schließlich, nach acht Minuten wütenden Feuerns, erzielte die *Queen Mary* einen zweiten Treffer mit einer ihrer 30,5-cm-Granaten. Diese durchschlug den 20 Zentimeter starken Stahlpanzer des in der Schiffsmitte stehenden Turmes C; explodierende Bereitschaftsladungen töteten die Turmbesatzung. Wegen der neuen Brandschotten und teilweiser Flutung griff die Explosion jedoch nicht durch den Turmschaft auf die Munitionskammer über.

Die Eröffnungsphase der Skagerrakschlacht war im Ergebnis hoffnungslos einseitig geworden. David Beattys Urteil mag manchmal falsch gewesen sein, sein Mut stand außer Frage. Es kann daher als Anerkennung der Genauigkeit und Intensität des deutschen Artilleriefeuers angesehen werden, daß Beatty während des gesamten Gefechtes allmählich auswich – erst um fünf Strich (der Strich stellt 11° 15′ auf der Kompaßrose dar), dann wieder um einen Strich, dann um weitere drei, bis er auf Südwestkurs lag und die Entfernung zwischen den Schlachtlinien auf schließlich über 18 000 Meter angewachsen war.

Damit lagen die Briten außerhalb der Schußweite aller deutschen Schlachtkreuzer außer einem, dem *Von der Tann.* Dieser war zwar der älteste und kleinste deutsche Schlachtkreuzer, besaß jedoch eine Eigenschaft, die ihren neueren Schwesterschiffen fehlte. Ihre 28-cm-Geschütze konnten bis zu einem Winkel von 20° aufgerichtet werden, die der anderen Schiffe nur bis 16°. Taktische Übungen in Nordsee und Ostsee hatten die Deutschen davon überzeugt, daß die durchschnittliche Sichtweite nur selten ein Gefecht auf mehr als etwa 13 000 Meter Schußentfernung gestattete. Es schien daher zwecklos, die technischen Schwierigkeiten, die mit einer großen Rohrerhöhung für höchste Reichweiten einhergehen, weiter in Kauf zu nehmen, und der Elevationswinkel war für die neueren Schiffe verringert worden. Die Geschütze der *Von der Tann* konnten aber immer noch eine Höchstschußweite von 20 500 Metern erzielen.

Auf diese Entfernung eröffneten sie das Feuer auf die *Indefatigable* mit vernichtender Wirkung. Nach einem Flug von 30 Sekunden auf gekrümmter Bahn krachten drei ihrer 28-cm-Granaten in das Achterschiff des britischen Schlachtkreuzers. Knapp eine Minute später löste die *Von der Tann* die nächste Salve und traf wieder mit drei Granaten, die unter anderem den vorderen Turm der *Indefatigable* durchschlugen.

Für etwa eine halbe Minute schien sich nichts mehr zu ereignen. Dann fuhr um 16.05 Uhr der Explosionsblitz in die Munitionskammer der *Indefatigable,* und der Schlachtkreuzer verschwand mit einem ohrenbetäubenden Knall in Flammenwänden und riesigen schwarzen, dicken Qualmwolken. Ein mehr als 15 Meter langes Verkehrsboot wurde hoch über die Rauchwolke hinausgeschleudert, wo es kopfüber, aber anscheinend unbeschädigt in der Luft gesehen wurde.

Alles geschah so plötzlich, daß viele Männer in beiden Flotten es gar nicht gewahr wurden. Als das Superschlachtschiff *Malaya* von achtern aufdampfte – Admiral Evan-Thomas näherte sich endlich dem Kampfplatz – und über die Stelle fuhr, wo die *Indefatigable* gewesen war, nahmen Leute der Decksbesatzung an, die herumschwimmenden Trümmer stammten von einem deutschen Schiff, und sie jubelten. Ein Fähnrich schrieb: „Nie hätten wir auch nur geträumt, daß das einer unserer eigenen Schlachtkreuzer wäre. Es war aber die *Indefatigable,* und mehr als 1000 Mann lagen in ihrem Wrack." Auf der *Lützow* wollte Hipper zuerst nicht glauben, daß ein moderner Schlachtkreuzer in einem Augenblick vernichtet sein könnte. Er war erst zufrieden, als er durch ein Fernglas geblickt und statt sechs nur noch fünf Schiffe in der feindlichen Linie gezählt hatte.

Während aber Hipper sich noch selbst beglückwünschte, bemerkten die Deutschen das Erscheinen der vier Superschlachtschiffe und erkannten den Schiffstyp. Sie alle hatten von diesen Schiffen gehört und oft über sie gesprochen. Schiffe mit der Geschwindigkeit von Schlachtkreuzern und der kolossalen Bestückung von acht 38-cm-Geschützen je Schiff. Der Komman-

Rauch türmt sich über dem britischen Schlachtkreuzer „Lion" auf, als der Turm Q in der Schiffsmitte nach einem Volltreffer einer 30,5-cm-Granate der „Lützow" in die Luft fliegt. Die Flammenwand der Explosion schoß durch den Munitionsaufzug hinunter zur Munitionskammer und hätte auf dem Flaggschiff Beattys eine noch stärkere Explosion ausgelöst, wenn nicht der tödlich verwundete Major der Royal Marines, Francis J. W. Harvey (Einsatzbild), mit letzter Kraft das Fluten der Munitionskammer befohlen hätte.

dant der *Seydlitz* schrieb, ihr Auftreten sei ,,ein gewaltiges, aber schreckliches Schauspiel" gewesen. Auch Korvettenkapitän von Hase schrieb ehrfurchtsvoll: ,,Sie hatten also eine Geschwindigkeit, die sich von der unsrigen (26 sm) kaum unterschied. Sie verschossen aber Geschosse, die mehr als doppelt so schwer waren als die unsrigen. Auf Riesenentfernungen griffen sie in das Gefecht ein."

Die vor kurzem noch siegreiche *Von der Tann,* das letzte Schiff in Hippers Linie, wurde das erste Ziel der Superschlachtschiffe. Eine 38-cm-Granate der *Barham* schlug ihr am Heck ein Loch in Höhe der Wasserlinie, und die achterste Abteilung lief voll Wasser. ,,Der Schiffskörper", berichtete der Kommandant der *Von der Tann,* ,,geriet durch den gewaltigen Stoß am äußersten Ende in heftige Längsschwingungen, die Schiffsenden wippten fünf- bis sechsmal auf und nieder." Schon bald war die *Von der Tann* dem gleichzeitigen Feuer der *Barham,* der *Malaya,* der *Warspite* und des Schlachtkreuzers *New Zealand* ausgesetzt. Der Kommandant der *New Zealand,* John Green, war exotisch mit einem schwarz-weißen Maorirock, Piupiu genannt, bekleidet, der aus Binsen gewebt war und den er über der Uniform trug. Der Rock war der *New Zealand* auf einer Weltreise in den Jahren 1913/1914 von einem Maori-Häuptling geschenkt worden, der versprochen hatte, das eigenartige Kleidungsstück würde Glück bringen. Vielleicht tat es das. Als eine Granate der *Von der Tann,* die immer noch feuerte, obwohl zwei ihrer großen Geschütze außer Gefecht gesetzt waren, die *New Zealand* traf, richtete sie nur wenig Schaden an.

Jetzt, da die Superschlachtschiffe in den Kampf eingriffen, befahl Beatty seinen Schlachtkreuzern, wieder näher an Hipper heranzugehen, und drehte zuerst zwei, dann drei Striche auf die Deutschen zu. Das Feuer der Briten war gleichmäßiger geworden. Außer den Beschädigungen auf der *Von der Tann* und der *Seydlitz* war auch ein Turm der *Lützow* ausgefallen, und einige Verluste waren dort aufgetreten. Beatty hatte also ausreichenden Grund zu meinen, der Kampf wende sich endlich zu seinen Gunsten. Dann, um 16.26 Uhr, nach nur etwas mehr als zwei Stunden seit der Schlachteröffnung durch die *Galatea,* kam für die Briten die Katastrophe.

Ein Offizier im Kommandostand der *Tiger,* die als nächstes Schiff hinter der *Queen Mary* lief, sah es geschehen. Er beobachtete, wie drei Schüsse von der *Derfflinger* und der *Seydlitz* die *Queen Mary* trafen, danach noch zwei. ,,Als sie auftrafen", erinnerte er sich, ,,sah ich in der Mitte des Schiffes ein tiefrotes Glühen, dann schien das Schiff zu platzen wie ein Bovist oder ein anderer dieser Pilze, wenn man ihn zerquetscht."

Wie vorher die *Indefatigable* ging auch die *Queen Mary* hinter einem Vorhang aus Flammen und Rauch zugrunde. Wenige Minuten später passierte die *New Zealand* die Stelle. Einer ihrer Offiziere schrieb später: ,,In das Gesichtsfeld meines Fernglases trieb das Heck eines Schiffes, das ungefähr 25 Meter aus dem Wasser ragte. Die Schrauben drehten sich langsam, und Wolken von weißem Papier wehten aus einer Heckluke. Und am Heck las ich *,Queen Mary'.*"

Auf der Brücke der *Lion* reagierte Beatty auf den Verlust der *Queen Mary* mit überlegener Kaltblütigkeit. ,,Chatfield", sagte er zu seinem Flaggkapitän, ,,da ist etwas nicht richtig mit unseren verdammten Schiffen heute. Drehen Sie zwei Strich nach Backbord" – auf Hipper zu. Dann befahl er seinen Zerstörern einen Torpedoangriff.

Auf das Signal hin lösten sich 12 britische Zerstörer in drei Gruppen von der Vorhut der britischen Linie und nahmen Kurs auf die deutschen Schlachtkreuzer. Hipper sah die Schiffe kommen und befahl einen Gegenangriff durch 15 deutsche Zerstörer. In einem heftigen Einzelgefecht prallten die Zerstörer aufeinander – es war bei weitem das schnellste Gefecht, das je auf See ausgefochten wurde. Die Gegner fuhren mit einer Gesamtgeschwindigkeit von 60 Knoten aufeinander zu, alle schossen

Wie man einen Fingerhut am Horizont trifft

Horatio Nelson störte es bei Trafalgar wenig, daß die Kanonen an Bord seiner Kriegsschiffe keine Visiereinrichtungen besaßen. Ihre geringe Reichweite und Schußgenauigkeit vereinfachten die Seeschlacht auf das Heranfahren auf Kernschußweite und ein Schnellfeuer, bis der Gegner geschlagen war.

Im Laufe des 19. Jahrhunderts erlebte die Kunst der Waffenschmiede aber dramatische Fortschritte. Vorderladerkanonen wichen den komplizierteren Hinterladern, die konische Granaten aus gezogenen Rohren über eine Entfernung von vielen Meilen verschossen – bei Landgeschützen sogar mit hoher Treffsicherheit. Solche Geschütze jedoch auf See zu richten war ziemlich schwierig.

Das Problem, auf See ein Geschütz zu richten, ist mit der Aufgabe verglichen worden, in einem Schaukelstuhl schaukelnd einen Fingerhut auf einem Kaminsims am anderen Ende des Zimmers zu treffen. Selbst das ist noch eine grobe Vereinfachung. Es sei nur erwähnt, daß auf See sich sowohl Schütze wie Ziel im allgemeinen in einer horizontaler Bewegung befinden, die sich aus Kurs und Fahrt zusammensetzt – so, als ob sich Mann und Fingerhut in zwei fahrenden Wagen befänden. Um die Jahrhundertwende waren die Schwierigkeiten der Artilleristen noch so vielfältig, daß ein Richtschütze bei zehn Schuß siebenmal das Ziel verfehlte.

Solch traurige Statistik veranlaßte den Kapitän zur See der Royal Navy Percy Scott, im Jahre 1898 auf seinem eigenen Schiff *Scylla* ein Ausbildungsprogramm zur Erhöhung der Treffsicherheit in Gang zu setzen. Eines Tages bemerkte Scott bei einer Schießübung, daß einer seiner Richtschützen am 12-cm-Geschütz regelmäßig zwei- oder dreimal mehr Treffer erzielte als die übrigen Richtschützen. Die See war ziemlich rauh, und das Schiff rollte von Seite zu Seite. Scott erinnerte sich später: „Ich beobachtete den Mann und sah, wie er sein Höhenrichtrad mit solcher Geschicklichkeit bediente, daß er sein Ziel trotz des Rollens des Schiffes im Visier halten konnte."

Daraufhin konstruierte Scott ein einfaches Übungsgerät, das er „Punkter" nannte. Es bestand aus Rohren, Drähten und einer Fahrradkette, wurde vor dem Übungsgeschütz aufgebaut und bewegte ein kleines Pappziel rhythmisch auf und nieder. Dadurch wurde die Rollbewegung eines Schiffes, wie sie sich in einer Visiereinrichtung darstellt, perfekt simuliert. Aufgabe des Richtschützen war es nun, das Rohr mit der Bewegung des Zieles zu heben und zu senken und dabei das Ziel immer im Visier zu halten. Wenn Scott „Feuer" rief, drückte der Richtschütze auf seinen Auslöser. Statt einer Granate schnellte

Percy Scott leitet eine Übung mit seinem „Punkter". Der Richtschütze vorn muß das Ziel, das von einem anderen Matrosen in Bewegung gesetzt wird, im Visier behalten.

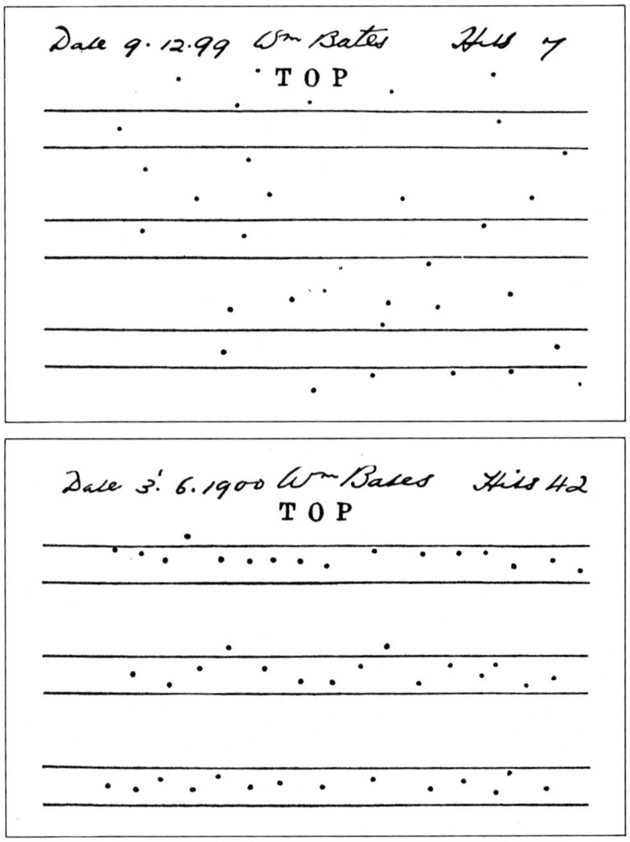

Punkte zwischen den Linien der Punkterkarte zählen als Treffer. Die beiden Karten zeigen den bemerkenswerten Fortschritt, den ein Richtschütze nach sechs Monaten Übung erreicht hat.

Durch die Binokularlinsen an jedem Ende des 2,75 Meter langen Entfernungsmeßgerätes sieht der Bedienungsmann ein Schnittbild des Schiffes (Einsatzbild). Die Entfernung zum Ziel ergibt sich, wenn man die Bildhälften in Deckung bringt.

ein Bleistift nach vorne und hinterließ eine Markierung auf der Punkterkarte, die den „Schuß" anzeigte.

Pausenlos ließ Scott seine Leute an dem Punkter trainieren. Als dann im Jahre 1899 das jährliche Preisschießen abgehalten wurde, erzielten die Geschützbedienungen der *Scylla* die unglaubliche Trefferquote von 80 Prozent.

Wirkte Scotts Ausbildungsmethode bei kleineren Geschützen auch Wunder, so blieb es doch schlicht unmöglich, die schweren Rohre der riesigen 30,5- und 34,3-cm-Geschütze mit den Bewegungen des Schiffes in dauernder Auf- und Abbewegung zu halten. Eine Methode mußte entwickelt werden, die Geschütze bei dem genau richtigen Erhöhungswinkel abzufeuern.

Im Jahre 1906 vervollkommnete die Optikfirma Barr & Stroud einen „Deckbildentfernungsmesser". Mit diesem Gerät konnte die Entfernung zu einem weit entfernten Schiff bis auf wenige Meter genau vermessen werden.

Dann wurde der Admiralität im Jahre 1913 eine Konstruktion vorgeführt, die als Dreyer-Feuerleittisch bekannt wurde – eine verwirrend komplizierte Maschine, die sehr ähnlich arbeitete wie ein moderner Computer, nur daß alle Rechenoperationen mechanisch ausgeführt wurden. Auf Zifferblättern an dem Tisch wurden Richtung zum Ziel, dessen geschätzte Geschwindigkeit und Entfernung eingestellt sowie die bekannte Geschwindigkeit des eigenen Schiffes eingegeben. Hinzu kamen Angaben über Windrichtung und Windstärke, über Drift der Granate und endlich über die Lufttemperatur, die die Verbrennungsgeschwindigkeit der Korditkartuschen beeinflußt.

Nach Manipulation all dieser Faktoren über Spindeln gab der Feuerleittisch in wenigen Augenblicken einen Satz Richtwerte an, die die notwendige Rohrerhöhung, die Seitenrichtung – ausgehend von der Schiffsmittellinie – und den Entfernungsunterschied pro Zeiteinheit enthielten, um die Aufschläge am Ziel zu halten, wenn die Schiffe sich auseinanderbewegten.

Gehörig beeindruckt, ordnete die Admiralität für alle neuen Schlachtschiffe den Einbau von Feuerleittischen an. Es blieb aber noch ein Problem zu lösen: Wie sollte man das Feuer der schweren Geschütze eines Schiffes koordinieren? Die Marine wandte sich wieder an Percy Scott, der den berühmten Punkter erfunden hatte – jetzt Admiral Sir Percy.

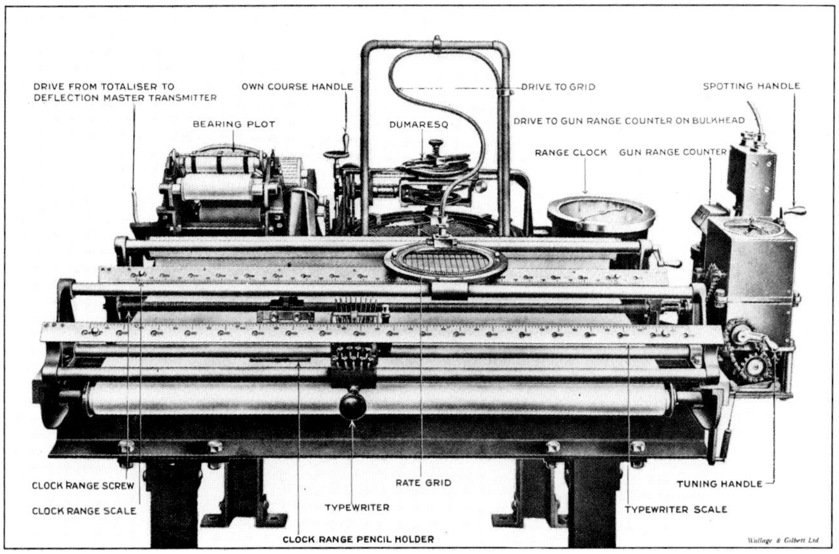

Der Dreyer-Feuerleittisch, ein technisches Wunder, berechnete die Schiffsbewegungen mit großer Genauigkeit.

Geleitetes Feuer: Zehn Geschütze – ein Feuerschlag

An einem Wintertage des Jahres 1912 demonstrierte Admiral Sir Percy Scott dem Ersten Lord der Admiralität, Winston Churchill, an dem Modell eines Schlachtschiffes ein neues System zur Leitung des Geschützfeuers.

Nach Scotts Ansicht wurde mit dem derzeit angewandten Verfahren, bei dem jeder Turmkommandant eines Schlachtschiffes seine Geschütze unabhängig richtete und abfeuerte, die große Feuerkraft des Schiffes weitgehend zersplittert. Das Geschützfeuer könnte viel wirksamer sein, wenn alle Geschütze ihre Richtwerte und das Kommando zum gleichzeitigen Feuern von nur einem Feuerleitoffizier im Gefechtsmars des Hauptmastes erhielten.

Nach Skizzen von Scott hatte die Vickers Company einen Richtungsweiser entwickelt, der mit Ferngläsern, Kontrollanzeigen für Höhenrichtung (Aufsatz) und Seitenrichtung (Schieber) sowie einem Abfeuermechanismus versehen war. Die Richtwerte wurden vom Dreyer-Tisch, im Rechenraum tief unten im Schiff, an den Richtungsweiser übertragen. Wenn der Feuerleitoffizier die Werte auf seinen Anzeigescheiben einstellte, wanderten in jedem Turm auf gleichförmigen Zifferblättern kleine rote Dreiecke am Außenring auf die entsprechenden Zahlen. Der Turmkommandant brachte seine eigenen Zeiger mit den roten Dreiecken in Deckung und bestätigte dem Feuerleitoffizier damit die erhaltenen Werte. Wenn dann im Richtungsweiser die „Fertig"-Lichter aller Türme rot aufleuchteten, betätigte der Feuerleitoffizier seinen Abzug und löste gleichzeitig eine Salve aller Geschütze aus, deren Granaten dann viele Meilen entfernt mit großer Vernichtungskraft herunterregneten.

Churchill war so beeindruckt, daß er sofort ein Probeschießen veranlaßte. Am 13. November 1912 führte das mit dem Richtungsweiser ausgestattete Schlachtschiff *Thunderer* ein Vergleichsschießen mit der schweren Artillerie gegen die *Orion* durch. Mit Höchstfahrt in rauhem Seegang laufend, sollten beide Schiffe auf ein Schleppziel in etwas mehr als vier Seemeilen Entfernung schießen. Die *Thunderer* gewann den Wettkampf, indem sie eine Breitseite nach der anderen auf das Ziel legte, während die *Orion* nur unregelmäßige Einzelschüsse feuerte, von denen die meisten über das Ziel hinausgingen.

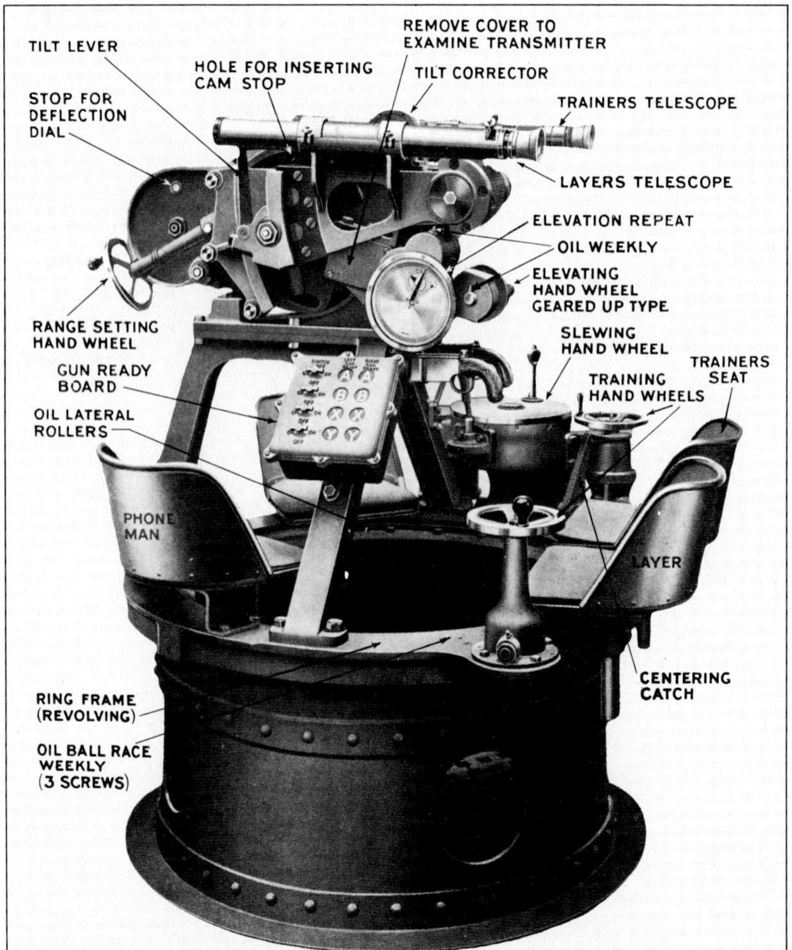

Eine Seite eines Artilleriehandbuches aus dem Jahre 1917 (links) zeigt den Richtungsweiser des Scott/Vickers-Feuerleitsystems, mit dem alle schweren Geschütze eines Schlachtschiffes von einer Stelle im Hauptmast aus gerichtet und abgefeuert werden konnten. Die Skalenscheibe (oben) in jedem Turm zeigte den vom Feuerleitoffizier bestimmten Höhenrichtwinkel an.

„Schnellfeuer, unabhängig“, das heißt mit höchster Schußfolge, liefen auf nächste Entfernung aneinander vorbei, schwenkten dann und begannen das Manöver von vorn.

Auf den großen Schiffen betrachteten Offiziere wie versteinert den Zerstörerkampf zwischen den Linien der Schlachtkreuzer. Einer von ihnen schrieb: „Es war eine wilde Szene, Gruppen langer, niedriger Schiffsformen, die dunkle Rauchschwänze hinter sich herzogen, mit 30 Knoten oder mehr hierhin und dorthin jagten, durch Dunst und Gischt, und das alles in einem Regen von Granaten der Mittelartillerie der deutschen Schlachtkreuzer und den schweren Granaten der sich bekämpfenden Geschwader, die kreischend über das Ganze flogen.“ Ein anderer berichtete: „Zeitweilig war die hohe weiße Bugwelle das einzige, was von ihnen zu sehen war. Ein Platzregen von Granaten schlug rings um sie herum ein. Wie sie immer und immer wieder von den Aufschlägen der Salven verdeckt wurden, schien es unmöglich, daß sie entkommen könnten. Plötzlich erschienen ihre Bugwellen wieder, und sie tauchten aus der Gischt wieder auf, nur um einen Augenblick später erneut völlig ausgelöscht zu sein.“

Der britische Zerstörer *Nicator* überstand das Gefecht ohne irgendeinen Schaden, und ein Leutnant schrieb dies dem Verfahren zu, nach dem der Kommandant sein Schiff manövrierte. „Er hatte die Idee, hinter jeder Salve herzujagen. Das heißt, wenn eine Salve zu kurz lag, änderte er den Kurs nach Steuerbord auf die Aufschläge hin. Wenn dann die Deutschen die Schußentfernung nach ‚oben‘ korrigiert hatten und die nächste Salve schossen, traf sie nicht, sondern ging über uns hinweg. Dann änderte er Kurs nach Backbord in Richtung der letzten Aufschläge und so fort.“ Er fügte voll Bewunderung hinzu, daß der Kommandant während des ganzen Gefechtes, kühl an die Brückenwand gelehnt, seine Pfeife rauchte.

In dem Kampfgetümmel wurden die deutschen Zerstörer *V-27* und *V-29* versenkt und zwei britische Zerstörer, die *Nomad* und die *Nestor*, durch Treffer in den Maschinenräumen außer Gefecht gesetzt, so daß sie hilflos und bewegungslos zwischen den Linien der großen Schiffe lagen. Jede Seite verschoß etwa 20 Torpedos, von denen alle bis auf einen, welcher die *Seydlitz* traf, Fehlschüsse waren. So fuhr dieses Schiff durch den Rest der Schlacht mit einem Loch im Bug – nach deutschen Berichten „groß wie ein Scheunentor“ – und langsam mit dem Vorschiff sinkend. Aber dank ihrer Robustheit hielt sie sich schwimmend, bis der Kampf vorbei war.

In der britischen Gefechtsformation hatten Beattys vier leichte Kreuzer vor der Flotte im Aufklärungsschirm zu stehen. Durch seine plötzliche Kursänderung beim Sichten des Feindes verloren sie diese Position. Während der ganzen Zeit des Kampfes waren sie mit Volldampf gefahren, hatten alle Ecken abgeschnitten, um wieder die Stellung einzunehmen, in der sie stehen sollten. Der Kreuzer *Southampton* war um 16.30 Uhr als letzter wieder auf Station, zwei oder drei Seemeilen vor der *Lion*. Acht Minuten später setzte die *Southampton* einen Funkspruch ab, der das Gesicht der Skagerrakschlacht veränderte: „Dringend, Vorrang. Habe feindliche Schlachtflotte in Sicht, Peilung etwa Südost. Feindkurs Nord.“

Natürlich war damit Scheer gemeint, der so schnell marschierte, wie seine nur 16 Knoten laufenden, alten Linienschiffe des Zweiten Geschwaders es zuließen. Beatty begriff, daß Hipper ihn in das Feuer der Hochseeflotte ziehen wollte. Sofort setzte er ein Manöver an, das die Lage umkehren und die Deutschen nach Norden zu einem Treffen mit Jellicoe locken sollte. Zu Recht vermutete er, daß dessen Anwesenheit dem Feind noch unbekannt war. Da sein eigener Funksender auf der *Lion* durch einen Treffer unbrauchbar geworden war, signalisierte er dem nächsten Schiff in der Linie, der *Princess Royal*, die Nachricht an Jellicoe zu übermitteln. Dann befahl er seiner Flotte durch Flaggensignal, auf Nordkurs zu schwenken.

Die Trefferkarte von dem Vergleichsschießen zwischen der „Orion“ und der „Thunderer“ zeigt die Vorteile des zentral geleiteten Schießens. In dem dreieinhalb Minuten dauernden Versuch feuerte die „Thunderer“ 39 Schuß und traf das 7800 Meter entfernte Ziel 23mal. Die „Orion“, ohne zentrale Feuerleitung, löste 27 Schüsse, von denen jedoch nur vier trafen.

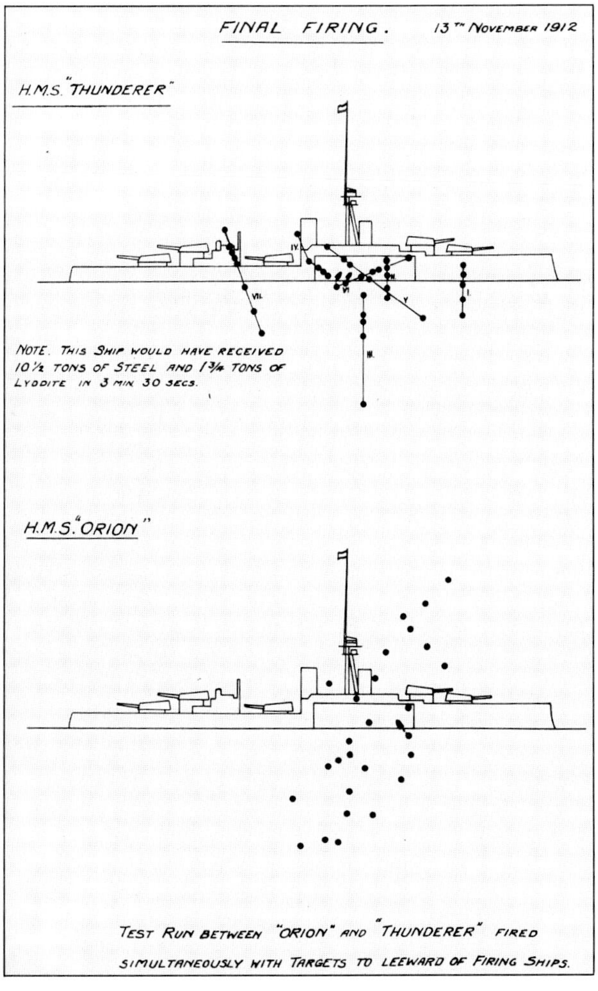

Hipper tat das gleiche. Der berühmt gewordene Lauf nach Süden hatte sein Ende gefunden, der Lauf der Schlacht nach Norden hatte begonnen.

Nicht jedoch für alle Schiffe. Beattys leichte Kreuzer fuhren weiter nach Süden, um sich den neuen Feind näher anzusehen. Später erzählte ein junger Leutnant von der *Southampton* von der qualvollen Situation: „Es war eine starke seelische Belastung, mit 25 Knoten Fahrt direkt auf diese furchteinflößende Linie von Schlachtschiffen zuzulaufen, während unsere Freunde sich schnell in der Gegenrichtung entfernten. Sekunden wurden zu Minuten, und immer noch schossen sie nicht auf uns.“ In dem allgemeinen Durcheinander und bei dichter werdendem Dunst, der sich für den Rest des Tages bei beiden Flotten ungünstig auswirkte, hatten die Deutschen das britische Geschwader für ein eigenes gehalten. Schon hatte die *Southampton* das Signal für die Schwenkung auf Gegenkurs gesetzt, und die Besatzungen warteten atemlos darauf, daß Kommodore William Goodenough es niederholen – und damit die Ausführung des Befehls auslösen – würde. Erst als die *Southampton* sich dem Feind auf weniger als 12 000 Meter genähert hatte, flatterte das Signal herunter. „Die Ruder wurden hart übergelegt, und die vier Schiffe schwangen herum, dem Feind ihr Heck zukehrend. Als wir wendeten, fing der Tanz an. Ein halbes Dutzend deutscher Schlachtschiffe eröffnete das Feuer auf uns.“

Die Gefechtsstation dieses jungen Mannes war in dem achteren Feuerleitstand, in dem er sich mit einem noch jüngeren Unterleutnant und sechs Mann aufhielt. Da sich die Deutschen außerhalb der Schußweite der Kreuzergeschütze befanden, hatten die beiden jungen Leute nichts zu tun. So versuchten sie, sich gleichgültig zu geben, duckten sich hinter knapp drei Millimeter Stahlplattenschutz und aßen ihre mit Pökelfleisch belegten Brote, die „ihnen fast im Halse steckenblieben. Das Essen schien Zeitverschwendung zu sein, denn sicher würde uns in den nächsten Minuten eine 28-cm-Granate erwischen“.

Leutnant und Unterleutnant einigten sich, nicht nach der Feindlinie zu blicken. Die Versuchung übermannte sie jedoch, und sie riskierten scheinbar immer gerade dann einen Blick, wenn auf zwei oder drei Schlachtschiffen die Mündungsblitze aus den Rohren schossen. Mit der Armbanduhr des Unterleutnants stoppten sie eine Geschoßflugzeit von 23 Sekunden. „Alle 23 Sekunden zog der Unterleutnant eine Grimasse, und eine Serie scharfer Knalle und klägliches Stöhnen zeigten an, daß die Salve angekommen war.“

Die vier leichten Kreuzer konnten entkommen, aber die beiden bewegungslosen Zerstörer, die *Nomad* und die *Nestor,* waren zum Untergang verurteilt. Ohne Möglichkeit, ihre Schiffe wieder in Fahrt zu bringen, hatten die Zerstörerbesatzungen gesehen, wie die eigenen und die deutschen Schlachtkreuzer auf Gegenkurs gingen und, sich immer noch beschießend, hinter dem nördlichen Horizont verschwanden. Die stark beschädigten Zerstörer blieben mit sich und der See allein – jedoch nicht für lange. Der Signalmeister der *Nestor* meldete seinem Kommandanten: „Deutsche Schlachtschiffe am Horizont mit Kurs in unserer Richtung.“

Der Kurs der deutschen Schlachtschiffe führte sie zuerst an der *Nomad* vorbei. Der Kommandant der *Nestor* schrieb: „Das Gemetzel begann. Sie erstickten sie förmlich unter ihren Salven.“ Barmherzig versank die *Nomad* in wenigen Minuten. Der Kommandant fährt fort: „Es bestand nicht der geringste Zweifel darüber, was uns bevorstand. Auf eine Entfernung von ungefähr fünf Seemeilen begannen die Deutschen mit ihrer Mittelartillerie. Wir schossen unseren letzten Torpedo auf die Hochseeflotte ab. Die *Nestor,* eingehüllt in eine Wolke aus Rauch und Gischt, im Zentrum eines Wirbelwindes kreischender Granaten, fing an, langsam über das Heck zu sinken. Ich gab meinen letzten Befehl als ihr Kommandant: ‚Schiff verlassen.‘“ Wie durch ein Wunder überlebten die meisten der 150 Mann

John Cornwell: ein mutiger Schiffsjunge

Der jüngste der vielen britischen Helden in der Skagerraksschlacht war der 16 Jahre alte John Travers Cornwell. Er war Schiffsjunge Erster Klasse, ein Dienstgrad unter dem eines Matrosen, und erst kürzlich eingestellt worden. Seine Aufgabe an Bord des Kreuzers *Chester* bestand darin, beim Richten des vorderen 14-cm-Geschützes zu helfen.

Um 17.35 Uhr wurde die *Chester* plötzlich von vier deutschen leichten Kreuzern unter Feuer genommen. In nur fünf Minuten war die ganze Geschützbedienung des vorderen Geschützes gefallen – außer Cornwell, der trotz schwerer Verwundung es noch irgendwie fertigbrachte, sich auf den Beinen zu halten.

Während der nächsten Viertelstunde harrte Cornwell an seinem Geschütz aus. „Er meinte, er könnte noch gebraucht werden", schrieb der Kommandant der *Chester* an die Mutter des Jungen. „So blieb er dort, stand und wartete unter schwerem Beschuß, mit nur seinem eigenen tapferen Herzen und Gottes Hilfe als Unterstützung."

Schließlich kroch die *Chester* nach Hause, und Cornwell wurde eiligst in ein Krankenhaus gebracht, wo er am 2. Juni verstarb. Er wurde mit allen militärischen Ehren begraben und erhielt posthum Englands höchste Tapferkeitsauszeichnung, das Viktoriakreuz.

Ein heroisierendes Bild, das neben der Signatur des Künstlers auch die Unterschriften von zwei Admiralen und dem Ersten Lord der Admiralität trägt, zeigt den tödlich verwundeten Schiffsjungen John Travers Cornwell, der immer noch an seinem Geschütz ausharrt.

der Besatzung beider Zerstörer. Sie wurden von deutschen Booten aufgefischt und waren für die nächsten zweieinhalb Jahre Kriegsgefangene, „Gäste des Kaisers", wie sie es nannten.

Als sich Beattys Schlachtkreuzer nach Norden wandten, ließen sie nicht nur die aufklärenden leichten Kreuzer und beschädigten Zerstörer hinter sich, sondern auch Admiral Evan-Thomas mit der *Barham, Malaya, Warspite* und *Valiant.* So unglaublich es scheint, die vornehmen Superschlachtschiffe hatten wieder einmal Beattys Flaggensignal für die Kursänderung nicht mitbekommen, und den redlichen Evan-Thomas schreckte nicht einmal der erstaunliche Anblick von Beattys ihn auf Gegenkurs passierenden Schlachtkreuzern ab, weiterhin mit Volldampf in den ersten Zusammenprall von Schlachtschiffen in diesem Kriege – und in der Welt – zu fahren. Vier britische gegen 12 deutsche Schiffe.

In den folgenden 45 Minuten kam der zahlenmäßig so unterlegene Evan-Thomas kurz in den Kampf mit den Deutschen auf geringe Entfernung, drehte dann klugerweise ab, folgte Beatty und wehrte sich gegen Scheers Verfolgung mit einem scharf geführten Nachhutgefecht. Und in diesen 45 Minuten zeigten sich die Vorzüge der Schlachtschiffe. Die riesigen Schiffe bewiesen, daß sie eine gewaltige Menge Schläge ohne wesentliche Beeinträchtigung ihrer Kampfkraft einstecken konnten. Die Männer in einem Teil des Schiffes wußten oft gar nicht, daß ein anderer Schiffsteil getroffen war, bis sie später die Verwüstung sahen. Der Erste Offizier der *Warspite* schrieb: „Ich fühlte eine oder zwei schwere Erschütterungen, war darüber zu der Zeit aber nicht besonders beunruhigt, und es fiel mir nie ein, daß wir getroffen sein könnten. Ich sah zwei unserer Salven auf dem führenden deutschen Schlachtschiff einschlagen. Gelbe Flammen schossen bis über seine Mastspitzen empor, und es sah vorn wie achtern so rot aus wie ein brennender Heuhaufen. Sagte allen im Turm, daß wir es gut machten und sie so fortfahren sollten; Maschine lief wie ein Uhrwerk."

Zu den Pflichten des Ersten Offiziers zählte auch die Leitung der Feuerlöschtrupps und der Lecksicherungsgruppen, und er erfuhr bald, daß die *Warspite* nicht nur Schläge ausgeteilt hatte, sondern auch einige hatte hinnehmen müssen. Er befand sich gerade auf einem Kontrollgang nach vorne, als eine 30,5-cm-Granate den Gürtelpanzer knapp über der Wasserlinie durchschlug. „Eine schreckliche, goldfarbene Flammenwand", schrieb er später, „Gestank, undurchdringlicher Staub, alles schien mit betäubendem Krach in alle Richtungen zu fliegen." Als er nach achtern ging, sah er Wasser, das sich in die Admiralskajüte ergoß, und 30 Zentimeter Wasser im Deck. Insgesamt zählte er ein Dutzend Treffer, die Leckstellen und Brände verursacht und eine Anzahl Männer verwundet oder getötet hatten. Dennoch „waren alle guten Mutes und begierig auf neue Nachrichten, welche ich ihnen nicht bringen konnte, hatte ich doch nicht die geringste Ahnung, was vorging".

Obwohl sich die in der Linie vorn stehenden deutschen Schlachtschiffe in ziemlich ähnlicher Verfassung befanden – die Deutschen gaben selten Einzelheiten über Beschädigungen bekannt –, war keines der riesigen Schiffe, weder bei den Briten noch bei den Deutschen, in einem Zustand, der einen Ausfall oder ein Sinken auch nur befürchten ließ. Das erste laufende Gefecht bewies, daß, im Gegensatz zu den Schlachtkreuzern, die Standkraft der Schlachtschiffe größer war als ihre Angriffskraft; Geschützfeuer konnte ihnen teilweise Beschädigungen und schauderhafte Leiden verursachen, Stunden konzentrierten Feuers waren jedoch erforderlich, um sie tödlich zu verwunden. Das einzige Mittel, welches ein Schlachtschiff schnell zum Stoppen bringen konnte, war ein Torpedotreffer an einer besonders empfindlichen Stelle, den Rudern, den Schrauben oder möglicherweise einem Maschinenraum.

Der Weg in die Falle

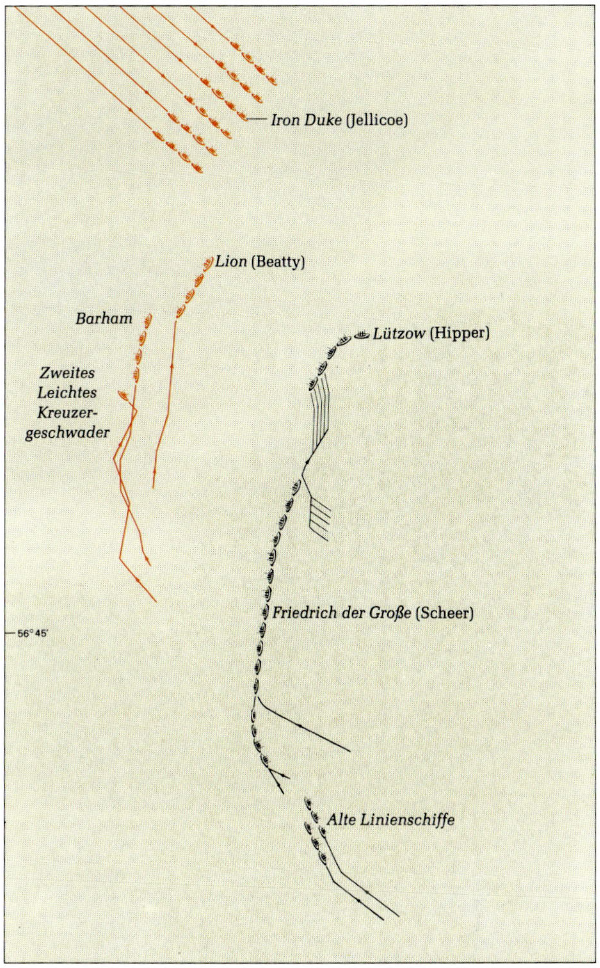

17.35 UHR BIS 18.00 UHR. Nach Norden auf Jellicoes Schlachtschiffe zulaufend, führt Beatty die deutsche Flotte in einen von ihm gelegten Hinterhalt. Seine Geschützbedienungen haben inzwischen an Zielgenauigkeit gewonnen und bringen Hippers Schlachtkreuzern erhebliche Wunden bei. Um Beattys Feuer auszuweichen, ist Hipper um 18.00 Uhr auf einen Ostkurs abgebogen und kann daher Jellicoes Annäherung nicht rechtzeitig erkennen, um Scheer zu warnen, der von Süden mit der Hauptflotte heraneilt. Das Schlachtkreuzergefecht der Skagerrakschlacht findet damit sein Ende, und Scheer steuert ahnungslos auf die mächtigste Flotte der Welt zu.

Inzwischen fuhr weiter nördlich Beatty auf Jellicoe und die Grand Fleet zu *(Karte links)*. Bei all seinem Mut war Beattys Verhalten in der Schlacht nicht gerade hervorragend gewesen. Beim ersten Sichten des Feindes war er über den Horizont davongestürmt, fort von Jellicoe und auf Scheer zu, und hatte im Verfolg dieser Aktion fürchterliche Verluste erlitten. Jetzt, bei der Fahrt nach Norden, mit Hipper an seiner Steuerbordseite auf parallelem Kurs, bewerkstelligte er ein taktisches Manöver, das mindestens einen Teil seiner früheren Fehler wettmachte. Trotz der Schäden an ihren Türmen und Aufbauten konnten die Beatty verbliebenen Schiffe noch ihre Höchstgeschwindigkeit von 28 Knoten laufen. Er vergrößerte daher seinen Abstand vom Feind auf die höchste Schußweite seiner 30,5-cm-Geschütze – dabei außerhalb der Schußweite von Hippers 28-cm-Geschützen kommend – und setzte sich weit vor die deutschen Schlachtkreuzer. Dann änderte er den Kurs nach Osten und zwang Hipper durch schweren Beschuß, das gleiche zu tun. Sein Ziel war, die deutschen Schlachtkreuzer aus dem Wege zu bekommen und damit ihren Nutzen als Aufklärer zu zerstören, so daß sie Scheer keine Warnung über die Annäherung Jellicoes zukommen lassen konnten. Hipper und sein Stab erkannten die Absicht nicht. Zu späterer Zeit jedoch, als er es verstanden hatte, schrieb Hase über Beattys „ausgezeichnetes Manöver" und „seine vollendete Form".

Auch Scheer wurde getäuscht. Von seinen sechs veralteten Linienschiffen konnte er in einer Schlacht zwar keine wirksame Hilfe erwarten, andererseits konnte er sie aber auch nicht sich selbst überlassen. Damit sie nicht isoliert wurden, hielt er die Geschwindigkeit seiner 12 Schlachtschiffe bei 15 Knoten, so daß sie bald den Anschluß an die schnellfahrenden Schlachtkreuzer im Norden fast völlig verloren. „Der Wind war von Nordwest über West auf Südwest herumgegangen", schrieb Scheer später. „Das anfangs klare Wetter war inzwischen weniger sichtig geworden. Der Pulver- und Schornsteinrauch klebte an dem Wasser und benahm von Norden nach Osten die Aussicht. Die eigenen Aufklärungsstreitkräfte waren nur für Augenblicke auszumachen." In dieser mißlichen Lage war auch der Funkverkehr keine Hilfe mehr. Wie auf der *Lion* waren auch auf der *Lützow* die Geräte ausgefallen. Weder Beatty noch Hipper konnten Meldungen an ihren Oberbefehlshaber übermitteln.

In der letzten Phase des Laufes nach Süden waren Hippers Männer in froher Stimmung gewesen. Die britischen Schlachtkreuzer waren schwer geschlagen, zwei davon versenkt worden, und nun kamen die Schlachtschiffe in den Kampf. Kapitän von Hase von der *Derfflinger* schrieb: „Stolze Siegesfreude erfüllte uns, wir hofften auf die Vernichtung der uns gegenüberstehenden Streitmacht, wir haben doch ein Bombenzutrauen zu unseren Schiffen bekommen." Jetzt waren die Aussichten auf Lorbeeren geschwunden, und Hippers Kräfte kämpften um ihr Überleben.

Der deutsche Bericht besagte, daß die *Lützow* um 17.45 Uhr noch zweimal getroffen wurde. Die *Seydlitz* erhielt mehrere Treffer und brannte, die *Derfflinger* wurde im Vorschiff getroffen und „fing an, über den Bug zu sinken". Alle schweren Geschütze der *Von der Tann* waren außer Gefecht gesetzt, aber „der Kommandant entschied, mit seinem Schiff beim Geschwader zu bleiben, damit der Feind noch mit seinem Schiff rechnen müßte und nicht in der Lage war, sein Feuer auf die anderen Schiffe zu verstärken". Der Bericht fährt fort: „Hart bedrängt und nicht imstande, das Feuer zu erwidern, fanden die deutschen Schlachtkreuzer ihre Lage bald unerträglich." Durch Beattys Manöver wurden sie gezwungen, weiter und weiter nach Osten auszuweichen.

In nördlicher Richtung war vor Scheer die See leer. Seiner Aufklärung beraubt, rückte er blindlings vor, nicht ahnend, was in dem Rauch eben hinter dem Horizont vor ihm lag: die überwältigende Macht von Admiral Sir John Jellicoe und der Grand Fleet.

Kapitel 5

Das Duell der Schlachtflotten

Die „Friedrich der Große", eines der neuesten deutschen Schlachtschiffe, eröffnet in der Skagerrakschlacht mit ihren 30,5-cm-Geschützen das Feuer.

Admiral Sir John Jellicoe war auch auf See eine wenig auffallende Erscheinung. Meist hielt er sich, die goldgefaßte Halbbrille fest auf seine vorstehende Nase geklemmt, in seiner Admiralskajüte auf und bearbeitete die Papierflut, die das mühsame Tagewerk der mächtigen Grand Fleet ausmachte. Dreimal täglich tauchte er aus seiner Kajüte auf, um liebenswürdig und enthaltsam der Tafel in der Messe seines Stabes zu präsidieren.

Heute aber, am 31. Mai 1916, war alles anders. Jetzt, da der entscheidende Augenblick seiner beruflichen Laufbahn, die vor 44 Jahren ihren Anfang genommen hatte, näherrückte, stand er auf der Vorbrücke der *Iron Duke*. Auf ihm ruhte eine Verantwortung, die zu tragen nur von wenigen Menschen verlangt wird. Unausdenkbar wären die Folgen eines deutschen Seesieges, der einen größeren Teil der Grand Fleet außer Gefecht setzte. Die Seewege nach Skandinavien wären jeder Feindeinwirkung preisgegeben. Der russische Verbündete wäre isoliert. Die englische Küste böte sich für eine Invasion an; Truppen, die dann für die Heimatverteidigung abgezogen würden, könnten das Patt in den Schützengräben der Westfront in ein lebensgefährliches Ungleichgewicht verwandeln.

Um solches Unheil abzuwenden, brauchte Jellicoe jede Information, die er nur bekommen konnte – Anzahl und Typ der feindlichen Schiffe, Richtung zum Feind, dessen Kurs und seine Geschwindigkeit. Durch ein seltsames Mißgeschick hatte er bereits einen Teil seiner Aufklärungsflugzeuge verloren. Das Mutterschiff *Campania,* mit zehn Seeflugzeugen an Bord, hatte am Nordende von Scapa Flow vor Anker gelegen. Dort hatte es das Auslaufsignal für die Flotte verpaßt. Als ihre Wachgänger sich etwa zwei Stunden später umsahen, war Scapa Flow leer und die Flotte fort. Die *Campania* ging ankerauf und dampfte mit voller Fahrt, um die Flotte einzuholen. Durch Funkspruch beorderte sie Jellicoe jedoch in den Hafen zurück. Ihm war gemeldet worden, sie könne nur 19 Knoten laufen, und er wollte sie nicht der U-Boot-Gefahr aussetzen. Tatsächlich konnte die *Campania* eine Höchstfahrt von 20½ Knoten durchhalten und hätte mit diesem Fahrtüberschuß – von Zwischenfällen abgesehen – leicht rechtzeitig aufholen können, um noch von Nutzen zu sein. Sie fuhr aber zurück.

Wie dem auch sei, grundsätzlich blieb es Aufgabe von Admiral Sir David Beatty, für Jellicoe die so dringend benötigten Nachrichten über den Feind zu beschaffen; doch Beatty wurde dieser Aufgabe nicht gerecht. Im Verlauf dieses für Jellicoe so quälenden Tages waren die Meldungen von Beatty spärlich, unklar, irreführend oder blieben völlig aus.

Während die Flotte auf einer friedlichen See, auf der sich Nebelfelder bildeten, mit 14 Knoten Marschfahrt Zickzackkurs steuerte, wurde Jellicoe um 14.18 Uhr ein Funkspruch der *Galatea,* dem Aufklärungskreuzer Beattys, dessen zufälliges Zusammentreffen mit dem Feind die Skagerrakschlacht ausgelöst hatte, überreicht: „Dringend. Zwei Kreuzer, wahrscheinlich feindliche, in Sicht. Richtung Ostsüdost, Feindkurs unbekannt. Mein Standort: Breite 56°, 48′; Länge 5°, 21′.“ Danach kamen für mehr als eine Stunde überhaupt keine Meldungen mehr.

Jellicoe befahl eine Kursänderung auf Südost-zu-Süd. Er erhöhte die Marschgeschwindigkeit der Flotte auf 18 Knoten, dann auf 19, schließlich auf 20 Knoten. Seine Schiffe marschierten in sechs parallelen Kolonnen von je vier Schlachtschiffen. (Vizeadmiral Sir Martyn Jerram war mit seinen acht Schlachtschiffen aus Cromarty kurz vor Mittag zu ihm gestoßen.) Jellicoe vergrößerte die Abstände zwischen den Kolonnen von 1400 Meter auf 1800 Meter, damit den Schiffen mehr Manövrierraum zum Formieren der Linie zur Verfügung stände. Darüber hinaus konnte er nur warten.

Es wurde 15.21 Uhr, ehe Jellicoe wieder von seinen Schlachtkreuzern hörte, und die Meldung erhielt er über einen aufgefangenen Funkspruch, mit dem Beatty seinen Geschwaderchefs seinen eigenen Standort, Kurs und

Vizeadmiral Reinhard Scheer, in der Skagerrakschlacht Befehlshaber der deutschen Hochseeflotte, glaubte, das Hauptproblem des Ersten Weltkrieges sei Großbritanniens „Anspruch auf uneingeschränkten Vorrang bei der Herrschaft über die See". Skagerrak, erklärte er, bewiese der Welt deutlich, „daß die englische Marine ihre vielgerühmte Unwiderstehlichkeit nicht mehr besitzt".

Admiral Sir John Rushworth Jellicoe, Befehlshaber der Grand Fleet, wurde jahrelang von Kritikern geschmäht, die meinten, die Skagerrakschlacht hätte die völlige Vernichtung des Feindes bringen müssen. „Die Einschätzung eines Sieges beruht nicht nur auf den materiellen Verlusten und Schäden, sondern auf seinen Auswirkungen", antwortete er im Hinblick auf die Tatsache, daß sich die deutsche Flotte nach der Schlacht nur noch dreimal aus den Heimatgewässern herauswagte.

Fahrt mitteilte. Da solche Nachricht unter normalen Umständen unnötig gewesen wäre, folgerte Jellicoe, daß Beatty in ein Gefecht verwickelt sei. Welcher Art Gefecht? Jellicoe hatte keine Ahnung.

Bis 15.27 Uhr waren andere Nachrichten bruchstückweise eingetroffen: Eine aufgefangene Meldung der *Galatea,* daß sie in Ostsüdost Rauch von Schiffen gesichtet hatte, die Nordwest steuerten; eine Meldung von der *Nottingham,* einem anderen Kreuzer in Beattys Aufklärungsschirm, daß sie in Richtung Ostnordost fünf Rauchsäulen ausgemacht hätte. Zwei Minuten später kam die Nachricht von der *Galatea,* sie stände nordwestlich vor deutschen Schiffen – Anzahl und Größe waren nicht angegeben. Aus diesen Bruchstücken formte sich Jellicoe sein eigenes Lagebild, das er dem Kommodore seiner Zerstörer auf der *Castor* übermittelte: „Feindliche Kreuzer und Zerstörer werden von eigenen Schlachtkreuzern nach Norden verfolgt und sollten etwa um 16.00 Uhr auf unsere Kreuzer treffen." Jellicoe befand sich in einem kaum zu überbietenden Irrtum. Beatty und Hipper schwenkten gerade auf ihren flammenden Lauf nach Süden ein.

Die weiteren Informationen, die Jellicoe erhielt, wurden nicht genauer. In seiner ersten direkt an Jellicoe gerichteten Nachricht meldete Beatty um 15.40 Uhr fünf deutsche Schlachtkreuzer und viele Zerstörer in nordöstlicher Richtung, vergaß jedoch, Kurs und Fahrt des Feindes anzugeben. Um 16.38 Uhr trafen getrennte Funksprüche von zwei Geschwaderchefs Beattys ein, die meldeten, die deutsche Schlachtflotte sei gesichtet worden; ihre Schätzungen des Gegnerstandortes wichen um 25 Seemeilen voneinander ab. Um 16.45 Uhr schließlich funkte Beatty: „Habe feindliche Schlachtflotte in Sicht, Richtung Südost."

Das war ein bestenfalls dürftiger Bericht, der noch durch die Übermittlung mit Signalflaggen an die *Princess Royal* (die Funkanlage der *Lion* war ausgefallen), die ihn dann über Funk an die *Iron Duke* weitergab, hoffnungslos verstümmelt war. Bis die Meldung umgesetzt, übermittelt, weiter übermittelt, dann entschlüsselt worden war, hatte sie einen nur noch lächerlichen Inhalt bekommen: „26 bis 30 Schlachtschiffe, wahrscheinlich Feind, in Richtung Südsüdost, Feindkurs Südost." Es ist nie geklärt worden, wie die „26 bis 30 Schlachtschiffe" in die Meldung gerieten oder wie die Angabe des Feindkurses sich eingeschlichen hat. Auch gab es kein „wahrscheinlich" bezüglich des Feindcharakters der Schiffe. Die sich nähernden Schlachtschiffe konnten nur deutsche sein. Sie steuerten auch alles andere als Südostkurs, sie fuhren nach Norden, in Richtung Jellicoe. Die Zahlenangabe „26 bis 30" ließ Jellicoe während der ganzen Schlacht glauben, ihm stände eine viel stärkere Streitmacht gegenüber, als es tatsächlich der Fall war.

„Ich habe mich noch nie so ‚ausgeschlossen' gefühlt", schrieb er später an Beatty. „Ich konnte mir überhaupt kein Bild von der Lage machen. Stand die feindliche Schlachtflotte nun voraus, querab oder achteraus?"

Endlich, um 17.55 Uhr, kam eine Meldung, freilich nicht von Beatty, sondern von der *Marlborough,* dem Führerschiff von Jellicoes eigener Steuerbordkolonne: „Mündungsblitze und schweres Feuer Steuerbord voraus." Wenige Augenblicke später konnte Jellicoe den Geschützdonner selbst hören, in dem dichten Dunst aber nicht die Richtung erkennen, aus der er kam. Für einen Moment ließ er seine Nervosität erkennen: „Ich wünschte, jemand könnte mir sagen", schnauzte er heraus, „wer dort schießt und worauf man schießt."

Gerade da tauchten Beattys Schiffe aus dem Dämmer auf, fünf Seemeilen an Steuerbord vor dem Bug von Jellicoes *Iron Duke.* Dichter Rauch quoll aus der Backbordseite des Vorschiffes der *Lion,* Flammen schossen aus ihren Geschützrohren, und riesige Wassersäulen von den Aufschlägen der feindlichen Granaten stiegen neben ihr auf. Jellicoe signalisierte sofort: „Wo steht die feindliche Schlachtflotte?"

Das Gefecht der Hauptflotten

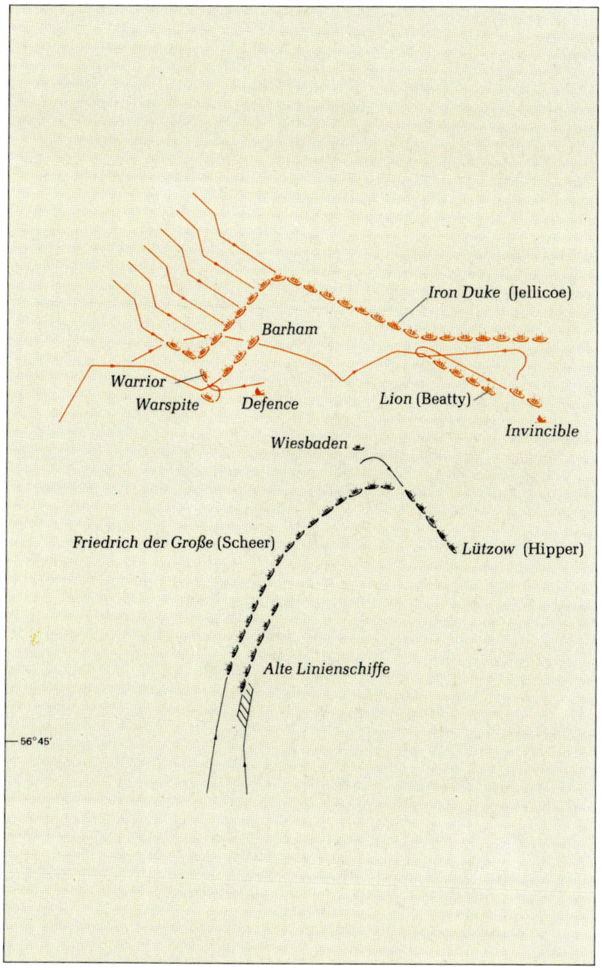

18.00 UHR BIS 18.30 UHR. Scheer stürmt mit seinen Schlachtschiffen nach Norden, um den von der „Lützow" angeführten bedrängten Schlachtkreuzern zu Hilfe zu eilen. Die Briten schießen den Kreuzer „Wiesbaden" zusammen. Die Deutschen versenken die „Defence" und durchlöchern die „Warrior", die ihrem Schicksal nur entgeht, weil das Schlachtschiff „Warspite", das mit blockierten Rudern wilde Kreise schlägt, das deutsche Feuer auf sich zieht. Inzwischen entwickelt Jellicoe meisterhaft die Grand Fleet zur Kiellinie und zieht den „T"-Strich über Scheers Formation. Um 18.30 Uhr gerät Scheer dann unter Beschuß von 24 britischen Schlachtschiffen, aber nur seine Spitzenschiffe stehen in Reichweite, um das Feuer zu erwidern. In dem fortlaufenden Duell der Schlachtkreuzer versenken die Deutschen die britische „Invincible".

Als seine vier überlebenden Schlachtkreuzer mit Höchstfahrt vor der Front von Jellicoes Schiffen vorbeirauschten, antwortete Beatty: „Deutsche Schlachtkreuzer, Richtung Südost." Das nützte Jellicoe, der ja nach Schlachtschiffen suchte, nichts. Tatsächlich hatte Beatty die Streitmacht Scheers, zu deren Aufklärung er doch ausgesandt worden war, seit mehr als einer Stunde nicht mehr in Sicht. Erst 13 Minuten nach Jellicoes Bitte um Information erhaschte Beatty durch eine Lücke zwischen den Dunstbänken einen flüchtigen Blick auf Scheer und signalisierte: „Feindliche Schlachtflotte Richtung Südsüdwest." Noch immer keine Meldung über Kurs und Geschwindigkeit, keine Angabe der Entfernung. Jellicoe wurde indessen die Zeit knapp. Er mußte jetzt handeln, wenn er die Linie entwickeln wollte, um dem Feind zu begegnen.

Als der Signalgast jedes Wort von Beattys Meldung ausrief, ging Jellicoe schnellen Schrittes zur Kompaßplattform und starrte ungefähr eine halbe Minute auf die Rose des Magnetkompasses. Sein Flaggkapitän, Frederick Dreyer, schrieb: „In höchster Spannung beobachtete ich sein Gesicht und fragte mich, was er wohl unternehmen würde. Während ich auf ihn achtgab, bemerkte ich, daß er kühl und unbewegt wie immer war. Dann sah er auf, durchbrach das Schweigen. In knapper, klarer Sprache befahl er dem Signaloffizier der Flotte, Korvettenkapitän A. R. W. Woods, der dicht hinter mir stand: „Setzen Sie Wimpel ‚Gleiche Fahrt, Südost'." Nach dem Signalbuch der Royal Navy gebot dieser Wimpel den Schiffen, aus der Marschformation in Kolonnen eine Kiellinie zu bilden. Im vorliegenden Fall sollte der Kurs der Kiellinie Südost sein, um sich quer vor die Vorhut von Scheers Kräften zu legen, die aus Südwest herankamen.

Da die Flotte bereits auf südöstlichem Kurse lag, hätte es Mißverständnisse geben können, auf welche der Außenkolonnen hin Jellicoe die Kiellinie bilden wollte. Woods schlug daher vor: „Sir, würden Sie einen Strich weiter nach Backbord angeben, damit sie wissen, daß die Backbordkolonne führt?" Jellicoe überlegte kurz und erwiderte: „Gut, setzen Sie ‚Gleiche Fahrt Südost-zu-Ost'." Durch die Abweichung um einen Strich nach Backbord und den Kursbefehl Südost-zu-Ost machte er unmißverständlich klar, daß sich die Linie auf die Backbordkolonne mit dem Führerschiff *King George V.* hin zu entwickeln habe. Als die Schiffe der Grand Fleet das Signal schließlich bestätigten, befahl Jellicoe: „Dreyer, Signalbefehl ausführen lassen."

Um die Kiellinie zu entwickeln, behielt die Backbordkolonne ihren Kurs bei. Die Führerschiffe der anderen fünf Kolonnen gaben zwei kurze Töne mit der Sirene ab, wendeten um 90° nach Backbord, dann nach Steuerbord und bildeten so eine Einzelreihe von fast sieben Seemeilen Länge *(Karte links)*. Die Entscheidung Jellicoes beruhte zum größten Teil auf Instinkt. Er hatte die Absicht, über Scheers Linie den „T"-Strich zu ziehen. Damit konnte er die Breitseiten von allen 24 Schlachtschiffen auf die deutsche Linie zum Tragen bringen, die ihrerseits nur mit den Buggeschützen zu antworten vermochte. Jedoch wußte Jellicoe wenig über Scheers Standort, Kurs und Fahrt. Er hatte die Linie auf die Backbordkolonne hin entwickeln lassen, weil dieses Manöver ihn von Scheers vermutetem Standort im Südwesten fünf Seemeilen weiter entfernte und somit der Flotte genügend Zeit wie Seeraum gewährte, um das Manöver auszuführen. Hätte er die Linie auf die Steuerbordkolonne hin entwickelt, wäre er Gefahr gelaufen, vom Feind mitten im Manöver überrascht und beschossen zu werden.

Jellicoes 24 Schlachtschiffe hatten die Kampfformation kurz nach 18.00 Uhr erreicht. Wie ein Wall lagen sie jetzt in einer gebogenen Kiellinie, die sich über fast einen Viertelkreis von Norden nach Osten erstreckte. Scheer auf der *Friedrich der Große* war immer noch ahnungslos, als er mit seiner Linie von 15 Schlachtschiffen in diesen gewaltigen Bogen von Süden hineinstieß. Zwischen den beiden Hauptkräften versuchten die Schlachtkreuzer, Kreuzer und Zerstörer beider Flotten, die bei den vorangegangenen Kämpfen arg durcheinandergeraten waren, eiligst, ihre richtigen Positionen wiedereinzunehmen – die Briten auf Jellicoes Flanke, die Deutschen in Scheers Vorhut –, und begannen, wild zu feuern. Der Ort, an dem sie zusammenstießen, ein öder Strich in der Nordsee, ungefähr 85 Seemeilen westlich von Jütland – 56°, 57′ Nord und 5°, 43′ Ost –, sollte zukünftig den Namen „Windige Ecke" tragen.

Ein Offizier der *Southampton* schrieb: „Die ganze Meeresoberfläche hob und senkte sich in einer Kreuzdünung, aufgeworfen von den Heckwellen der rund 200 verschiedenen Schiffe, die alle mit hoher Fahrt liefen." Die britischen Schlachtschiffe hatten zwar Scheers Flotte noch nicht in Sicht, dafür konnten aber einige die „Windige Ecke" wie von einem Tribünenplatz aus sehen. Ein Offizier der *Malaya* schrieb: „Die leichten Kreuzer und Zerstörer schwenkten und drehten, um sich gegenseitig und den großen Schiffen auszuweichen. Ich muß mich immer wieder wundern, daß so wenige Schiffe getroffen wurden und es keine Kollisionen gab."

Es wurden genug Schiffe getroffen. Das Meer war bald mit Trümmern des Krieges bedeckt: brennende Schiffe, weite Flächen, auf denen Öl brannte, Männer, die um ihr Leben schwammen. Das Dritte Schlachtkreuzergeschwader von Konteradmiral Sir Horace Hood zerstörte den deutschen Kreuzer *Wiesbaden* und ließ ihn kampfunfähig zurück. Von dem Panzerkreuzer *Defence* sah Konteradmiral Sir Robert Arbuthnot die hilflose *Wiesbaden* und führte die *Warrior, Black Prince* und *Duke of Edinburgh* heran, um sie endgültig zu vernichten. Von mindestens 50 Schiffen sahen Hunderte von Menschen zu – einige schadenfroh, andere entsetzt – und warteten auf das, was jetzt geschehen sollte.

Arbuthnot griff von Norden nach Süden an und geriet, an der *Wiesbaden* vorbeilaufend, plötzlich in Sicht und Schußweite der deutschen Schlachtkreuzer und der an der Spitze stehenden deutschen Schlachtschiffe. Alle vier seiner Panzerkreuzer kamen sofort unter Beschuß. Die *Warrior* und die *Black Prince* wurden schwer getroffen, die *Duke of Edinburgh* entkam mit geringen Beschädigungen. Die *Defence* war dem Verhängnis geweiht. Drei schnell aufeinanderfolgende Salven von 30,5-cm-Granaten rollten auf sie zu, eine lag zu weit, die zweite zu kurz – und die dritte traf das Schiff. Unter dem Aufschlag legte sich das Schiff nach der Seite über; es richtete sich wieder auf und fuhr weiter. Drei weitere Salven folgten. Wieder die erste zu weit, die zweite zu kurz und die dritte im Schiff liegend. „Die *Defence*", schrieb ein Beobachter, „verschwand völlig in einer Wand aus Gischt, Rauch und Flammen. Wieder tauchte sie scheinbar unversehrt auf, nur um wenige Sekunden später in einem gewaltigen Ausbruch greller Flammen und dichten schwarzen Rauches endgültig zu verschwinden. Aus dem Rauch wurde ein dunkler Gegenstand, wahrscheinlich ein Beiboot oder ein Schornstein, weit in den Raum geschleudert, es drehte sich dabei wie ein riesiges Feuerwerksrad!" Der Qualm „stieg fast einhundert Meter hoch, verzog sich aber schnell und hinterließ keine Spur mehr von dem Schiff". Admiral Arbuthnot und alle 900 Mann an Bord der *Defence* waren tot.

Noch während die unglückliche *Defence* zu ihrem letzten Angriff anlief, schob sich plötzlich Beatty mit seinen Schlachtkreuzern von Westen nach Osten durch die „Windige Ecke". Nur mit scharfen Ausweichbewegungen konnten die Schiffe Arbuthnots Panzerkreuzer umfahren. Ein Augenzeuge schrieb: „In diesen zehn Minuten wurde Manövrierkunst gezeigt, wie sie sich Seeleute früher nie träumen ließen."

Das Durcheinander wurde noch durch die *Warspite* verstärkt, eines der vier Superschlachtschiffe mit 38-cm-Geschützen, die den ganzen Nachmittag hinter Beatty hergefahren waren. Jetzt hatten sie Befehl, Beatty zu verlassen und sich hinten an die Linie von Jellicoe anzuschließen. Das

Geschwader dampfte mit Nordostkurs auf, als die *Warspite* einen schweren Treffer erhielt, der ihr Ruder blockierte. In den nächsten 15 Minuten beschrieb die *Warspite* mit Höchstfahrt – 25 Knoten – zwei volle Kreise, die sie bis auf 9000 Meter an die Spitze von Scheers Linie herantrugen. Hätte noch irgendein Zweifel bezüglich der Standfestigkeit der Schlachtschiffe bestanden, jetzt wurde er endgültig zerstreut. Während ihrer Kreisfahrt wurde die *Warspite* von den Schiffen *Friedrich der Große, König, Helgoland, Ostfriesland, Thüringen* und *Kaiserin* unter Feuer genommen. Sie steckte 13 Treffer ein und war immer noch kampffähig. Nur weil ihre Ruderanlage weiterhin Kummer bereitete, wurde sie von Admiral Hugh Evan-Thomas zum Stützpunkt zurückbeordert. Da die Deutschen, als sich der Rauch verzog, die *Warspite* nicht mehr vorfanden, glaubten sie, das Schiff wäre versenkt. Sie erreichte jedoch Rosyth – nicht ohne unterwegs noch Torpedoangriffen knapp zu entkommen.

Die Vorgeplänkel waren jetzt vorbei. Um 18.30 Uhr standen die beiden Schlachtflotten in Sichtweite voneinander. Jellicoe auf der *Iron Duke,* jetzt in der Mitte der britischen Kiellinie, sah die vordersten Schiffe der deutschen Linie aus dem Dunst im Südwesten aufragen – genau querab von ihm, genau dort, wo er sie haben wollte. Seine Dispositionen waren richtig gewesen. Endlich, nach zwei Jahren des Wartens, hatten die Briten die Deutschen zur Schlacht gestellt, und Jellicoe hatte das klassische Manöver, den „T"-Strich zu ziehen, erreicht. Die *Iron Duke* und mindestens ein Dutzend weitere Schlachtschiffe eröffneten das Feuer auf die verschwommenen Schatten der führenden deutschen Schiffe.

Für Scheer war es ein niederschmetternder Schock. In der letzten halben Stunde hatte er wirre Meldungen seiner Kreuzer erhalten, die hier und da, durch Nebel und Rauch, die schemenhaften Formen großer Schiffe gesehen hatten. Das erste, was Scheer selbst erkannte, war, „daß auf dem vor uns liegenden Teil des Horizonts ringsum das Feuer von Salven schweren Kalibers aufblitzte. Der ganze Bogen, von Norden bis Osten reichend, war plötzlich ein Feuermeer. Deutlich hob sich das Mündungsfeuer der Geschütze aus dem auf den Horizont lagernden Dunst und Qualm ab, in welchem die Schiffe selbst zunächst nicht erkennbar waren".

Reinhard Scheer hatte eine Falle gestellt – und war in eine andere gegangen. Seine taktische Stellung konnte kaum schlechter sein. Jedes einzelne britische Schlachtschiff konnte seine Breitseite auf die in Scheers Linie vorne stehenden Schlachtkreuzer und Schlachtschiffe zum Tragen bringen. Außerdem begünstigten die Sichtverhältnisse die Grand Fleet. Als die Schlachtschiffe begonnen hatten, die Kiellinie zu bilden, fragte Jellicoe seinen Flaggkapitän, in welcher Richtung die Sicht am besten wäre, um eine Nordkurs steuernde Flotte anzugreifen. „Ich meldete ihm", berichtete Kapitän Dreyer, „daß die günstigste Richtung nach Süden zu wäre und mit dem Sonnenuntergang nach Westen wandern würde." Jetzt hatte Jellicoe durch seine weise Voraussicht diesen Vorteil gewonnen. Die offizielle deutsche Geschichtsschreibung schildert Scheers unerfreuliche Lage: „Vor der deutschen Spitze stand plötzlich von Nordwest bis Nordost das Mündungsfeuer einer unabsehbaren Linie schwerer Schiffe, während ringsum fast ununterbrochen Salve auf Salve einschlug, ein Eindruck, der um so gewaltiger wirkte, als das Feuer von den deutschen Schiffen kaum erwidert werden konnte, da auch nicht eines der britischen Großkampfschiffe in dem Gefechtsqualm zu erkennen war."

In nur zehn Minuten schossen die Briten 40 Salven und erzielten 12 Treffer auf den Schlachtschiffen *Markgraf* und *König* sowie auf den Schlachtkreuzern *Lützow* und *Derfflinger.* Die *Lützow,* die schon in dem nachmittäglichen Kampf 20 Treffer einstecken mußte, konnte nur mit Mühe noch in der Linie gehalten werden, und das Spitzenschiff *König* hatte 4½° Schlagseite. Georg von Hase, der aufmerksame Artillerieoffizier der *Derff-*

linger, sagte später: „Es war klar, daß der Feind uns besser sehen konnte als wir ihn. Mehrere schwere Treffer hauten mit ungeheurer Wucht in unser Schiff ein und explodierten mit gewaltigem Knall. Das ganze Schiff zitterte beim Auftreffen der Geschosse."

Was dann geschah, konnte den Männern auf der bedrängten *Derfflinger* nur wie ein Fingerzeig Gottes erscheinen. Der hinderliche Nebel riß plötzlich auf und öffnete einen sonnenbeschienenen Streifen, an dessen fernem Ende der Schlachtkreuzer *Invincible,* das Flaggschiff Admiral Hoods, erschien. „Seine Geschütze hatte es auf uns gerichtet", schrieb Hase, „und krachend schlug gerade wieder eine Salve ein, die uns vollkommen eindeckte. ‚Messung 90 Hundert!' brüllte Obermatrose Hänel. ‚90 Hundert! Salve – feuern!' kommandierte ich, und mit fieberhafter Spannung warte ich auf unsere Aufschläge. ‚Weit, zwei Treffer!' ruft Oberleutnant v. Stosch. Ich kommandierte, ‚1 zurück, gut, schnell!' Und bereits 30 Sekunden nach der vorigen Salve verläßt die nächste Salve die Rohre. Ich beobachtete zwei Kurzschüsse, zwei Treffer . . . und dann spielte sich vor unseren Augen das ungeheuerliche Schauspiel ab, das wir bei der *Queen Mary* und der *Defence* beobachtet hatten.

„Ähnlich wie bei den anderen Schiffen erfolgten schnell hintereinander mehrere gewaltige Explosionen. Masten stürzten, Schiffsteile wirbelten durch die Luft, eine gewaltige schwarze Rauchwolke stieg gen Himmel, aus den sich lösenden Schiffsverbänden spritzte Kohlenstaub nach allen Richtungen. Flammen zuckten über das Schiff, neue Explosionen erfolgten, und dann verschwand unser Gegner in einer schwarzen Wand unseren Blicken. Ich rief in das Telephon: ‚Unser Gegner ist in die Luft geflogen!' Und mitten im Gebrüll der Schlacht schallte donnerähnlich ein Hurra durch

das Schiff, das aus allen Artillerietelephonen des Artilleriestandes wieder herausschallte, sich von Gefechtsstation zu Gefechtsstation fortpflanzte. Ich sandte ein heißes, kurzes Dankgebet zum Höchsten."

Die *Invincible,* der dritte britische Schlachtkreuzer, der durch gleichartige Explosionen zerstört wurde, brach in zwei Hälften auseinander, die sanken und für mindestens eine halbe Stunde auf dem Grund des flachen Meeres senkrecht standen. Bug und Heck ragten über das Wasser heraus wie zwei Grabsteine. Wenige Minuten später passierte Jellicoe auf der *Iron Duke* die Stelle, sah das makabre Denkmal und signalisierte einem in der Nähe stehenden Zerstörer: „Gehört das Wrack zu unseren Schiffen?" „Ja", kam die Antwort, „die *Invincible."* Der Zerstörer *Badger* rettete zwei Offiziere und vier Mannschaftsdienstgrade, die anderen 1026 Mann der *Invincible,* einschließlich Admiral Hood, waren tot.

Hipper blieb nur wenig Zeit, seinen Sieg über die *Invincible* auszukosten. Alle seine Schlachtschiffe waren schwer beschädigt, das Flaggschiff *Lützow* brannte im Vorschiff, hatte schwere Schlagseite und war mit dem Bug so tief abgesunken, daß das Wasser über die Back spülte. Als Hippers Stab ihn bat, seine Flagge auf einem anderen Schiff zu setzen, weigerte er sich zuerst: „Ich kann doch mein Flaggschiff nicht verlassen." „Wir haben keine Funksignalverständigung, auch die Geschwindigkeit genügt nicht!" „Alles wahr, aber mein Flaggschiff –" „Der Verband braucht Eure Exzellenz." Danach stimmte Hipper zu, auf ein Torpedoboot überzusetzen. Während die *Lützow* die Linie verließ und sich langsam nach Süden absetzte, in der Hoffnung, die Heimatgewässer erreichen zu können, begann für den Befehlshaber der deutschen Schlachtkreuzer eine dreistündige Odyssee auf der Suche nach einem neuen Flaggschiff.

Bug und Heck, auf dem Meeresgrund der flachen Nordsee aufstehend, sind alles, was von dem britischen Schlachtkreuzer „Invincible" übrigblieb. Wiederholt von Granaten fünf deutscher Schiffe getroffen, explodierte die „Invincible" mit einem gewaltigen Feuerblitz, brach in zwei Teile und versank in nur zwei Minuten. Ein entsetzter Beobachter schrieb: „Eben noch führte sie als Flaggschiff ihr Geschwader an, plötzlich bestand sie nur noch aus zwei Teilen verbogenen Metalls."

Zuerst fuhr sein Torpedoboot die *Derfflinger* an, und Hipper signalisierte: „Kommandant der *Derfflinger* übernimmt die Führung bis zu meiner Wiedereinschiffung." Auf der *Derfflinger* aber sah es, wie Georg von Hase es ausdrückte, „jetzt schon ziemlich bös aus". Ihre Masten, Flaggleinen und Antennen waren ein wirres Knäuel, sie konnte keine Signale übermitteln und hatte im Bug, knapp über der Wasserlinie, ein Loch, „sechs mal fünf Meter" groß. Wenn das Schiff stampfte, drang Wasser ein, und nach kurzer Zeit mußte es stoppen, weil sein Torpedonetz heruntergeschossen war und die Gefahr bestand, daß es in die Schrauben geriet.

Hipper fuhr dann zur *Seydlitz*. Sie lag bis zum mittleren Vorschiff unter Wasser und konnte auch nicht mehr funken. Auf der *Von der Tann* waren die Geschütztürme noch unbrauchbar, sie blieb somit kampfunfähig und hatte sich nur in der tapferen Absicht, britisches Geschützfeuer von den anderen deutschen Kriegsschiffen abzuziehen, in der Linie gehalten. Von Hippers fünf Schlachtkreuzern befand sich nur noch die *Moltke* in einem Zustand, der sie als Flaggschiff geeignet erscheinen ließ. In dem Strudel der Schlacht sollte es aber noch bis 19.50 Uhr dauern, bis Hipper an Bord gehen und sein Kommando wieder übernehmen konnte.

Scheer stand vor ähnlichen Problemen. Als die Grand Fleet seinen Kurs kreuzte, konnten die Schiffe dem Druck des britischen Geschoßhagels nicht lange standhalten. Eines nach dem anderen begannen die deutschen Schlachtschiffe, nach Osten auf einen parallelen Kurs zu den Briten abzudrehen. Das konnte nur zu einem laufenden Gefecht führen, bei dem Zahl der Schiffe, Schußweite, Geschwindigkeit und Sichtverhältnisse gegen Scheer standen. Auch behinderten ihn ständig seine sechs alten Linienschiffe, langsame, verwundbare Schiffe mit einer Bestückung von nur vier 28-cm-Geschützen je Schiff. Scheer konnte sie entweder im Stich lassen oder die ganze Flotte gefährden, wenn er ihnen Beistand leistete – oder die Schlacht abbrechen. Er traf seine Entscheidung ohne Zeitverlust. Um 18.36 Uhr wehte an der Signalrah der *Friedrich der Große* das Flaggensignal: „Gefechtskehrtwendung nach Steuerbord."

Dies war ein ungewöhnliches Manöver, verlangte es doch eine Wendung um 180° auf Gegenkurs in der kürzest möglichen Zeit. Bei einer sonst üblichen Kehrtwendung einer Flotte änderten die Schiffe, von der Spitze der Linie ausgehend, nacheinander den Kurs, jedes Schiff herumschwingend, wenn es den Wendepunkt erreicht hatte. Die Gefahr von Zusammenstößen blieb dabei gering, das Manöver schloß aber den Nachteil ein, daß jedes Schiff am Wendepunkt dem konzentrierten Feindfeuer ausgesetzt war. Andererseits verlangte Scheers Befehl die gleichzeitige Drehung aller Schlachtschiffe auf Gegenkurs. Das erforderte höchstes seemännisches Können. Die Hochseeflotte hatte jedoch fleißig geübt und führte das Manöver hervorragend aus *(Karte rechts)*. Das erste Treffen von zwei Schlachtflotten war vorüber. Es hatte weniger als 30 Minuten gedauert.

Scheers Manöver überraschte die Briten. Für Jellicoe war der Feind in einem Augenblick noch da, im nächsten verschwunden. Er schrieb: „Von meinem Standort oben auf dem Kartenhaus konnte ich ihn nicht abdrehen sehen. Ich glaubte, es sei nur dem dichter werdenden Dunst zuzuschreiben. Nachdem einige Minuten verstrichen waren, wurde jedoch klar, daß ein anderer Grund vorliegen müsse." Jellicoe signalisierte an die *Marlborough*, das Führerschiff des letzten Geschwaders: „Können Sie den Feind sehen?" Antwort von der *Marlborough*: „Nein."

Später ist Jellicoe heftig kritisiert worden, weil er versäumt hatte, den Feind zu suchen und ihn mit seiner überwältigenden Übermacht an Schlachtschiffen zu verfolgen. Dabei hatte Jellicoe rechtzeitig bekanntgegeben, was er in solcher Lage tun oder nicht tun würde. Am 30. Oktober 1914 hatte er an die Admiralität geschrieben: „Wenn zum Beispiel die feindliche Schlachtflotte vor einer herannahenden Flotte abdreht, muß ich annehmen,

Scheers erster Rückzug

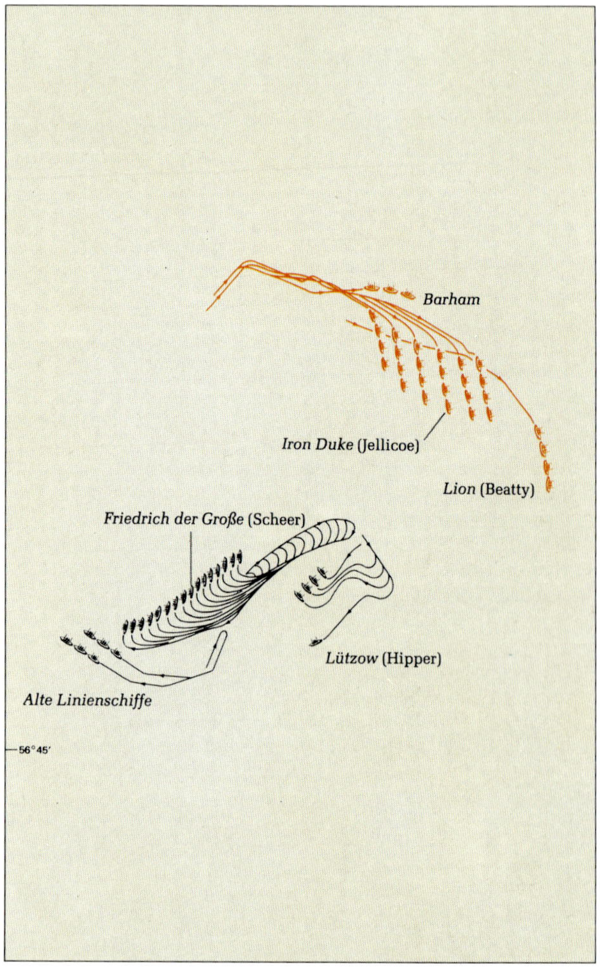

18.30 UHR BIS 19.00 UHR. Scheer, der die britische Kanonade nicht mehr aushalten kann, befiehlt um 18.33 Uhr eine Gefechtskehrtwendung, eine wagemutige gleichzeitige Einzelwendung aller Schiffe um 180°, die seitdem von allen Marinehistorikern Beifall erhielt. Das fehlerlos ausgeführte Manöver verbirgt die deutschen Schlachtschiffe sofort im schützenden Nebel. Jellicoe, der befürchtet, daß die sich zurückziehenden Deutschen in ihrem Kielwasser Minen legen, ordnet seine Schiffe wieder in Marschkolonnen und schwenkt auf Ostkurs, später auf Südkurs, um die deutsche Flotte zu flankieren und ihr den Rückweg abzuschneiden. Nachdem er sich für 20 Minuten von den Briten abgesetzt hat, beschließt Scheer, den Kampf wieder aufzunehmen, und vollführt die nächste Gefechtskehrtwendung – zurück zur britischen Flotte.

Der zweite Flottenzusammenstoß

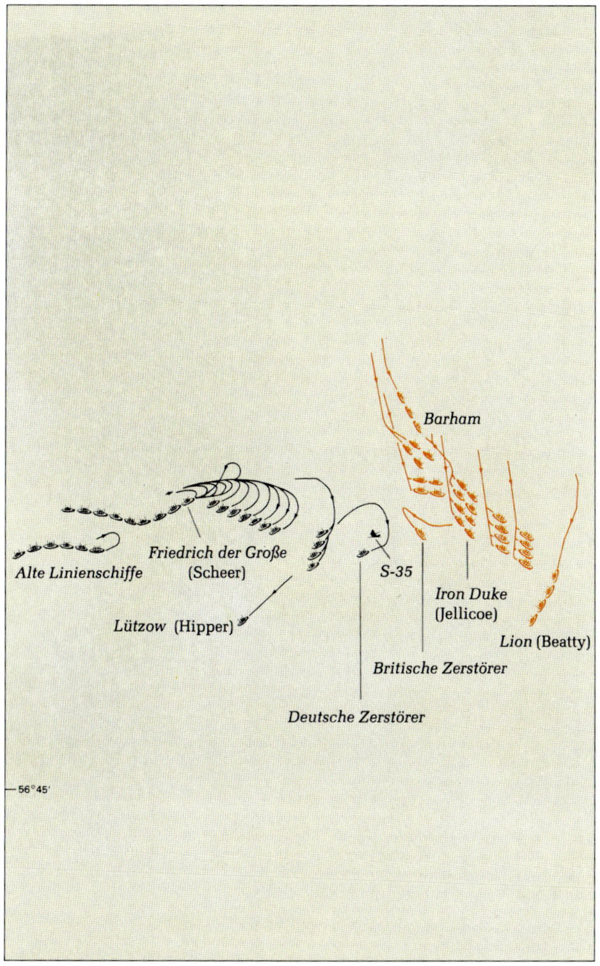

19.15 UHR BIS 19.25 UHR. Wieder schießen die britischen Artilleristen vernichtend genau, und Scheer muß auf seinen Schlachtschiffen der König-Klasse Treffer auf Treffer hinnehmen. Um 19.18 Uhr befiehlt er die dritte Gefechtskehrtwendung, um sich vom Feind zu lösen, sowie einen Angriff der Torpedoboote und läßt einen Rauchschirm legen, um seinen Rückzug zu decken. Die Briten antworten mit einem eigenen Zerstörerangriff. Die Deutschen verlieren zwar das Torpedoboot S-35, erreichen aber ihren Hauptzweck. Beim Sichten der Torpedolaufbahnen drehen die britischen Schlachtschiffe unverzüglich ab, und Scheer kann entkommen.

daß die Absicht besteht, uns über Minenfelder oder an Unterseeboote zu führen, und würde ablehnen, mich dorthin ziehen zu lassen. Ich glaube, daß eine solche Taktik, falls nicht verstanden, mir einen schlechten Ruf einträgt. Solange ich jedoch das Vertrauen Ihrer Lordschaften besitze, beabsichtige ich, so zu handeln, wie es nach meiner wohlüberlegten Meinung angemessen und am besten ist.“ Der Brief wurde von der Admiralität gutgeheißen, vermutlich auch von dem damaligen Ersten Lord, Winston Churchill.

In Wirklichkeit hatten die Deutschen den Gedanken, bei einer Verfolgung Minen in ihrem Kielwasser zu legen, fallengelassen, weil diese mit gleicher Wahrscheinlichkeit eigene wie feindliche Schiffe gefährden würden. Auch hatte Scheer kein einziges Unterseeboot in der Nähe. Man konnte von Jellicoe indessen kaum erwarten, daß er dies wußte, und seine Befürchtungen schienen bestätigt, als nur Minuten nach Scheers Rückzug die *Marlborough* von einem Torpedo getroffen wurde. Bei seiner Furcht vor einer Bedrohung durch Unterseeboote konnte Jellicoe nur annehmen, daß ein U-Boot für den Torpedoschuß verantwortlich war. Wahrscheinlich kam der Torpedo von dem deutschen Kreuzer *Wiesbaden,* der langsam starb, aber immer noch schwamm, trotzig und gefährlich. Die *Marlborough,* mit einem 25 Meter großen Loch an der Steuerbordseite, nahm eine Schlagseite von 7° ein, die durch Gegenfluten von Abteilungen an Backbord verringert werden konnte. Ihre Geschwindigkeit fiel auf 17 Knoten, sie konnte jedoch noch in ihren Heimathafen entkommen.

Das Mißgeschick der *Marlborough* war für Jellicoe ein schwerer Schlag. Anstatt Scheer zu verfolgen, nahm er einen südlichen Kurs und hoffte, damit die Hochseeflotte von ihrem Stützpunkt abschneiden zu können. Für seine Entscheidung erhielt er später die Vorwürfe, die er in seinem Brief an die Admiralität vorausgesagt hatte. Beatty wurde ebenfalls beschuldigt, „versäumt zu haben, die Feindberührung wiederherzustellen“, ein Vorwurf, den er kleinlich auf Jellicoe abschob. „Wie konnten wir wissen, daß der Oberbefehlshaber, kaum daß wir ihm die deutsche Schlachtflotte zugeführt hatten, sie wieder verlieren würde. Den Schlachtkreuzern fiel nicht länger alleine zu, Kontakt zur Schlachtflotte des Feindes zu halten, wenn der Oberbefehlshaber dies vermied, indem er sich zurückzog.“

Derartige Verleumdungen blieben hingegen ziemlich akademisch, denn um 18.55 Uhr, nur 20 Minuten nachdem er so überstürzt den Kampf abgebrochen hatte, vollführte Scheer eine erneute Kehrtwendung und fuhr geradewegs zurück auf die britische Linie. John Jellicoe stand im Begriff, das seltenste aller Geschenke in der Kriegsführung entgegenzunehmen – eine zweite Gelegenheit.

Niemand hat jemals mit absoluter Sicherheit erfahren, warum Scheer so handelte. Seine offizielle Erklärung blieb wenig befriedigend. „Den Nachtmarsch anzutreten war es noch zu früh. Der Feind hätte uns vor Dunkelheit zum Kampf stellen können, er hätte verhindern können, daß wir die Initiative ergreifen, und schließlich hätte er unseren Rückzug in die Deutsche Bucht abschneiden können. Dem vorzubeugen gab es nur ein Mittel: dem Gegner durch einen nochmaligen rücksichtslosen Vorstoß einen zweiten Schlag versetzen und die Torpedoboote mit Gewalt zum Angriff zu bringen.“ In kleinem Kreise war seine Begründung noch dürftiger. Seinem Stab sagte er nach der Schlacht: „Ich wollte der armen *Wiesbaden* helfen. Die Sache ist eben einfach so passiert.“

Was auch seine Gründe gewesen sein mögen, die Ergebnisse blieben dieselben. Die Schlachtkreuzer der Aufklärungsgruppe 1, jetzt unter Kapitän zur See Johannes Hartog auf der *Derfflinger* (Hipper suchte immer noch ein anderes Flaggschiff), übernahm auf dem Wege zurück in den Kampf die Führung. Sofort wurde klar, daß Scheer sich in derselben Schlacht nicht nur einmal, sondern zum zweiten Male in die ungünstige

Lage des gekreuzten „T“ manövrierte – eine in der Seekriegsgeschichte außerordentlich seltene Situation *(Karte S.133)*.

„Die Spitze unserer Flotte war halbkreisförmig von der feindlichen Flotte umgeben“, schrieb der auf der *Derfflinger* fahrende von Hase, „wir befanden uns tatsächlich im absoluten Wurstkessel.“ Aus der britischen Kiellinie eröffneten die *St. Vincent, Neptune, Revenge* und *Agincourt* das Feuer, und die *Derfflinger* erzitterte unter den Schlägen. Um 19.12 Uhr brach Scheer mit den Schlachtschiffen aus dem Dunst hervor.

Innerhalb einer Minute nach Sichten der Briten erkannte er die gefährliche Lage und gab seinen Schlachtschiffen den Signalbefehl für eine nochmalige Gefechtskehrtwendung, die sie in den schützenden Dunst zurückführen sollte. Gleichzeitig befahl er ein Nachhutgefecht, um seinen Rückzug zu decken. Seinen Schlachtkreuzern, die ohnehin schon unter schwerem Beschuß standen, signalisierte er: „Ran an den Feind.“

Die Schlachtkreuzer reagierten mit großer Tapferkeit. Eines nach dem anderen fuhren die schon zusammengeschossenen Schiffe auf die flammende Wand der britischen Linie zu. Die *Derfflinger* führte, gefolgt von der *Seydlitz* und der *Moltke*, dann kam die *Von der Tann* mit ihren nicht einsatzfähigen Geschützen, ohne Möglichkeit zu schießen, aber nicht willens, den Kampfplatz zu verlassen.

Die *Derfflinger* taumelte auf die *Colossus* zu, das siebzehnte Schiff in der britischen Linie. Sie konnte sogar zwei Treffer anbringen, die sechs Mann verwundeten und kleinere Schäden verursachten. Für ihr Draufgängertum zahlte sie einen hohen Preis. Eine Granate der *Colossus* durchschlug den Panzer eines Geschützturmes der *Derfflinger* und krepierte im Turm. Die Flammen des brennenden Pulvers schlugen hoch in die Luft; von den 78 Mann der Turmbesatzung überlebten nur fünf. Wenige Augenblicke später wurde ein anderer Geschützturm getroffen. „Und wieder geschah das Entsetzliche“, schrieb von Hase, „bis auf einen einzigen Mann . . . fand die gesamte Turmmannschaft, einschließlich aller Munitionskammerleute, gleichzeitig den Tod . . . Ganze Decksplatten fliegen durch die Luft, ein ungeheurer Luftdruck wirft alles, was nicht niet- und nagelfest ist, von Bord. So verschwindet z. B. das Kartenhaus mit allen Karten und Apparaten . . . für immer von der Bildfläche.“

Scheer änderte bald seine Meinung und befahl den hin und her wirbelnden Schlachtkreuzern: „Auf die feindliche Spitze manövrieren.“ Hartog auf der *Derfflinger* ließ bei 23 Knoten Fahrt den Kurs von Ost auf Süd ändern, und als die Schlachtkreuzer in Ausführung des Signals abdrehten, lagen sie praktisch wehrlos vor den britischen Breitseiten. Die *Seydlitz* und die *Von der Tann* wurden getroffen, und die *Derfflinger* mußte noch sechs Granattreffer einstecken, bevor sie und ihre schwergeprüften Schwesterschiffe den Kampf endlich abbrachen und hinter einer von den deutschen Zerstörern gelegten Rauchwand verschwanden.

Hatten auch die Schlachtkreuzer bei ihrem selbstmörderischen Angriff die Hauptlast des feindlichen Feuers getragen, so blieben Scheers Schlachtschiffe doch nicht ungeschoren. Die *König* lag mit dem Bug tief im Wasser, und auf der *Großer Kurfürst,* die 4° Schlagseite hatte, stand das Wasser im Vorschiff bis zum Hauptdeck. Seinen tapferen Schlachtkreuzern befahl Scheer um 19.18 Uhr, ihren hoffnungslosen Angriff abzubrechen, und seinen Torpedobooten gab er ein Signal, den allgemeinen Rückzug mit einem Torpedoangriff zu decken.

Auf der ganzen britischen Linie sah man die Torpedoboote kommen. Auf der *Conqueror* berichtete ein Offizier, daß die wendigen, tödlichen kleinen Kriegsschiffe kaum eine Minute einen geraden Kurs einhielten. Ständig „kurvten und drehten sie, verschwanden hinter ihrem eigenen Rauch, um fast sofort wieder an anderer Stelle zu erscheinen. Für uns war es im Endeffekt so, als versuchten wir, Schnepfen mit Kugeln zu treffen“.

Mit fast schon überspültem Oberdeck kriecht der beschädigte deutsche Schlachtkreuzer „Seydlitz“ nach der Skagerrakschlacht mühsam heimwärts. Sein Rumpf war von 22 Treffern schwerer Granaten und einem Torpedotreffer aufgerissen. Die zerschlagene „Seydlitz“ konnte in der Nacht des 31. Mai die Marschgeschwindigkeit der Flotte von 16 Knoten nicht mehr mithalten. Mit zeitweilig nur sieben Knoten Fahrt gelang es ihr, sich auf dem Wege in die Sicherheit der Küstengewässer an nicht weniger als fünf feindlichen Kriegsschiffen vorbeizuschleichen.

Britische Zerstörer wurden zu einem Gegenangriff angesetzt, und das ganze Kampfgebiet wurde bald von einem deutschen Rauchschirm verdunkelt. Aus dieser Dunkelheit schossen die deutschen Torpedos.

Große Schiffe sind natürlich Torpedotreffern weniger ausgesetzt, wenn sie sich dem Angriff nicht als Breitseitziel darbieten. Sie können auf die Torpedos zudrehen und versuchen, ihnen mit dem Bug voraus auszuweichen. Die britische Standardtaktik sah jedoch vor, einem Torpedoangriff das Heck zuzuwenden. Dieses Ausweichmanöver wurde aus zwei Gründen als sicherer angesehen: Entweder konnten die Schiffe aus der Torpedolaufstrecke hinausgelangen, oder sie konnten vor den Torpedos einen Vorsprung halten, bis diese am Ende ihrer Laufstrecke langsamer wurden und es leichter wurde, ihnen auszuweichen. Jellicoe signalisierte also seinen Schlachtschiffen, vor dem Torpedoangriff abzudrehen – damit aber auch von der sich zurückziehenden Hochseeflotte.

Der Torpedoangriff richtete jedoch wenig Schaden an. Ungefähr 50 deutsche Torpedoboote mit fast 250 Torpedos standen zur Verfügung. Im Abwehrfeuer, dem Gegenangriff britischer Zerstörer und bei den Ausweichbewegungen von Jellicoes Schlachtschiffen erreichten jedoch nur 13 deutsche Boote eine Schußposition – und das in der äußersten Torpedoreichweite von 6800 Metern. Sie schossen insgesamt 31 Torpedos ab, von denen 21 die britische Linie erreichten. Kein Schiff wurde versenkt.

Zur freudigen Überraschung der Briten zogen die feindlichen Torpedos eine deutlich sichtbare Blasenbahn. Bei ihren eigenen Torpedos hatten sie diesen Nachteil beseitigt, und der Feindnachrichtendienst hatte gemeldet, daß die Deutschen es auch getan hätten. Dem war nicht so. Ausguckposten konnten die Laufbahnen schon auf zwei Seemeilen Entfernung erkennen, was selbst dem schwersten Schiff Zeit zum Ausweichen gab. Natürlich gab es einige sehr knappe Fehlschüsse. Ein Torpedo lief dicht unter dem Heck der *Neptune* durch, und ein Artillerieleutnant im Vortopp sah eine andere Laufbahn direkt auf das Schiff zukommen. Durch das Sprachrohr brüllte er: „Hart Steuerbord", und ein Fähnrich, der bei ihm war, erinnerte sich genau an die Reaktion des Schiffes, als Mast und Gefechtstopp „beim harten Andrehen des Schiffes in voller Fahrt und Hartruderlage unter der Beanspruchung stöhnten und zitterten". Die Kursänderung des Schiffes ließ den Torpedo genau achteraus – und aufholend. Der Fähnrich fuhr fort: „Wir konnten nichts tun als warten und warten, mit offenem Mund. Nichts geschah. Die Zeit verstrich, in der der Torpedo unser Heck erreicht haben mußte, es hätte eine große Explosion geben müssen, aber immer noch passierte nichts." Es schien wie ein Wunder, der offizielle Bericht der *Neptune* drückte es hingegen prosaischer aus: „Torpedo wurde entweder von den Schraubenwirbeln der *Neptune* abgelenkt, oder seine Reichweite war erschöpft. Das letztere ist wahrscheinlicher."

Um 19.31 Uhr war der Torpedoangriff vorbei. Die Torpedoboote verschwanden in ihrem eigenen Rauch, und die großen Geschütze der *Iron Duke* schwiegen. Sie sollten nie wieder einen Schuß im Kampf lösen. Die Tatsache, daß die Grand Fleet vor einem so kümmerlichen Angriff abgedreht hatte, war ein schrecklicher Schlag für den Stolz der britischen Marine, ein Schlag, den viele Landsleute Jellicoe nicht verziehen. Um 19.40 Uhr gab er seiner Flotte den Befehl, wieder auf Südkurs zu gehen – die deutsche Flotte war jedoch fort. Das zweite Treffen zwischen den Schlachtflotten hatte wenig länger als eine Viertelstunde gedauert. Keinem der Schlachtschiffe beider Seiten war erheblicher Schaden zugefügt worden.

Die meisten Erlebnisberichte über die Skagerrakschlacht wurden von Männern geschrieben, die – mehr oder weniger – sehen konnten, was vorging. Die große Mehrzahl der 105 000 Mann, die daran teilnahmen, sah aber überhaupt nichts. Das waren die Besatzungen unter Deck: Maschinenpersonal, Sanitäter, Feuerlösch- und Lecksicherungsgruppen, Funker und Kodierer, die Turmbesatzungen und die Männer in den Munitionskammern. Da sie blind kämpften, waren ihre Erlebnisse um so erschreckender. Ein Ingenieuroffizier des Panzerkreuzers *Warrior,* der einen Treffer von einem deutschen Schlachtschiff erhielt, schrieb: „Ich hörte eine gewaltige Explosion, ein lautes Knirschen ging durch das ganze Schiff, die meisten Lichter gingen aus. Die Maschinen liefen noch, was anzuzeigen schien, daß die Zylinder nicht beschädigt waren. Aber in dem trüben Licht bemerkte ich etwas, das dem Niagarafall ähnelte. Ob allerdings das Wasser von unten nach oben quoll oder von oben nach unten stürzte, konnte ich nicht sicher ausmachen. Ein Dampfstrahl traf mein Gesicht und warnte mich, daß mir nicht viel Zeit für Überlegungen blieb. Schnell wurde mir klar, daß die Pumpen die hereinstürzende Wassermenge nicht bewältigen konnten; es blieb nur eines übrig: die Männer herauszubekommen."

Die Maschinenräume an Steuerbord und Backbord waren durch ein wasserdichtes Schott getrennt, welches klemmte und sich nicht öffnen ließ. Der Offizier scheuchte seine Männer eine Leiter hinauf und folgte ihnen. Die letzten Lampen gingen aus. Er tastete sich an dem Geländer entlang, das die über den Zylindern der Kolbendampfmaschine liegende Plattform abschloß, zu einem anderen Schott am vorderen Ende des Maschinenraumes. Als er es öffnete, schoß ihm eine Wolke aus Rauch und beißenden Gasen entgegen. Die Messeräume jenseits der Tür standen in Brand. „Mit diesem vor mir und dem Brausen des Dampfes hinter mir kam ich mir vor wie eine Ratte in der Falle", schrieb er. „Es schien keine Möglichkeit zu geben, die schweren Panzerluken an der Maschinenraumdecke zu öffnen, und Panik überfiel mich. In diesem Moment bemerkte ich, daß mir ein Mann einen von oben einfallenden Lichtschimmer zeigte, und in der nächsten Minute kletterte ich durch eine aufgerissene Decksnaht heraus."

Insgesamt erhielt die *Warrior* 13 Treffer. Zwei Stunden kämpften die Männer unter Deck, um die Brände unter Kontrolle zu bekommen. Jeder Zugang zu dem anderen Maschinenraum war durch Feuer versperrt, und Dampf zischte aus seinen Lüftern. Der Offizier war sich quälend bewußt, daß die ganze Besatzung des Backbordmaschinenraumes umgekommen sei. Endlich konnte eine der Panzerdecksluken geöffnet werden, und erstaunlicherweise erschollen Rufe von unten.

In dem Backbordmaschinenraum waren die Leitern nicht mehr zugänglich, das Wasser stieg brusthoch über die Flurplatte, und die offenliegende Kurbelwelle raste darin herum. Die Raumbesatzung kletterte an der Maschine hoch, über Rohre und Kondensatoren, sich gegenseitig festhaltend, damit das wirbelnde Wasser sie nicht fortriß. Einige Männer fielen hinunter, wurden zerquetscht und ertranken. Etwa acht Mann erreichten schließlich die Unterseite der Panzergrätings, konnten sie aber nicht anheben. Gefangen zwischen den Grätings und dem steigenden Wasser, dem Dampf ausweichend, der sie fast erstickte, spritzten sie das ölige Wasser über ihre Gesichter, um nicht verbrüht zu werden. In völliger Finsternis und Hoffnungslosigkeit klammerten sie sich aneinander fest. Aber einen nach dem anderen verließen die Kräfte, sie fielen hinunter und ertranken. Als die Luken schließlich von ihren Kameraden geöffnet wurden, waren nur noch drei Mann am Leben.

Für die Briten zog die Dunkelheit wie ein Fluch herauf. Vor dem Kriege hatte die Flotte vor der spanischen Küste bei Vigo Nachtübungen abgehalten. Sie erwiesen sich als völliger Fehlschlag, und einer der Offiziere bemerkte: „Die britische Scheinwerferführung war so schlecht, daß man darüber nur lachen kann." Jellicoe zog aus dieser trüben Erfahrung den Schluß, daß ein Nachtgefecht „ein Lotteriespiel" sei, an dem er keinen Teil haben wollte. Eine Nachtschlacht mit all ihren Zufallselementen würde die

Wilhelm der Hunne, englischer Bullterrier und hochdekoriertes Maskottchen, zeigt sein auffallend geschmücktes Halsband, als er sich nach der Hand des Leutnants King Harman auf dem britischen Zerstörer „Swift" streckt. Die Metallschilder am Halsband bekunden Wilhelms treue Anwesenheit in der Skagerrakschlacht und bei zwei weiteren Gefechten mit deutschen Kaperschiffen 1916 und 1917.

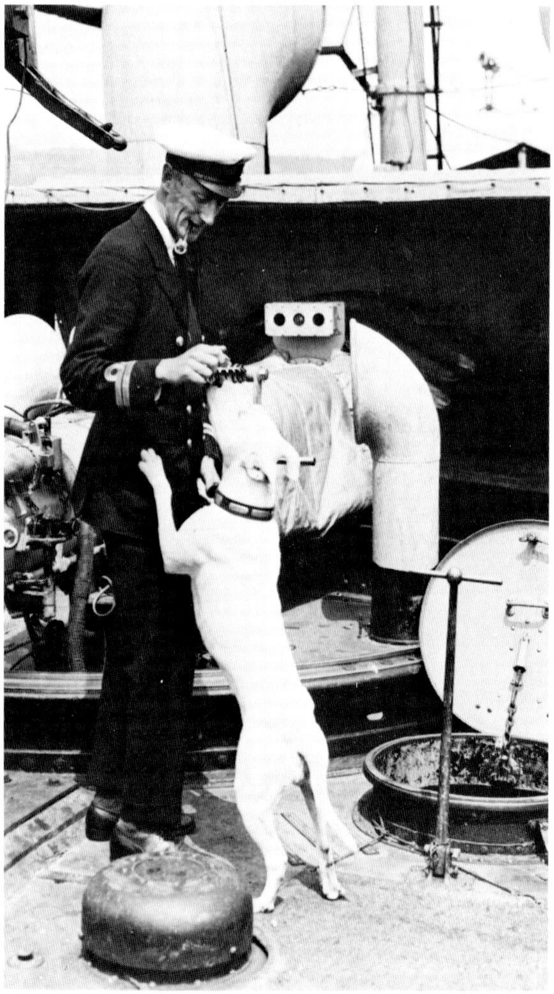

Scheers Rückzug

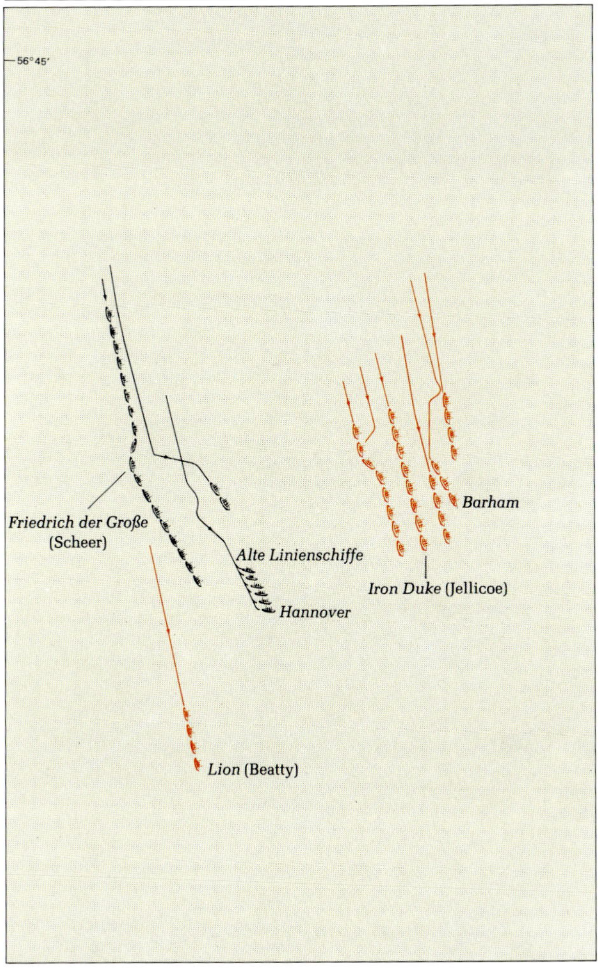

21.30 UHR BIS 22.00 UHR. In der Absicht, die sich zurückziehenden Deutschen von der Geborgenheit ihrer Ausgangsbasis abzuschneiden, stößt Jellicoe mit hoher Fahrt nach Süden vor. Scheer weiß, daß er den Briten an Geschwindigkeit unterlegen ist. Um den Feind in der Dunkelheit an sich vorbeilaufen zu lassen, schlägt er daher einen Südostkurs ein. Seine sechs anfälligen alten Linienschiffe warten, angeführt von der „Hannover", bis die Hauptflotte sie passiert hat und sie sich hinten an die Linie anschließen können. Die britischen Schlachtkreuzer, geführt von der „Lion", sind inzwischen nach Südwesten gefahren, um den Kontakt mit dem Feind wiederherzustellen. Nach kurzem Scharmützel verlieren sie jedoch die Feindberührung mit den Deutschen wieder.

schwächere Flotte begünstigen und die britische Stärke des Schießens auf große Entfernungen zunichte machen. Die Admiralität hatte sich daher entschlossen, die Stärke der Flotte für den Kampf bei Tageslicht aufzusparen und eine Nachtschlacht zu vermeiden. Nach der Skagerrakschlacht schrieb Jellicoe in seinem offiziellen Bericht: „Ich habe den Gedanken an ein Nachtgefecht zwischen den schweren Schiffen sofort verworfen, hätte es doch möglicherweise zum Verhängnis führen können. Erstens wegen der Anwesenheit einer großen Zahl von Torpedoträgern und zweitens wegen der Unmöglichkeit, eigene von feindlichen Schiffen zu unterscheiden."

Den Deutschen bot die Nacht Chancen, auf die sie sich gründlich vorbereitet hatten. Im Gegensatz zu den Briten besaßen sie Leuchtgranaten, die feindliche Schiffe beleuchten konnten, ohne die eigene Position zu verraten. Auch waren die deutschen Scheinwerfer sehr viel stärker und wirksamer: Ein bleistiftdünner Strahl fixierte das feindliche Schiff, dann öffneten sich die Blenden, um das Ziel mit dem vollen Licht zu überschütten, und in augenblicklicher Zusammenarbeit eröffneten die Geschütze das Feuer. Am wichtigsten aber war, daß die Hochseeflotte ein weit überlegenes System an Nachterkennungssignalen entwickelt hatte. Bestimmte Muster farbiger Lichter wurden an den Masten gezeigt, die so schnell eingeschaltet und wieder gelöscht werden konnten, daß dem Feind keine Zeit blieb, das Erkennungssignal nachzuahmen. Die Briten hingegen benutzten Blinksignale mit Morsebuchstaben, die mehr Zeit in Anspruch nahmen und von feindlichen Schiffen abgelesen und benutzt werden konnten.

Bei Anbruch der Nacht hatten die Kämpfe des Tages die britische Flotte in eine Stellung östlich von den Deutschen geführt, also zwischen Scheer und seinen Flottenstützpunkt. Jellicoe hoffte und erwartete, sich in dieser Stellung zum Feind halten zu können. Um das zu tun, mußte er den Kurs von Scheer zutreffend schätzen und gleichzeitig die Minenfelder in der Helgoländer Bucht vermeiden. Für die Deutschen gab es zwei Möglichkeiten: Der längere, aber weniger gefährliche Weg wäre ein reiner Südkurs gewesen, danach Ostkurs entlang der niederländischen Küste bis in den Jadebusen. Die andere Möglichkeit war ein direkter Weg in die Jade auf Südostkurs, dicht an Horns Riff vor der dänischen Küste vorbei.

Aus Gründen, die nie aufgeklärt wurden, entschied Jellicoe, daß der niederländische Weg der wahrscheinlichere sei, und ging dementsprechend auf Südkurs. Nur den Minenleger *Abdiel* schickte er nach Horns Riff, um dort noch mehr Minen zu legen. Jellicoe hatte seine Flotte um 21 Uhr in Marschformation gebracht, mit den Zerstörern als Nachhutschirm fünf Seemeilen achteraus und Beatty mit seinen Schlachtkreuzern – wieder selbständig operierend – 13 Seemeilen westlich der Flotte. So bildete die Flotte einen Sperriegel von 25 Seemeilen Länge.

Jellicoe hatte sich verschätzt. Zehn Minuten nachdem er auf Südkurs gegangen war, drehte Scheer mit 16 Knoten Marschfahrt auf Südostkurs nach Horns Riff *(Karte links)*. Irgendwo mußten sich die Kurse der Flotten schneiden. Scheer stellte in aller Härte klar, was die Flotte in einem solchen Falle zu tun hätte. Er befahl: „Dieser Kurs ist beizubehalten."

Vielleicht war es typisch, daß die Nachtoperationen mit einem weiteren unbegreiflichen Fehler des Signaloffiziers von Beatty, des unfähigen Ralph Seymour, ihren Anfang nahmen. Kurz nach Einbruch der Dunkelheit signalisierte er mit dem Morsescheinwerfer an das nächste hinter ihm laufende Schiff: „Rufen Sie mich bitte an, und antworten Sie mit vollem Licht, da kein Feindkontakt mehr besteht." Das war, wie Jellicoe sagte, als er davon erst nach dem Kriege hörte, „absolute Idiotie". Das andere Schiff morste sein geheimes Erkennungssignal zurück, und zwei Gruppen deutscher Kreuzer, die weniger als zwei Seemeilen entfernt standen, lasen das Signal ab und machten es nach. Deutsche Schiffe waren damit in der Lage, sofort das Feuer zu eröffnen, wenn irgendein Schiff mit dem britischen Anruf begann und wahrscheinlich – wenn es auch nie bewiesen wurde – auf den britischen Anruf richtig zu antworten und unbékämpft durch die Linien der britischen Flotte zu schlüpfen.

Als ob Seymours Unfähigkeit noch nicht ausgereicht hätte, gab jetzt die Admiralität ihren eigenen Beitrag zu der Tragikomödie des britischen Nachrichtenwesens. Jellicoe hatte wegen der Fehlinformation am Morgen, Scheers Verbleib in der Jade betreffend, ein Mißtrauen gegen die Feindmeldungen der Admiralität entwickelt. Es wurde bestätigt, als die Operationsabteilung ihm spät am Abend einen Standort von Scheer übermittelte, von dem er wußte, daß er nicht richtig sein konnte. Die Nachricht stammte aus dem Zimmer 40, das Peilstationen eingesetzt hatte, die manchmal unzuverlässige Ergebnisse lieferten. Zur selben Zeit entschlüsselte das Zimmer 40 aber Scheers Funksprüche richtig und leitete sie an die Operationsabteilung weiter. Etwa um 22 Uhr sandte die Operationsabteilung an Jellicoe einen abgehörten Signalbefehl, in dem der Kurs für die Nacht angegeben war – der Weg, der direkt auf Horns Riff zulief. Jellicoe nahm die Nachricht jedoch nicht ernst. Er blieb auf Südkurs.

Während der nächsten zwei Stunden entzifferte das Zimmer 40 noch sechs weitere Signalbefehle von Scheer. Zwei davon waren von höchster Wichtigkeit. Der erste, an einen Zeppelinhafen in Norddeutschland gerichtet, hieß: „Frühe Morgenaufklärung bei Horns Riff dringend benötigt." Der andere, an die deutschen Zerstörer gerichtet, befahl allen Flottillen, sich um zwei Uhr morgens bei Horns Riff zu sammeln. Zusammen ergaben sie ein schlüssiges Bild und hätten vielleicht Jellicoes Einstellung geändert und ihn veranlaßt, Kurs auf Horns Riff zu nehmen.

Er erhielt diese Meldungen aber nicht. Vom Zimmer 40 wurden sie vorschriftsmäßig in den Operationsraum gegeben, der dem Chef des Admiralstabes unterstand. Der war zu Bett gegangen. Diensthabender war Kapitän zur See A. F. Everett, der Sekretär für Marineangelegenheiten des Ersten Lords. Er besaß keine Erfahrung in der Arbeit einer Operationsabteilung und offensichtlich auch wenig gesunden Menschenverstand. Er entschied, die Nachrichten wären nicht wichtig genug, um gesendet zu werden, und legte sie ab. Als sie endlich wieder auftauchten, bestand nur noch Veranlassung, den Mann zu rügen, der einen der ungeheuerlichsten Fehler in der Geschichte der Admiralität begangen hatte.

Gegen 22 Uhr stießen Teile der deutschen Hochseeflotte durch den Zerstörerschirm, der hinter Jellicoes Flotte stand, und die letzte, wildeste Phase der Skagerrakschlacht flammte in der Dunkelheit und dem Nieselregen der Nacht auf. Sie wurde in verschiedenen unzusammenhängenden Einzelkämpfen auf Kernschußweite ausgetragen. Später gelang es den Historikern, mehr oder weniger auszusortieren, was sich wirklich zugetragen hatte. Den Beteiligten jedoch erschien alles wie ein vollständig wirres Durcheinander. Ein britischer Zerstörerkommandant schrieb: „Wir hatten wirklich keine Ahnung, wo der Feind stand, und nur eine sehr vage Vorstellung von der Position unserer eigenen Schiffe."

Das erste echte Gefecht begann, als der britische Zerstörer *Castor,* der eine Flottille anführte, auf zwei Schiffe traf, die das britische Erkennungssignal zeigten. Die *Castor* näherte sich ihnen bis auf 1700 Meter. Die Schiffe blendeten plötzlich ihre Scheinwerfer auf und eröffneten das Feuer. Es waren die deutschen leichten Kreuzer *Frankfurt* und *Pillau.* Die *Castor* antwortete mit Geschützfeuer und Torpedos, wurde aber schwer beschädigt und erlitt hohe Verluste unter der Besatzung. Die meisten Boote der Flottille schossen überhaupt nicht; sie glaubten, versehentlich von eigenen Schiffen unter Feuer genommen zu werden, und bevor sie ihren Irrtum gewahr wurden, war das kurze Gefecht vorüber, und ein bedrohliches Schweigen breitete sich wieder über der See aus.

Geglücktes Entkommen

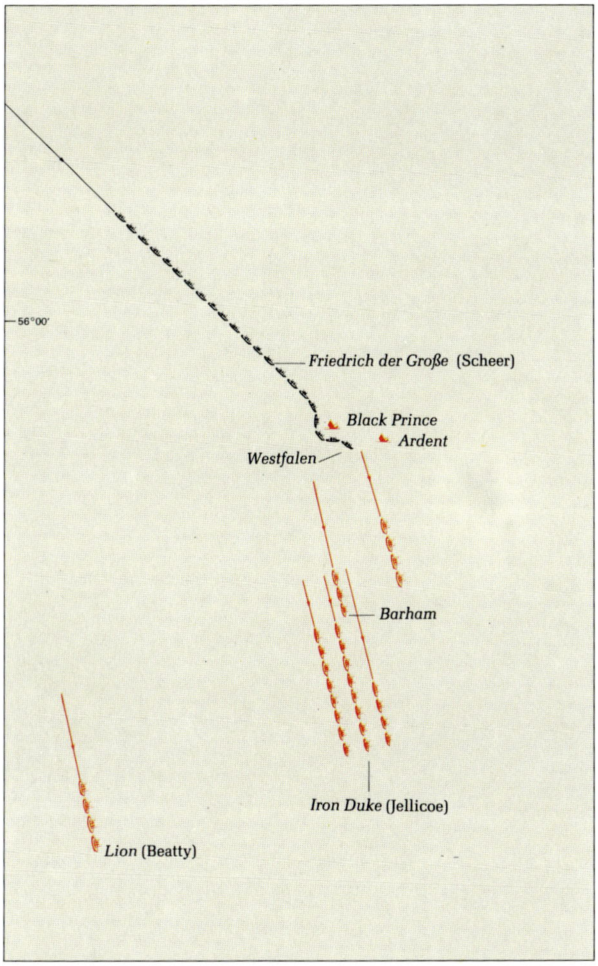

24.00 UHR BIS 0.15 UHR. Während der Nacht bleibt Scheer hartnäckig auf Südostkurs und entrinnt knapp der britischen Flotte. Sein Spitzenschiff, die „Westfalen", kommt tatsächlich bis auf drei Meilen an die Schlußschiffe von Jellicoes Flotte heran. Für zwei Stunden hat er eine Reihe wilder Nachtgefechte mit Kreuzern und Zerstörern der britischen Nachhut zu bestehen. Die deutsche Flotte versenkt den Zerstörer „Ardent" und beobachtet den Todeskampf des brennenden Panzerkreuzers „Black Prince". Drei Stunden später, als die Morgenröte am Osthimmel erscheint, bringt Scheer die Hochseeflotte in den deutschen Küstengewässern in Sicherheit.

Es wurde um 22.30 Uhr wieder unterbrochen, als die leichten Kreuzer *Southampton* und *Dublin* auf deutsche Kreuzer trafen. Ein Offizier der *Southampton* schrieb: „Ein Signalgast und der Obersteuermann flüsterten plötzlich: ‚Fünf Schiffe querab.' Wir begannen mit dem Anruf, und die Deutschen zeigten farbige Lichter an der vorderen Signalrah. Eine Sekunde später löste sich auf der *Dublin* ein einzelner Schuß. Gleichzeitig sah ich die Granate ein deutsches Schiff treffen, das etwa 700 Meter entfernt stand. Der Treffer saß eben über der Wasserlinie, und für einen Augenblick konnte ich ein gespenstisches Bild des Schiffsinneren erhaschen. In diesem Moment blendeten die Deutschen ihre Scheinwerfer auf und wir unsere. Bevor ich von dem Licht geblendet wurde, sah ich noch eine Linie hellgrauer Schiffe. Dann antwortete das Geschütz, hinter dem ich stand, auf meinen Ruf ‚Feuer!'. Das Gefecht dauerte 3½ Minuten." In diesen dreieinhalb Minuten schoß die *Southampton* einen Torpedo ab, der den Kreuzer *Frauenlob* in zwei Teile zerriß, hatte selbst aber 89 Mann Verluste, womit 75 % ihrer Oberdecksbesatzung getötet oder verwundet waren.

Eine Stunde später, ungefähr um 23.30 Uhr, kreuzten die deutschen Schlachtschiffe, etwa Süd-zu-Ost nach Horns Riff steuernd, den Kurs der britischen Zerstörer, die noch im Kielwasser ihrer Schlachtflotte mit fünf Seemeilen Abstand nach Süden fuhren. Die Besatzung des britischen Zerstörerführers *Tipperary* sah nur ungenau eine schattenhafte Linie von Schiffen in geringer Entfernung und begann mit dem Erkennungsanruf. Sofort leuchteten die Deutschen mit den Scheinwerfern und feuerten.

Die *Tipperary* geriet fast sofort in Brand und ging unter. Das Geschützfeuer setzte sich für mehr als 40 Minuten fort, an Intensität zunehmend oder abnehmend, sobald die deutschen Schiffe mit den gegnerischen leichten Streitkräften in Berührung kamen und durch ihre Linien brachen. Der Zerstörer *Fortune* wurde von den Deutschen versenkt. In dem wilden Getümmel erhielt der deutsche Kreuzer *Rostock*, der die Schlachtschiffe begleitete, einen Torpedotreffer, und das deutsche Schlachtschiff *Posen* rammte den Kreuzer *Elbing*. Im Laufe der Nacht wurden die *Rostock* und die *Elbing* aufgegeben und sanken. Der britische Zerstörer *Spitfire* kollidierte Bug auf Bug mit dem deutschen Schlachtschiff *Nassau*. Die großen Geschütze der *Nassau* donnerten über die Köpfe der Zerstörerbesatzung. „Sie konnten sie nicht genügend absenken, um uns zu treffen", schrieb ein Überlebender der *Spitfire*, „aber ihre Druckwelle blies unseren Mast, den Schornstein und die Brücke über Bord." Die *Spitfire* wurde brennend und mit einem 20 Meter langen Loch in ihrer Seite zurückgelassen. „Als Ersatz dafür hatte uns die *Nassau* etwas über sechs Meter ihres Oberdecks in unserem Zwischendeck hinterlassen."

Inzwischen war es Mitternacht geworden, und die Spitze der deutschen Schlachtschiffe hatte das Kielwasser von Jellicoes Grand Fleet fast durchstoßen *(Karte links)*. Immerhin fiel noch ein weiterer britischer Zerstörer, die *Ardent*, unter dem deutschen Geschützfeuer und sank. An Bord der *Spitfire* hörte ein Matrose den Schrei „Vorsicht!" aus einem Dutzend Kehlen. Er erinnerte sich später: „Ich sah ein Schiff, das ein brennender Schlachtkreuzer zu sein schien, direkt auf unser Heck zuhalten. Wir glaubten, es steuere uns an, um zu rammen. Nur um wenige Meter verfehlte es unser Heck, so nahe, daß es schien, als lägen wir unmittelbar unter seinen Geschützen, die nach der Steuerbordseite ausgeschwenkt waren. Es fuhr dröhnend an uns vorbei, wir konnten das Knistern der Flammen hören und die Hitze spüren. Es war eine einzige Masse Feuer."

Auch die Deutschen sahen und meldeten die geisterhafte Erscheinung. Von Hase auf der *Derfflinger* schrieb: „Um 2 Uhr 15 Minuten trieb ein brennendes Schiff an uns vorbei. Das ganze Schiff war eine Glut. Schon längst konnte da kein lebendes Wesen mehr an Bord sein." Weder die Briten noch die Deutschen wußten, um was für ein Schiff es sich gehandelt hatte.

Später hat man rekonstruiert, daß es der Panzerkreuzer *Black Prince* gewesen sein müßte, der schon am Nachmittag schwer getroffen, später in der Nacht dann von der Hochseeflotte gestellt und nochmals beschossen worden war. Mit toten Männern am Ruder fuhr er nun mitten durch das Schlachtfeld, verschwand in der Dunkelheit und wurde nie wieder gesehen.

Nach der Versenkung der *Tipperary* übernahm der Zerstörer *Broke* die Führung der Flottille. Er wurde bald von den Scheinwerferstrahlen des deutschen Schlachtschiffes *Westfalen,* das die deutsche Linie anführte, erfaßt. Die *Broke* feuerte mit ihren 10-cm-Kanonen auf die Scheinwerfer und schoß Torpedos ab. Ein Treffer des Schlachtschiffes zerschlug jedoch ihre Brücke mit dem Ruderstand und den Maschinentelegraphen. Der Zerstörer lief daraufhin unkontrollierbar aus dem Ruder und rammte die *Sparrowhawk,* die dicht hinter ihm fuhr.

Auf der *Sparrowhawk* sah ein Unterleutnant den Bug der *Broke* genau auf die Brücke zukommen, auf der er stand. Der Bug traf, und der junge Offizier wurde heruntergeschleudert. Als er wieder zu sich kam, lag er auf der Back – nicht jedoch auf der seines eigenen Schiffes, sondern auf der der *Broke.* Er mühte sich, auf die Füße zu kommen, und wurde von einem anderen Unterleutnant mit den Worten begrüßt: „Wer, zum Teufel, sind Sie?" Die *Sparrowhawk* und die *Broke* lagen ineinander verkeilt. Jeder der beiden Kommandanten meinte, sein Schiff wäre am Sinken und beorderte seine Mannschaft auf das andere Schiff. Viele Männer stiegen tatsächlich in beiden Richtungen über, bevor die Befehle widerrufen wurden. Beide Kommandanten gaben an ihre Maschinenräume den Befehl „Voll zurück", die Schiffe kamen voneinander frei und blieben – wie durch ein Wunder – über Wasser. Die *Broke* kroch über das Heck fort in die Dunkelheit, worauf ein dritter Zerstörer, die *Contest,* der *Sparrowhawk* ins Heck fuhr. Nun lag die *Sparrowhawk* manövrierunfähig im Wasser.

Gegen zwei Uhr erhellte die erste schwache Morgendämmerung den Himmel, als die deutsche Flotte auf noch eine Zerstörerflottille stieß, und diesmal traf ein Torpedo das alte Linienschiff *Pommern.* „Sie sieht von weitem aus wie die Riesenfeuergarbe eines Brillantfeuerwerkes", schrieb von Hase, dessen *Derfflinger* von achtern aufdampfte. „Das Schiff muß in Atome zerstoben sein, so daß wenige Minuten hinterher auch nicht die geringste Spur von ihm zu sehen war." Die ganze Besatzung – mehr als 800 Mann – kam mit der *Pommern* um, dem einzigen Linienschiff, das in der Skagerrakschlacht versenkt wurde.

Tote Menschen und tote Fische trieben in der öligen See, und tote Schiffe geisterten auf ihr herum. In dem heller werdenden Licht näherte sich ein deutscher Schlachtkreuzer der hilflosen *Sparrowhawk.* Der Unterleutnant schrieb: „Die Kameraden beobachteten, wie sich der Abstand verringerte, und flüsterten, daß dies ihr Ende sein müßte." Die Männer der *Sparrowhawk* schafften so viel Munition, wie sie konnten, an das einzige noch brauchbare Geschütz. Der feindliche Kreuzer kam näher, schoß aber immer noch nicht. Einigen Männern der *Sparrowhawk* kam es vor, als läge das seltsame Schiff sehr tief im Wasser. Näher, immer näher kam es. Dann richtete es sich über den Bug auf und ging unter.

Die Besatzung der *Sparrowhawk* hat nie erfahren, welches Schiff dort unterging, und heute kann das niemand mehr feststellen. Zur gleichen Zeit hatte Reinhard Scheer, gegen alle Aussicht auf Erfolg, die Nachhut der britischen Flotte durchbrochen und steuerte einen Kurs, der ihn nach Hause brachte. Während der ganzen Nacht war Jellicoe nach Süden gedampft. Nur ein einziger Zerstörer hatte überhaupt versucht, ihn über Funk davon zu verständigen, daß er im Kampf mit Schlachtschiffen stehe. Der Funkspruch wurde auf der *Iron Duke* nicht aufgenommen. Durch ein Versehen, für das es keine Erklärung gibt, hatte niemand sonst daran gedacht, den Oberbefehlshaber über die Ereignisse zu informieren, die weit hinter seinem

Auf dem deutschen Schlachtkreuzer „Derfflinger" steht ein Matrose zwischen den zerfetzten Stahlplatten im Einschlagloch eines Granattreffers. Das Schiff liegt nach der Skagerrakschlacht für Reparaturen in der Werft in Wilhelmshaven.

Rücken stattfanden. Er selber nahm an, daß der Geschützdonner und die Lichtblitze, die er achteraus wahrnehmen konnte, nur auf Scharmützel zwischen Zerstörern zurückzuführen wären.

Später hat dies ein britischer Offizier säuerlich kommentiert: „Die Blitze des Mündungsfeuers, das Aufleuchten von Scheinwerfern, das plötzliche Aufglühen von Explosionen und der Fackelschein brennender Zerstörer kennzeichneten den deutschen Rückzugsweg ebenso unmißverständlich wie der Kompaß auf der Brücke der *Friedrich der Große.*"

Die Skagerrakschlacht war zu Ende. Aus der deutschen Schlachtordnung fehlten für immer das Linienschiff *Pommern,* der Schlachtkreuzer *Lützow,* die leichten Kreuzer *Frauenlob, Wiesbaden, Elbing* und *Rostock* sowie die Torpedoboote *S-35, V-4, V-27, V-29* und *V-48.* Die britische Totenklage klang noch düsterer: die Schlachtkreuzer *Indefatigable, Queen Mary, Invincible,* die Panzerkreuzer *Defence, Warrior* und *Black Prince,* die Zerstörer *Nestor, Nomad, Tipperary, Ardent, Fortune, Shark, Turbulent* und, nach einer unheimlichen Nacht, die *Sparrowhawk,* die zu schwer beschädigt war, um noch eingebracht werden zu können, und schließlich von eigenen Schiffen versenkt wurde. Es war ein entsetzlicher Blutzoll, aber alle Schlachtschiffe – beider Seiten – waren noch flott nach der einzigen Schlacht, die sie je gegeneinander ausfechten sollten.

Die Skagerrakschlacht aus deutscher Sicht

Als die Hochseeflotte vom Skagerrak mit ihrem stolzen, wenn auch unberechtigten Anspruch auf einen Seesieg zurückgekehrt war, beauftragte das deutsche Oberkommando der Marine den damals bekanntesten Marinemaler, Claus Bergen, die folgenschwere Schlacht in Bildern festzuhalten.

Bergens Geburtsort lag weit von der See entfernt in der Nähe des Schwarzwaldes. Gebirgslandschaften befriedigten ihn jedoch nicht. Im Jahre 1907 besuchte er Hamburg, Helgoland und die norwegische Hafenstadt Bergen – wo er die britische Flotte sah – und war so begeistert, daß er Schiffe und das Meer zu seinem Spezialgebiet erkor. Seine neuen Werke fanden bald Anerkennung, und Aufträge von Marineoffizieren, Schiffahrtslinien und Regierungen blieben nicht aus.

Besonders faszinierten ihn Kriegsschiffe. Seine Besessenheit für aufgewühlte Wellen und feuerspeiende Geschütze machte ihm bald einflußreiche Admirale und Kapitäne zu engen Freunden. An dem Skagerrakauftrag arbeitete Bergen mehrere Jahre; er malte Hunderte von detaillierten Bildern. Er begann seine Arbeit mit einem gründlichen Studium von Schlachtkarten und Kriegstagebüchern. In Gesprächen mit Teilnehmern der Schlacht erhielt er genaue Beschreibungen von Granataufschlägen, von den Farben verschiedenartiger Explosionen und dem erschreckenden Anblick riesiger Geschosse, die auf den Betrachter zufliegen.

Einmal ließ Admiral von Hipper eine deutsche taktische Bewegung aus der Skagerrakschlacht für Bergen wiederholen, der sie von einem leichten Kreuzer aus beobachtete. „Es war die einzige Methode, um es zu begreifen", meinte Bergen. In der Tat, es hätte ihm wenig genützt, selbst an der Schlacht teilzunehmen. „Man kann nicht an Deck stehen, wenn eine Salve gefeuert wird", erklärte er. „Man würde von der Druckwelle über Bord geblasen. Auch blendet der Mündungsblitz so stark, daß man nicht erkennen kann, was sich in diesem kurzen Augenblick ereignet. So bleibt es offensichtlich nur ein geistiger Eindruck, den man schließlich festhält."

Bergen fertigte Skizzen in Wasserfarben an, die er jedem Kommandanten zur Beurteilung der Wahrheitstreue vorlegte, und nahm alle Änderungsvorschläge in seine endgültigen Ölgemälde auf. Das Ergebnis waren genaueste Darstellungen – bis zum letzten Pinselstrich. Bei einer Ausstellung der fertigen Bilder glaubte ein Offizier, einen Fehler entdeckt zu haben. Er wies auf eine große Rauchwolke bei einem der Mündungsblitze, die Bergen gemalt hatte, und erklärte, daß zuerst der Blitz und dann der Rauch erscheine. Bergen erwiderte höflich, der Rauch stamme nicht von dem gerade abgefeuerten Schuß, sondern von der vorhergegangenen Salve.

Völlig eingedeckt von dem tödlichen Feuersturm aus den deutschen Schiffen im Vordergrund, fliegt der britische Panzerkreuzer „Defence", am Horizont links, in einem winzigen, orangefarbenen Flammenblitz – wie das Aufflammen eines Streichholzes – in die Luft. Die Linie deutscher Schlachtschiffe fährt von links nach rechts durch die von Aufschlägen feindlicher schwerer Granaten aufgewühlte See; ganz rechts die „König", gefolgt von der „Großer Kurfürst", „Kronprinz Wilhelm" und „Markgraf".

CLAUS BERG

Die nach Steuerbord gerichteten Geschütztürme des Schlacht-kreuzers „Seydlitz“ sind ausgefallen, das Schiff kann also keine vollen Breitseiten mehr schießen. Die beiden anderen Türme feuern noch nach Backbord auf britische Schiffe, die am Horizont nur an den Mündungsblitzen erkennbar sind. Das Deck ist von Treffern aufgerissen und mit abgebrannten Kartuschen übersät. Feuerlöschschläuche schlängeln sich über das Deck, bereitgelegt, um aus Treffern entstehende Brände bekämpfen zu können.

CLAUS BERGEN
MÜNCHEN

Beim Vortragen ihres Angriffes auf die britischen Schlachtschiffe durchbrechen deutsche Torpedoboote die Kiellinie der Hochseeflotte. Links im Vordergrund ist das deutsche Schlachtschiff „Markgraf“, rechts hinter den Torpedobooten sind die qualmenden Schornsteine der „Großer Kurfürst“ und eines anderen deutschen Schlachtschiffes zu erkennen. Der Angriff fand etwa um 18.30 Uhr statt, als Scheer die erste Kehrtwendung anordnete und es den Deutschen gelang, sich vom Feind zu lösen.

Der unglückliche britische Panzerkreuzer „Black Prince", der am späten Nachmittag den Anschluß an seine Flotte verloren hatte, steht gegen Mitternacht plötzlich im blendenden Scheinwerferlicht des deutschen Schlachtschiffes „Thüringen". Er irrte seit Stunden durch die Düsternis der Schlacht und glaubte, die eigene Flotte wiedergefunden zu haben. Indessen war er auf das Gros der deutschen Schlachtschiffe gestoßen, wurde in Minutenschnelle ir Brand geschossen und trieb als tote Schiffshülle fort in die Nacht.

Bergen stellt hier das alte deutsche Linienschiff „Pommern" dar, wie es versucht, sich mit Höchstfahrt in Sicherheit zu bringen – Augenblicke nur, bevor es von den verfolgenden britischen Zerstörern vernichtet wurde. Die orangefarbenen Blitze zeigen von links nach rechts die Kiellinie der Zerstörer an, die sich das Schiff zum Ziel nehmen. Es wurde „buchstäblich in Atome" gesprengt, wie ein Augenzeuge berichtete, und setzte mit seiner Explosion den Schlußpunkt der Schlacht vor dem Skagerrak.

Kapitel 6

Das Ende der Kaiserlichen Marine

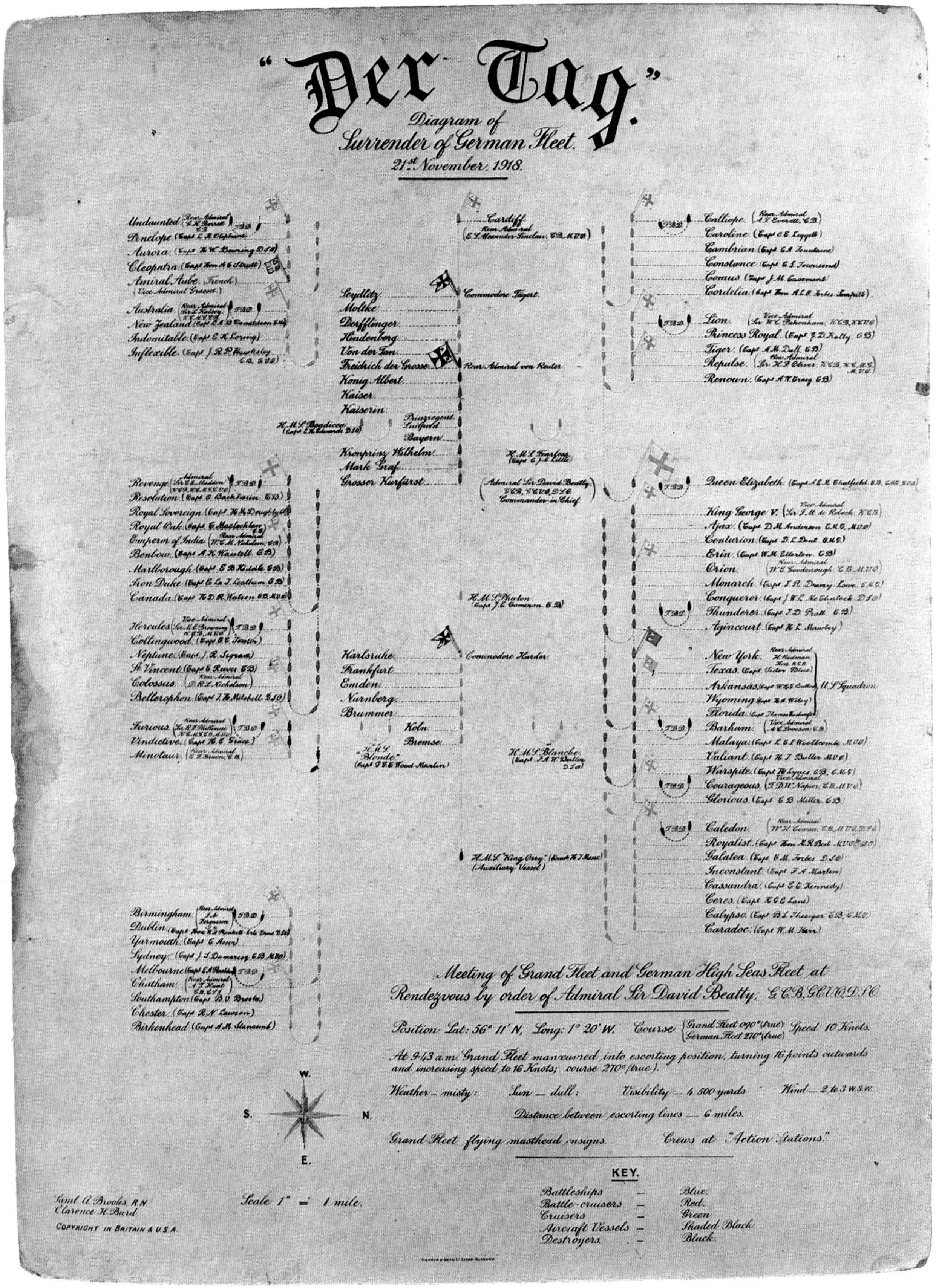

In der vergeblichen Hoffnung, zumindestens noch einige deutsche Nachzügler abfangen zu können, verweilte die Grand Fleet noch den ganzen Vormittag des Donnerstag, 1. Juni 1916, auf dem Kampfplatz in der Nordsee. Obgleich schlechtes Wetter aufkam und der Himmel sich bleifarben überzogen hatte, schillerten auf dem Wasser die ausgedehnten Ölflecke, als die Kriegsschiffe sich langsam durch das elende Treibgut der Schlacht schoben: Holzstücke, Papierfetzen, Schwimmwesten aus Kork und hier und dort treibende Leichen in den Uniformen beider Marinen.

Traditionsgemäß übergab Jellicoe die Körper der Menschen, die an Bord ihrer Schiffe gefallen waren, der See – genauso wie Sir Francis Drake vor mehr als 300 Jahren seine Toten nach der Vernichtung der Armada der See überlassen hatte. Auf Pfeifensignal traten alle Mann an Deck an, und die Gefallenen der Royal Navy, eingeschnürt in ihre Hängematten und an Kopf und Füßen beschwert, glitten über Bord. Dann, gegen Mittag, setzte Jellicoe seinen Kurs nach Scapa Flow ab.

Zu dieser Zeit trafen die Schiffe von Scheers Hochseeflotte in ihren Heimathäfen ein. Als Wache gegen einen erwarteten britischen Vorstoß hatte Scheer fünf Schlachtschiffe auf Schillig-Reede außerhalb von Wilhelmshaven postiert. Wieder und wieder öffneten sich am Tage und bis tief in die Nacht die riesigen Schleusentore zur Jade, um die Überlebenden der Schlacht durchzulassen. Als letztes kam das Schlachtschiff *Ostfriesland,* das am frühen Morgen durch Minentreffer beschädigt worden war. Allein in Gefahr blieb die schwerstverwundete *Seydlitz,* die in der Helgoländer Bucht auf einer Sandbank auf Grund lag. Bergungsschiffe arbeiteten fieberhaft an ihr, und nach 36 Stunden gelang es ihnen, sie mit dem Heck voraus in die Jade zu schleppen.

Scheers Rückkehr zu einer Zeit, in der Jellicoe sich noch in See abmühte, gab Deutschland reichlich Gelegenheit, zuerst Ansprüche auf einen Sieg geltend zu machen, mit dem Erfolg – der noch durch Fehler der Briten unterstützt wurde –, daß sich um die Schlacht vor dem Skagerrak ein Mythos entwickelte, der nie mehr völlig zerstreut werden konnte.

Noch bevor sein Flaggschiff vor Anker ging, hatte Scheer an seine Flotte eine Glückwunschadresse gerichtet, die mit den Worten schloß: „Deutschland und unser Kaiser über alles!" Dem Kaiser schickte er einen kurzen, vorläufigen Bericht über die Schlacht. Dieser antwortete sofort mit einer von Vorsicht gedämpften Freude: „Ich bin stolz auf unsere mächtige Flotte, die mit dieser Waffentat bewiesen hat, daß sie es mit einem überlegenen Feind aufnehmen kann." Der deutsche Admiralstab war in der Feststellung eines positiven Ausganges weniger zurückhaltend. Schon am Mittag dieses ersten Tages nach der Schlacht veröffentlichte das deutsche Marineoberkommando eine erste offizielle Nachricht und teilte mit, daß „sich zwischen dem Skagerrak und Horns Riff eine Reihe schwerer Seegefechte entwickelte, die für uns erfolgreich verlaufen sind". Das Kommuniqué fuhr mit einer ziemlich genauen Aufzählung der britischen Verluste fort, erwähnte aber keine deutschen Verluste.

„Für uns erfolgreich." Das war die berauschendste Nachricht, die das deutsche Volk nach einer niederdrückend langen Zeit erhielt. Innerhalb von Minuten waren Extrablätter auf der Straße, Menschenmengen drängten sich um Kioske und vor den Zeitungsverlagen, und über dem Eingang des Büros der Berliner *Tageszeitung* verkündete ein riesiges Plakat: „Trafalgar ist ausgelöscht!" Auf der Prachtstraße *Unter den Linden* schwenkte eine freudig erregte Menschenmenge deutsche Fahnen.

Am Abend benutzten Zeitungen wie das *Berliner Tageblatt,* das *8-Uhr Abendblatt* und der *Vorwärts* in ihren Schlagzeilen bereits die Worte ‚Triumph', ‚Vernichtung' und ‚Auslöschung'. Ein Redakteur schrieb hämisch über die „arrogante Anmaßung der britischen ‚Ratten', die ihre

Veröffentlicht als Erinnerung an die Auslieferung der deutschen Flotte, zeigt das Diagramm die Positionen der verschiedenen Schiffe bei der Übergabe an die Royal Navy am 21. November 1918 im Firth of Forth. Die Überschrift „Der Tag" war eine gegen die Deutschen gerichtete Spitze, die diesen Ausdruck während des Krieges benutzten, um auf den ruhmreichen Tag des letzten Sieges über die Feinde Deutschlands hinzuweisen.

sicheren Versteckplätze verlassen hatten, nur um von deutscher Tüchtigkeit, von Heldenmut und Entschlossenheit in die Falle gejagt zu werden".

Freitag, der 2. Juni, wurde zu einem nationalen Feiertag erhoben und Sonntag, der 4. Juni, zu einem Trauertag für die ehrenvoll Gefallenen, die, soweit möglich, in die Heimat gebracht und mit einer würdigen Feier auf dem Marinefriedhof in Wilhelmshaven zur letzten Ruhe gebettet wurden. Am Montag stattete der Kaiser der Flotte einen förmlichen Besuch ab, rühmte den Titanenkampf auf See und schloß mit den Worten: „Die englische Flotte wurde geschlagen." Vizeadmiral Scheer wurde zum Admiral und Konteradmiral von Hipper zum Vizeadmiral befördert. Beide erhielten den berühmten „Blauen Max", Preußens höchste Kriegsauszeichnung. Außerdem wurde Hipper in den Bayrischen Ritterstand erhoben.

Jellicoe hatte nichts Derartiges im Sinn. Während die Grand Fleet, aus Sicherheitsgründen Funkstille wahrend, durch schweren Seegang nach Scapa Flow stampfte, hatte er keine Ahnung von dem Aufruhr, den die deutschen Ansprüche verursachten. Auch hatte er nicht die geringste Absicht, eigene Ansprüche anzumelden. Donnerstag, der 1. Juni, verging ohne irgendeinen Schlachtbericht von Jellicoe. An diesem Abend bekam die Nachrichtenagentur Reuter in Holland den Text des originalen deutschen Kommuniqués in die Hand – vollständig, mit aller Prahlerei über die britischen Schiffsverluste – und schickte ihn nach London, wo er mit Sonderboten zur Admiralität gebracht wurde. Dort wurde er aus verständlichen Gründen unterdrückt; die Zeitungen würden früh genug Wind von den deutschen Behauptungen bekommen.

Am Abend des 1. Juni schickte die Admiralität Jellicoe jedoch einen Funkspruch, er solle die britischen Verluste melden. Unerklärlicherweise wurde er nicht einmal um eine Schätzung der deutschen Verluste gebeten. Das spielte aber kaum eine Rolle: Jellicoe, in seinem Lageraum unter der Brücke der *Iron Duke* vergraben, war mit den Tausenden von Detailproblemen, die zu bearbeiten und zu entscheiden waren, um seine Flotte nach Hause zu bringen, viel zu beschäftigt, als daß er sich mit einer Aufrechnung der beiderseitigen Verluste befassen konnte. Und so legte er die Forderung der Admiralität nach einem Bericht vorerst beiseite.

Bei dem Mangel an Information jagten dunkle und häßliche Gerüchte über eine Katastrophe durch England und Schottland. Als am Freitag morgen um neun Uhr Beattys Schlachtkreuzer müde, aber stolz bei Rosyth vor Anker gingen, waren die Seeleute sehr erstaunt, daß sie von den Werftarbeitern mit höhnischen Zurufen und Pfiffen empfangen wurden.

Am gleichen Freitagmorgen entschloß sich die Admiralität, die noch ohne Nachricht von Jellicoe war, nicht länger zu warten. In einer in der Kriegsgeschichte wahrscheinlich einzigartigen Aktion gab sie das Siegeskommuniqué des Feindes in vollem Wortlaut und ohne Kommentar zur Veröffentlichung frei. Kaum war dies geschehen, traf Jellicoes Bericht ein. Er war alles andere als hilfreich. Sich strikt an die Weisung der Admiralität haltend, zählte Jellicoe nur die eigenen Verluste auf, bestätigte also im wesentlichen die deutschen Behauptungen. Er sagte praktisch nichts über Schäden, die die Grand Fleet dem Feind zugefügt hatte. Gab er auch keine Niederlage zu, so beanspruchte er aber auch keinen Sieg.

Am Nachmittag bemühten sich die besten Geister der Admiralität – einschließlich Arthur Balfour, der 1915 Churchills Nachfolger als Erster Lord geworden war, Admiral Sir Henry Jackson, der Erste Seelord, und Admiral Sir Henry Oliver, Chef des Admiralstabes der Royal Navy – um die Formulierung einer offiziellen Erklärung. Was am Ende dabei herauskam, klang recht kläglich. „Am Nachmittag des Mittwoch, 31. Mai", begann ihr Kommuniqué, „fand ein Seegefecht vor der Küste Jütlands statt. Die britischen Schiffe, die die Hauptlast des Kampfes zu tragen hatten, waren

Einwohner der dänischen Küstenstadt Skagen stehen in Trauerkleidung – als Zeichen des Respektes für die Toten der Seeschlacht – an den blumengeschmückten Gräbern von einem deutschen Offizier und fünf Matrosen, deren Leichen an die Küste gespült wurden. Den neutralen Dänen fiel die wenig beneidenswerte Aufgabe zu, Dutzende von Deutschen und Briten zu begraben, die die Strömungen an die Nordwestküste von Jütland trugen.

die Schlachtkreuzer, einige Kreuzer und leichte Kreuzer, unterstützt von vier schnellen Schlachtschiffen." Die Erklärung nannte die meisten der britischen Schiffe, die versenkt wurden; deutsche Verluste, ohne genaue Angaben, wurden lediglich als „schwer" bezeichnet. Da jeglicher Ausdruck wie Sieg oder Unglück fehlte, blieb der britischen Presse und Öffentlichkeit überlassen, das Schlimmste zu befürchten.

Noch während sich die Spitzen der Admiralität damit abquälten, ihre Erklärung zu formulieren, dampften Jellicoes Schlachtschiffe langsam in ihren Hafen Scapa Flow. Etwa drei Stunden nach Freigabe der gewundenen Bekanntmachung der Admiralität meldete Jellicoe an diese, daß die Grand Fleet innerhalb von vier Stunden jederzeit wieder gefechtsbereit auslaufen könne. Das war ganz offensichtlich nicht der Tonfall einer geschlagenen Flotte. Aber selbst diese stolze Meldung konnte, als sie veröffentlicht wurde, die allgemein düstere Stimmung, die sich über Großbritannien ausgebreitet hatte, nicht heben. Denn Jellicoe hatte, sechs Stunden nach Einlaufen seiner Flotte, immer noch keinen Bericht über die Verluste des Feindes abgegeben. Am Abend dieses Tages schickte er jedoch drei Berichte an die Admiralität, die – wenn auch in vorsichtiger Formulierung – die deutschen Verluste nannten.

Der nächste Tag war der 51. Geburtstag von König George V. Jellicoe sandte dem Monarchen einen Glückwunsch. Die Antwort war wohlwollend, doch klang die bittere Enttäuschung deutlich durch. „Ich betrauere den Verlust tapferer Männer, viele von ihnen meine persönlichen Freunde, die für ihr Land gefallen sind", schrieb der König. „Noch mehr bedauere ich, daß sich die Hochseeflotte, trotz schwerer Verluste, wegen des nebligen Wetters den vollen Konsequenzen entziehen konnte."

Die Presse, die in geradezu einmaliger Weise über die wirklichen Vorgänge vor dem Skagerrak im dunkeln blieb, hatte den Schrei nach der Suche eines Sündenbockes bereits in voller Lautstärke aufgenommen – und Jellicoe eignete sich sehr gut für diese Rolle. Er hatte sich immer von der Presse ferngehalten. Nur zögernd und unter strenger Aufsicht gewährte er Journalisten einen Besuch von Scapa Flow, auch weigerte er sich standhaft, ihnen eine Mitfahrt in See zu erlauben. Jetzt, da keines seiner Schlachtschiffe versenkt worden war (viel weniger noch ein feindliches Schlachtschiff versenkt hatte), schien es nur gerecht, zu vermuten, daß sich Jellicoe tatenlos an der Peripherie des Geschehens aufgehalten hatte, während Beattys Schlachtkreuzer auf Leben und Tod kämpften.

Andererseits wurde Beatty mit seinem bissigen Aussehen, seiner verwegenen Art und seinem Kampfesdurst zum Nationalhelden. Da von allen in der Schlacht eingesetzten britischen und deutschen Kräften Beatty die bei weitem schwersten Verluste an Männern und Schiffen erlitten hatte, schien es sonnenklar, daß er die Hauptlast des Kampfes getragen hatte, während Jellicoe anscheinend im Außenfeld herumtrödelte. Jellicoe selbst pries Beattys „hervorragende und tapfere Führung, seine feste Entschlossenheit und richtige strategische Einsicht".

Weniger als eine Woche nachdem der Donner des Geschützfeuers bei Jütland im Nordseenebel verhallt war, erhielt das Ansehen der Royal Navy den nächsten Stoß. Horatio Herbert Lord Kitchener, der Held von Omdurman, jetzt Großbritanniens Staatssekretär für das Kriegswesen, befand sich an Bord des Kreuzers *Hampshire* auf einer Reise nach Rußland, als dieser vor den Orkney-Inseln auf eine deutsche Mine lief und sank – Kitchener und, mit Ausnahme von 12 Mann, die gesamte 655 Mann starke Besatzung kamen dabei ums Leben.

Solche Dinge geschehen im Kriege. Die Briten waren im Juni 1916 zu einem Verständnis allerdings wenig bereit. Kitcheners Leben war der Royal Navy anvertraut worden, beim Schutz dieses Lebens hatte sie versagt. In Verbindung mit der Schlacht vor dem Skagerrak zeigte Kitcheners Tod an, daß man sich auf die Marine nicht mehr voll verlassen konnte.

So wurde der Glaube des Inselstaates an die unbedingte Unbesiegbarkeit seiner Flotten, der für so lange Zeit Grundstein britischer Politik in aller Welt gewesen war, durch eine unglückliche Folge von Ereignissen und die große Verwirrung, die auf die Skagerrakschlacht folgte, in einer Weise untergraben, für die es keine volle Rehabilitierung gab.

Wäre der Krieg nur eine in Zahlen ausdrückbare Angelegenheit, dann hätte Skagerrak den Briten sicher Grund zur Bestürzung und den Deutschen das Recht zum Jubel gegeben. Die Grand Fleet beklagte 6097 Tote und 510 Verwundete; 14 Schiffe mit einer Gesamttonnage von 111 000 Tonnen waren versenkt worden. Dagegen hatte die Hochseeflotte einen Tribut von 2551 Toten sowie 507 Verwundeten entrichtet und 11 Schiffe mit zusammen 62 000 Tonnen Verdrängung verloren. Trotzdem blieb, von der Abnutzungsstrategie her gesehen, Skagerrak ein britischer Sieg. Eine einfache Nachrechnung bewies, daß die Briten, die noch mehr als doppelt so viele moderne Großkampfschiffe wie die Deutschen besaßen, einen maritimen Abnutzungskrieg länger als der Feind durchstehen konnten. Auch stand die Neubaurate bei 3:1 im Vergleich zu den Deutschen.

Die Grand Fleet war nicht nur unbestritten im Besitz des Schlachtfeldes geblieben, die Schlachtschiffe und Schlachtkreuzer der Hochseeflotte waren sogar in ihre Häfen getrieben worden, aus denen sie im weiteren Verlauf des Krieges nur noch dreimal und für letztlich bedeutungslose, kurze Vorstöße auftauchten.

In London trägt ein durchnäßter Zeitungsverkäufer ein Plakat mit der traurigen Mitteilung, daß Großbritanniens Kriegsminister, Lord Kitchener, ums Leben kam, als der Kreuzer „Hampshire", der ihn nach Rußland bringen sollte, am 5. Juni 1916 vor Schottland auf eine deutsche Mine lief. Das Seegebiet war als so sicher angesehen, daß Admiral Jellicoe vor dem Auslaufen der „Hampshire" optimistisch erklärte, er hätte „keine Bedenken, mit der Grand Fleet denselben Weg zu nehmen".

Selbst Scheer mußte sich eingestehen, daß die Kaiserliche Marine von ihren Großkampfschiffen nicht erwarten könne, den Krieg zur See zu gewinnen. Einen Bericht, der die Entwicklung der Schlacht zusammenfassend darstellte, schloß er mit den bedeutungsschweren Worten: „Der deutschnationale Gedanke kann nur durch eine Hochseeflotte gegen England in die Welt getragen werden. Als Kriegsmittel muß daneben allerdings das U-Boot voll angewendet werden, um den englischen Lebensnerv zu fassen, wenn wir in unserer jetzigen Lage nicht doch schließlich materiell verbluten sollen." Einer Zeitung in New York blieb es vorbehalten, für die Bedeutung der Schlacht vor dem Skagerrak die treffendste Formel zu finden: „Die deutsche Flotte hat ihren Gefängniswärter angegriffen. Sie befindet sich aber noch im Gefängnis."

Hingegen waren die Briten von der Gewalt des Angriffes und den Verlusten, die aus einem Kampf zwischen Schlachtschiffen, wie vor dem Skagerrak, möglicherweise hätten resultieren können, zutiefst erschüttert. Es herrschte die weitverbreitete Meinung, man könnte die Flotte, ja sogar den Krieg an einem einzigen Nachmittag verlieren. Churchill schilderte die außerordentliche Bedeutung, die Großbritannien seinen Kriegsschiffen zuerkannte: „Von ihnen hing unsere ganze lange, Jahrhundert auf Jahrhundert gewachsene Geschichte ab, alle unsere großen Handlungen auf allen Teilen des Globus, alle Mittel für den Lebensunterhalt und die Sicherheit unserer treuen, fleißigen und tätigen Bevölkerung. Schützt sie gut, Admirale und Kapitäne, harte Teerjacken und hochgewachsene Seesoldaten; schützt sie gut und führt sie richtig."

Die Admirale waren mehr als willens, sie gut zu schützen. In der Abneigung, die Grand Fleet in einer zweiten Skagerrakschlacht aufs Spiel zu setzen, verringerte das Oberkommando der Marine nicht nur die Häufigkeit der Streifzüge der Flotte in die Nordsee, sondern beschränkte auch deren Ausdehnung auf ein Gebiet bis nicht südlicher als 55°, 30′ Nord (etwa die Breite von Alnwick in Northumberland) und nicht östlicher als 4° Ost (in gutem Sicherheitsabstand westlich der Gewässer um Jütland). Die Royal Navy war also durch die deutsche Hochseeflotte ebenso gebunden.

Demnach konnten, auch wenn die deutschen Großkampfschiffe in den Häfen blieben, die leichten Kreuzer, Zerstörer und vor allem die Unterseeboote fast unbehindert den Atlantik erreichen, um ihre Beute unter den Handelsschiffen zu suchen. Bis Mai, dem Monat der Skagerrakschlacht, hatten die den Unterseebooten zuzuschreibenden Verluste für das laufende Jahr 64 000 Tonnen betragen, bis Oktober war der Gesamtverlust auf bedrohliche 176 000 Tonnen Handelsschiffsraum angestiegen.

Teils als Antwort auf diesen erschreckenden Tonnageabgang, teils als verspätete Reaktion auf die britische Verbitterung über Skagerrak trat an dem stürmischen Nachmittag des 26. November 1916 ein sonst fast unbemerkt gebliebenes Ereignis ein. Als sich die Grand Fleet nach einer ihrer begrenzten Aufklärungsfahrten in der Nordsee wieder Scapa Flow näherte, erschien die schlanke, unscheinbare Figur des Admirals John Jellicoe auf der Achterbrücke der *Iron Duke*. Noch als er auf die lange Linie von Schiffen blickte, die er so sehr liebte und so gut instand gehalten hatte, sendete der Funkraum des Flaggschiffes seinen Spruch: „Viel Glück." Dann verließ die *Iron Duke* die Formation und dampfte nach Rosyth, wo sich Jellicoe am folgenden Tage mit Arthur Balfour traf und die Ernennung zum Ersten Seelord annahm. David Beatty wurde sein Nachfolger als Oberbefehlshaber der Grand Fleet.

Die eigentliche Bedeutung dieses Wechsels im Kommando lag in der Annahme, daß Jellicoe auf dem Flaggschiff einer Kampfflotte fehl am Platze sei. Hinter einem Schreibtisch könnte er Besseres leisten und seinen in geordneten Bahnen arbeitenden Geist mit dem beschäftigen, was zur dringendsten Aufgabe der Marine geworden war, dem Aufbau einer

Abwehr gegen den Ansturm der Unterseeboote. Jellicoe tat hingebungsvoll sein Bestes. Im April 1917, zwei Monate nachdem Deutschland den uneingeschränkten U-Boot-Krieg begonnen (und damit die Vereinigten Staaten in den Krieg gezogen) hatte, führte Jellicoe das Geleitzugsystem ein. Für den Geleitschutz wurden Kriegsschiffe der Grand Fleet abgestellt, gelegentlich sogar Schlachtschiffe, die jetzt eine Rolle übernehmen mußten, an die ihre Planer nie gedacht hatten. Es brachte Erfolg: Bis Ende September stiegen die durch U-Boote verursachten alliierten Schiffsverluste auf 4,7 Millionen Tonnen an, nahmen aber in den verbleibenden Monaten dieses Jahres ständig ab. Jellicoes Geleitzugsystem bewährte sich.

Jellicoe hatte nie gerne Verantwortung delegiert. Die Anstrengungen, den Abwehrkampf gegen die Unterseeboote zu führen, nahmen ihn derartig mit, daß, nach den Worten eines zeitgenössischen Kommentators, die schwere Belastung „ihm gerechterweise nicht länger aufgebürdet werden könne, noch dies für die Marine vorteilhaft wäre". Am Weihnachtsabend 1917 arbeitete Jellicoe wie üblich bis in die späten Nachtstunden, als ihn ein Bote störte: „Sir, für Sie ist gerade eine Nachricht eingegangen." Die Nachricht gab dem Mann, der die letzte jemals zu kämpfende Flottenschlacht der Royal Navy befehligt hatte, bekannt, daß er in den Ruhestand gesetzt werde. Sein Nachfolger wurde Admiral Sir Rosslyn Wemyss.

Unter der Verantwortung des Oberbefehls über die Grand Fleet war der feuerspeiende Beatty inzwischen ein Muster an Umsicht geworden. Im Frühjahr 1918 brachte er seine vorsichtige Haltung in einer Denkschrift an die Admiralität zu Papier: „Die richtige Strategie für die Grand Fleet besteht nicht mehr in dem Verlangen, den Gegner unter allen Umständen zur Schlacht zu stellen, sondern darin, ihn an seine Stützpunkte zu fesseln, bis die allgemeine Lage für uns günstiger wird."

Deutsche Matrosen bei Freiübungen im Herbst 1917. In der langen Zeit der Untätigkeit nach der Schlacht vor dem Skagerrak versuchten die Offiziere, ihre Mannschaften in einigermaßen guter körperlicher Verfassung zu halten. Diese sportliche Betätigung beeinträchtigte jedoch nur die Moral der Männer, weil sie das Hungergefühl, verursacht durch die verkürzten Verpflegungssätze, verstärkte.

Die Schlacht vor dem Skagerrak erbrachte somit als Ergebnis das Abziehen der Grand Fleet von dem Zweck, für den sie eigentlich gebaut worden war – dem Kampf. Immerhin konnten die britischen Kriegsschiffe, auch die mächtigen Schlachtschiffe, zumindest in einem eingeschränkten Seegebiet der Nordsee frei patrouillieren. Nicht jedoch die Großkampfschiffe der Hochseeflotte, die im Hafen eingepfercht blieben, während Scheer alle Anstrengungen auf Deutschlands Unterseeboots-Offensive richtete. In der Untätigkeit der deutschen Flotte lag der Keim der Revolution. Wie Scheer in einem wehmütigen Rückblick schrieb: „Die beste Ablenkung wäre eine aktive Kriegsführung gewesen."

Eine der Folgen des faktischen Einmottens der Großkampfschiffe war, daß besonders pflichtbewußte und fähige Offiziere und Mannschaften sich bald freiwillig zum Dienst auf Zerstörern und Unterseebooten meldeten, wodurch auf den Schlachtschiffen und Schlachtkreuzern ein unverhältnismäßig hoher Anteil ungeeigneter und verdrossener Männer zurückblieb. Überdies erhielten die Mannschaften auf den Großkampfschiffen, ihrem untätigen Dienstverhältnis entsprechend, eine verkürzte und schlechtere Verpflegung – Rüben, Brot, Kräutertee und sehr wenig Fleisch –, während die Messen ihrer Offiziere an Land mit alkoholischen Getränken, Tabak und schmackhaften Lebensmitteln noch gut versorgt schienen.

Am 2. August 1917 weigerten sich etwa 350 Mann auf dem Schlachtschiff *Prinzregent Luitpold,* Wache zu gehen, gingen an Land und zogen protestierend durch die Straßen von Wilhelmshaven. Nachdem sie ihrem Ärger Luft gemacht hatten, meldeten sie sich an Bord wieder zum Dienst zurück – und mußten erleben, daß ihre Anführer verhaftet und vor ein Kriegsgericht gestellt wurden. Einige von ihnen wurden zu langjährigen Gefängnisstrafen verurteilt, zwei jedoch, Reichpietsch und Köbis, wurden zu Märtyrern, als sie nach Köln geschafft und von einem Erschießungskommando des Heeres hingerichtet wurden.

Das Oberkommando der Marine meinte, daß der Aufruhr von kommunistischen Agitatoren angestiftet worden sei. Viel wahrscheinlicher ist jedoch, daß die Kontakte der Seeleute mit Revolutionären eher eine Folge der Meuterei als deren Ursache gewesen waren. Eines der wenigen Zugeständnisse, die der Kaiserlichen Marine abgerungen werden konnten, war, den Matrosen die Wahl von Verpflegungsausschüssen zu gewähren, die eigentlich die Verteilung der Rationen auf jedem Schiff überwachen sollten. Diese Gruppen zogen Revolutionäre aus Berlin an sich und führten zur Bildung geheimer Matrosenräte nach dem Muster der in der russischen Marine bereits etablierten Räte.

Unter den Decks der deutschen Schlachtschiffe und Schlachtkreuzer glomm so die Rebellion länger als ein Jahr. Im August 1918 wurde Scheer Chef des Admiralstabes der Kaiserlichen Marine – als Amtsnachfolger des kränkelnden Admirals Henning von Holtzendorff –, und Hipper übernahm das Kommando über die Hochseeflotte. Als Vorbedingung für die Übernahme seines neuen Amtes verlangte Scheer, daß die Marine von jeglicher Beaufsichtigung durch den Kaiser befreit würde. Eine unnötige Geste, da der Kaiser tatsächlich immer weniger Einfluß ausgeübt hatte. Die Berater ständig wechselnd und den Ratschlag von keinem befolgend, war er politisch ohnmächtig geworden.

Am 5. Oktober 1918 ersuchte der neue Reichskanzler, Prinz Maximilian von Baden, den Präsidenten der Vereinigten Staaten, Woodrow Wilson, um die Vermittlung eines Waffenstillstandes. Zu dieser Zeit erhofften die Deutschen noch einen Verhandlungsfrieden statt Bedingungen, die ein Sieger dem Besiegten diktiert. Das britische Marineoberkommando befürchtete, die Deutschen könnten versuchen, ihre Verhandlungsposition zu verbessern, indem sie demonstrierten, was für eine gewaltige Kampfkraft die Hochseeflotte noch darstellte. Ein britischer Admiral erklärte: „Der Feind muß erkennen, daß in einem Waffenstillstand oder in den Friedensbedingungen mindestens ein Teil seiner Flotte von ihm verlangt werden wird. Er könnte durchaus versuchen, uns noch einige Verluste beizubringen, bevor er die Macht, solches zu tun, insgesamt verliert."

Das war genau, was Scheer im Sinne hatte. Ohne die Regierung oder das Armeeoberkommando zu verständigen (viel weniger noch den Kaiser), sandte er Hipper am 21. Oktober einen Befehl nach Wilhelmshaven: „Die Hochseeflotte ist für einen Angriff und eine Schlacht mit der britischen Flotte gefechtsbereit zu machen." Sein Operationsplan 19 sah vor, daß Zerstörer Angriffe auf den Schiffsverkehr vor der flandrischen Küste und der Themsemündung vortragen sollten, während sich die Schlachtflotte auf Schillig-Reede versammelte. Die herumstreifenden Zerstörer sollten die Grand Fleet herauslocken und in Richtung Terschelling, einer holländischen Insel ungefähr 70 Seemeilen vor der Emsmündung, ziehen. Nachdem Minen und 25 lauernde Unterseeboote mit der Dezimierung der britischen Flotte begonnen hätten, sollten Schlachtschiffe und Schlachtkreuzer auftauchen und den Rest erledigen.

Dies war ein verzweifelter Plan in einer verzweifelten Lage, und es war vielleicht für fast alle Beteiligten ein Glück, daß er nicht zur Ausführung kam. Am Abend des 29. Oktober war die Flotte versammelt, klar zum Auslaufen um Mitternacht. Trotz besonderer Anstrengungen Scheers, die Geheimhaltung zu wahren, blitzten Signallichter durch die Bullaugen der vor Anker liegenden Schiffe, mit denen die Besatzungen die unwahrscheinlichsten Gerüchte von Schiff zu Schiff in Umlauf brachten: Das deutsche Oberkommando hätte eine förmliche britische Aufforderung zu einem Flottenduell auf Leben und Tod angenommen; der 69 Jahre alte Admiral von Tirpitz sei aus seinem Ruhestand aufgetaucht, um die Flotte in ihre Götterdämmerung zu führen; der Kaiser befinde sich an Bord des Schlachtschiffes *Baden* und bereite sich vor, die Flotte für einen Sieg zu begeistern.

Es spielte kaum eine Rolle, ob solche Gerüchte überhaupt einen Wahrheitskern besaßen. Ganz allgemein waren die Besatzungen nicht mehr willens, in einer letzten Schlacht eines schon verlorenen Krieges ihr Leben zu riskieren. Um 22 Uhr – Hipper befand sich gerade in einer Besprechung an Bord seines Flaggschiffes – stürzte ein Offizier mit der erschütternden Nachricht herein, die Männer auf drei Schlachtschiffen, der *Markgraf, König* und *Kronprinz Wilhelm,* verweigerten die Ausführung der Befehle ihrer Offiziere. Um Mitternacht waren die Besatzungen von drei weiteren Großkampfschiffen, der *Großer Kurfürst, Thüringen* und *Helgoland,* zu offener Meuterei übergegangen. Ihre Heizer drohten, die Kesselfeuer zu löschen, sollten die Schiffe versuchen, auszulaufen.

Hipper verschob die Flottenbewegung um einen Tag. Am nächsten Morgen, als die Männer auf der *Thüringen* zum Dienst gepfiffen wurden, verschanzten sich mehrere hundert Matrosen in einer geräumigen Abteilung unter Deck und weigerten sich, die Anker zu lichten. Am späten Nachmittag versuchte Hipper wiederum, mit der Flotte in See zu gehen, diesmal unter dem fadenscheinigen Vorwand, eine Flottenübung durchführen zu wollen. Aber Matrosen auf der *Thüringen* und *Helgoland* zerschlugen die Ankerspills, die Heizer rissen die Kohlen aus den Kesselfeuerungen und löschten die Feuer. Hipper sagte die Flottenübung ab.

Am Morgen des 31. Oktober griff Hipper schließlich zu repressiven Maßnahmen, die zu einer lächerlichen, im Keime aber tödlichen Konfrontation führten. Das Unterseeboot *U-135* wurde querab der *Thüringen* postiert und bedrohte das meuternde Schiff mit seinen Torpedos. Zwei Torpedoboote mit zuverlässigen Besatzungen machten längsseits der *Thüringen*

Mitglieder der Volksmarinedivision, einer selbsternannten Elite der Arbeiter- und Soldatenräte, die die Meuterei auf den deutschen Schlachtschiffen anzettelten, demonstrieren Solidarität auf einer Fahrt durch Berlin im Dezember 1918. Wenig später beteiligte sich die Division an einem fehlgeschlagenen Umsturzversuch, der Deutschland unter ein kommunistisches Regime bringen sollte.

fest, und ein Dampfer setzte auf der Backbordseite des Schlachtschiffes 200 Soldaten des Seebataillons ab. Die Meuterer flohen unter die Back und überließen den Seesoldaten sowie loyalen Offizieren und Mannschaften das Oberdeck. Dann richteten meuternde Matrosen die Geschütze der nahebei liegenden *Helgoland* auf das Unterseeboot und die Torpedoboote – nur um ihrerseits von den achteren Türmen der *Thüringen* bedroht zu werden. So verharrten sie, auf Nahschußentfernung Geschütz auf Geschütz gerichtet, und niemand wußte, was eigentlich zu tun sei. Die Meuterer gaben zuerst nach. In der Back der *Thüringen* ergaben sie sich auf das Ultimatum, daß die Seesoldaten in zwei Minuten das Feuer auf sie eröffnen würden. Die Meuterer der *Helgoland* folgten dem Beispiel ihrer Kameraden. Ungefähr 350 Matrosen der *Thüringen* und 150 Mann der *Helgoland* wurden verhaftet und von Bord geschafft.

Im Glauben, die Meuterei unterdrückt zu haben, beging Hipper einen schweren Fehler: Er verteilte die Flotte. Unter den Einheiten, die nach Kiel verlegt wurden, befand sich das von der Rebellion angesteckte Dritte Geschwader – die Schiffe *König, Großer Kurfürst, Kronprinz Wilhelm* und *Markgraf.* In Kiel flammte der Aufruhr wieder auf. Am 3. November verließen rund 500 Matrosen ihre Schiffe und sammelten sich in einem Park am Stadtrand. Dort stießen Werftarbeiter und andere Zivilpersonen zu ihnen. Ein brüllender Mob von etwa 20000 Personen zog zu dem Marinegefängnis in Kiel, um einige Gefangene zu befreien, als eine noch loyale Streife in die Menge schoß und Tote und Verwundete auf den Pflastersteinen zurückließ. Auf ihre Schiffe und in die Kasernen zurückgekehrt, brachen die Matrosen die Waffenkammern und Gewehrspinde auf. Mit den erbeuteten Waffen gewannen sie am 4. November gegen nur geringfügigen Widerstand die Herrschaft über Kiel.

Der Aufstand breitete sich rasch aus, schon nach zwei oder drei Tagen wehten die roten Fahnen über Wilhelmshaven, Hamburg, Lübeck, Rendsburg, Bremerhaven und Rostock. Am 9. November dankte der Kaiser ab, und die Regierung mußte einem sozialistischen Regime weichen. Am Montag, dem 11. November 1918, wurde dann der Waffenstillstand unterzeichnet.

In der Grand Fleet wurde die Nachricht mit Freude und einer doppelten Ration Rum begrüßt. Man hörte Sirenengeheul, schrillende Dampfpfeifen und plärrende Nebelhörner, und Offiziere und Mannschaften tanzten in den Decks ihrer Schiffe herum – und doch gab es etwas, das der Erste Seelord Wemyss treffend als ein bittersüßes „Gefühl des Unvollendeten" bezeichnete. Die höheren Offiziere der Royal Navy betrachteten den Waffenstillstand als etwas Unverdientes, meinte er. „Sie hatten auf ein Trafalgar gewartet – auf eine Niederlage der deutschen Flotte, bei der sie eine hervorragende und stolze Rolle spielen könnten. Was sie erhielten, war ein Sieg, für den Feind viel vernichtender als jedes Trafalgar und ohne die sonst unvermeidlichen Verluste auf unserer Seite – aber auch ohne persönlichen Ruhm, der den Überlebenden zugekommen wäre."

Nach den Bestimmungen des Waffenstillstandsvertrages sollte der größte Teil der deutschen Hochseeflotte, vorbehaltlich einer endgültigen Friedensregelung, in britischen Häfen interniert werden. Also fuhren am 21. November, geführt von dem britischen leichten Kreuzer *Cardiff,* 11 deutsche Schlachtschiffe, fünf Schlachtkreuzer, sieben leichte Kreuzer und 49 Zerstörer langsam durch den Nebel zu ihrem letzten Treffen mit dem Gegner. Die großen Schiffe wiesen keine Narben ehrenhaft empfangener Wunden auf, nur Rostflecke, Zeichen des Aufliegens und der Vernachlässigung. Das Kommando über diese passend Operation ZZ genannte Fahrt hatte Vizeadmiral Ludwig von Reuter, der in der Skagerrakschlacht ein Aufklärungsgeschwader geführt hatte. Seine tatsächliche Befehlsgewalt war bestenfalls zweifelhaft. Bevor die Flotte auslief, hatten die Besatzungen

Nach dem Waffenstillstand vom 11. November 1918 entladen die Besatzungen deutscher Kriegsschiffe die Munition, bevor die Schiffe in Scapa Flow interniert werden. Die Entwaffnung mußte in höchster Eile durchgeführt werden, um der Waffenstillstandsklausel zu entsprechen, wonach „alle für die Internierung vorgesehenen Schiffe sieben Tage nach der Unterzeichnung fertig sein müssen, die deutschen Häfen zu verlassen".

einen „Obersten Matrosensowjet" gewählt, der Reuter nur als „technischen Berater" anerkannte. Auch hatten die Matrosen der Fahrt nur zugestimmt, nachdem ihnen eine Geldzulage versprochen war, und sie mußten überredet werden, nicht die rote Fahne zu setzen.

Als die Deutschen aus dem Nebel in den herbstlichen Sonnenschein fuhren, lag am Horizont der Nordsee die gesamte Grand Fleet in vollem Kriegsschmuck. Eine solche Streitmacht war auf See noch nie gesehen worden. Vor Morgengrauen hatte sie den Firth of Forth verlassen – 90 000 Mann auf 370 Kriegsschiffen, darunter mehr als 30 Schlachtschiffe, Schlachtkreuzer und Kreuzer. Beatty, der sie befehligte, ging kein Risiko ein. Falls Verrat im Spiele sei: Seine Männer standen auf Gefechtsstationen, und die Geschütze waren geladen.

Langsam, schweigend, angeführt von der *Seydlitz,* dahinter die *Derfflinger,* dann die *Von der Tann,* lief die Hochseeflotte Spießruten durch die britischen Schiffe, die in zwei Linien mit sechs Seemeilen Abstand fuhren. Auf ein Signal von Beatty wendete die Grand Fleet gemeinsam auf Gegenkurs, das gleiche Manöver, mit dem Scheer die Briten vor dem Skagerrak so verblüfft hatte, und führte die Deutschen in die Gefangenschaft.

Viele Briten empfanden ein gewisses Mitleid mit ihrem unterlegenen Feind. Ernle Chatfield, Flaggkapitän Beattys bei den Seeschlachten auf der Doggerbank und vor dem Skagerrak, nahm als Kommandant der *Royal Oak* an diesem Ereignis teil. Die Übergabe, schrieb er, „war für viele von uns ein zwar dramatisches, aber auch sehr peinliches Erlebnis. Zu beobachten, wie die großen Schlachtschiffe in Sicht kamen, ihre Geschütze in Ruhestellung längsschiffs ausgerichtet; die Schlachtkreuzer, die uns zweimal unter so verschiedenen Umständen gegenübergestanden hatten, nun auf uns zukriechend, als hätten sie den Schwanz zwischen die Beine geklemmt, gab uns ein sehr deutliches Gefühl des Ekels. Der Geist der Seeleute vergangener Zeiten muß sich bei dieser Tragödie bestürzt im Zorn gewunden haben".

Sollte auch Beatty solche Gefühle gehegt haben, so verbarg er sie jedenfalls in bewundernswerter Weise. Als die Flotten im Firth of Forth schließlich vor Anker gingen, signalisierte die *Iron Duke:* „Die deutsche Flagge ist bei Sonnenuntergang einzuholen und darf ohne besondere Genehmigung nicht wieder gesetzt werden."

Schlimmeres, viel Schlimmeres stand der Hochseeflotte noch bevor. Nach einer peinlich genauen Untersuchung im Firth of Forth, die durchgeführt wurde, um sicherzustellen, daß Schiffe und Besatzungen völlig entwaffnet waren, wurde die Flotte nach Scapa Flow überführt – in die Internierung und Quarantäne. Besorgt, der deutsche Bazillus der Revolution könnte britische Seeleute anstecken, verweigerten die Marinebehörden den Deutschen, in Scapa Flow auch nur einen Fuß an Land zu setzen. Verständlich, daß sich die Briten weigerten, den Matrosenrat anzuerkennen. Außer der gelegentlichen Lieferung von Zeitungen an den deutschen Befehlshaber unterhielten sie auch nur selten Kontakt mit Admiral von Reuter.

Reuters Probleme waren Legion. Jedes deutsche Schiff wurde von einem Soldatenrat beherrscht, der Reuters Befehle nach Mehrheitsbeschluß annahm oder verwarf. Reuter war gezwungen, sich auf dem leichten Kreuzer *Emden* einzuschiffen – Namensnachfolger des berühmten Handelsstörers, der 1914 versenkt worden war –, denn die Besatzung auf der *Friedrich der Große* trampelte nachts gehässig über seiner Kajüte an Deck herum, damit er nicht schlafen könne. Als sich jedoch die Verhandlungen in Versailles in die Länge zogen und das Kriegsende und damit das Schicksal der deutschen Flotte im Ungewissen blieben, faßte Reuter den Entschluß, zumindest einen Teil der verlorengegangenen Ehre der deutschen Marine wiederherzustellen. Zur rechten Zeit würde er seine Schiffe versenken.

Im Juni 1919 boten ihm die nichtsahnenden Briten die Gelegenheit dazu. Anfang des Monats hatten Repatriierungsschiffe die meisten deutschen Matrosen in die Heimat gebracht; auf den Zerstörern blieben nur Restbesatzungen von etwa einem Dutzend Offizieren und Mannschaften und auf den Schlachtschiffen rund 80 Mann je Schiff zurück. Ob von Reuter geplant oder einfach, weil die rebellischen Elemente sich vorgedrängt hatten, als es um die Rückkehr in die Heimat ging – jedenfalls blieben auf den Schiffen meist loyale Männer zurück.

Am 17. Juni schickte Reuter seinen Kommandanten eine geheime Anweisung, die Schiffe auf ein bestimmtes Signal vom Flaggschiff zu versenken. Die loyalen Soldaten begannen sofort mit den Vorbereitungen. Einer der Kommandanten erinnerte sich: „Es wurde sehr gründliche Arbeit geleistet. Wir drehten die Flutventile bis zum letzten Gewindegang auf und schmierten sie gründlich. Neben alle sonstigen Ventile, die Wasser eintreten ließen, wenn man sie abschlug, legten wir Hämmer bereit."

Vier Tage später, an einem sonnigen Samstagmorgen, lichtete die britische Flotte Anker und ging unter dem Kommando von Admiral Sir Sydney Fremantle auf der *Revenge* munter in See. Im Vertrauen darauf, daß die Deutschen keinen Ärger mehr verursachen konnten, hatte Fremantle, der das Wachgeschwader in Scapa Flow befehligte, eine eintägige Torpedoübung angesetzt und ließ nur zwei Zerstörer, sieben bewaffnete Fischdampfer und einige Vorpostenboote zurück.

Um 11.20 Uhr wehte auf Reuters Flaggschiff das Signal: „Paragraph 11, bestätigen." Auf 70 Schiffen in dem riesigen Hafengebiet liefen Matrosen auf ihre Station unter Deck und warteten auf den Ausführungsbefehl, der unmittelbar folgte: „Zustand Z – Versenken."

In einem Ausbruch lang aufgestauter Energie öffneten die Deutschen die Seeventile, schlugen Nieten aus den Schottwänden und zertrümmerten Ventile, Rohre und Kondensatoren. „Sobald die Bodenventile und andere Ventile aufgedreht waren", berichtete Korvettenkapitän Hermann Cordes, der Führer der deutschen Zerstörer, „wurden die Schlüssel und Handräder sowie die kompletten Eintrittsventile der Kondensatoren über Bord geworfen. Jetzt konnten sie niemals wieder geschlossen werden."

An Bord eines der britischen Fischdampfer zeichnete ein Künstler gerade das Schlachtschiff *Friedrich der Große.* Plötzlich bemerkte er, daß das große Schiff immer tiefer im Wasser lag. Auf einem Ausflugsboot, das zwischen den Schiffen der Hochseeflotte hin- und hergefahren war, sahen etwa 200 Schulkinder den in die Rettungsboote springenden deutschen Matrosen zu, die von ihren untergehenden Schiffen flohen, während Reste deutscher Schiffsmusikkorps das Deutschlandlied spielten.

In einem Büro an Land sah Admiral Joseph Strauss, ein amerikanischer Verbindungsoffizier, aus dem Fenster und rief: „Um Gottes willen, sie sinken." Neben ihm warf ein britischer Admiral einen kurzen Blick auf das Schauspiel und erwiderte mit beispiellosem Gleichmut: „Tatsächlich? Toll." Dann wandte er sich seiner Schreibtischarbeit wieder zu.

Andere Augenzeugen waren weniger gleichgültig. „Das Bild spottete jeder Beschreibung", berichtete einer von ihnen. „Was vor einer Stunde noch eine ansehnliche, friedlich vor Anker liegende Flotte gewesen war, wurde jetzt zu einer Ansammlung krängender und über Bug oder Heck absinkender Schlachtschiffe, deren Schicksal sich aus ihren Bewegungen ablesen ließ. Hier verschwand ein Zerstörer in einer Dampfwolke, dort vollführte ein Schlachtschiff seine letzten Zuckungen."

Schließlich alarmiert, hetzte die Grand Fleet zurück – es war zu spät. Um 12.16 Uhr kenterte und sank die *Friedrich der Große,* das stolze Schlachtschiff, das Scheer vor dem Skagerrak als Flaggschiff gedient hatte. Der deutsche Kapitän Cordes sagte später aus: „Die britische Marine benahm sich wie geistesgestört. Matrosen, Maschinenpersonal, Offiziere, ja selbst Zivilpersonen, die bei ihnen waren, kreischten und brüllten in einem verrückten Mißklang durcheinander." Britische Kriegsschiffe und Wachboote schossen auf die unter weißer Flagge fahrenden deutschen Rettungsboote, töteten zehn Mann und verwundeten 21 Seeleute. In einem schändlichen Akt wurde ein deutscher Matrose, der sich zu dieser Zeit gerade auf einem britischen Schiff aufhielt, auf der Stelle hingerichtet.

Noch während sie ihrer Wut Luft machten, versuchten die Briten verzweifelt, sinkende Schiffe an den Strand zu schleppen und auf Grund zu setzen. Es gelang ihnen bei einem Schlachtschiff, der *Baden,* vier leichten Kreuzern, der *Emden, Frankfurt, Bremse* und *Nürnberg,* und 18 Zerstörern. Kapitän Cordes hatte aber die Genugtuung, zuzusehen, wie sich zwei britische Schlepper vergeblich mühten, die *Hindenburg* zu bergen. Mit erheblichen Anstrengungen gelang es ihnen, sie aufzurichten und in Schlepp zu nehmen – das Schiff nahm jedoch wieder an Schlagseite zu und ging unter. Ein deutscher Offizier meinte: „Es war ein wunderbarer Anblick. Überall in der weiten Bucht lagen Schiffe in verschiedenen Stadien des Sinkens. Überall wurden Kutter, Ruderbarkassen und Rettungsflöße bemannt, trieben fort oder wurden fortgerudert. Die britischen Wachzerstörer und Wachboote flitzten umher und gaben mit ihren Sirenen allgemeinen Alarm. In den Pausen konnte man Schüsse hören."

Bevor der schaurige Tag zu Ende ging, lagen 51 Schiffe, darunter zehn Schlachtschiffe und fünf Schlachtkreuzer mit insgesamt mehr als 500 000 Tonnen, auf dem Grunde von Scapa Flow. Das war mehr als das Zweifache der Verluste, die beide Seiten vor dem Skagerrak erlitten hatten.

Admiral Sydney Fremantle kochte vor Wut. Er ließ alle deutschen Offiziere an Deck der *Revenge* bringen und behauptete mit einer Logik, die

Siegesfreude auf den Gesichtern, beobachten britische Geschützbedienungen an Deck eines Kriegsschiffes die Auslieferung der deutschen Flotte am 21. November 1918 in der Nordsee. Beatty, der Befehlshaber der Grand Fleet, hatte das Tragen von Kampfanzug und Gasmasken befohlen, für den Fall, daß es in letzter Minute noch einen deutschen Wortbruch gäbe.

unter anderen Umständen lächerlich gewirkt hätte, daß „sich die deutschen Schiffe hier als eine Art Zeichen des guten Willens der deutschen Regierung aufgehalten haben, bis der Friedensvertrag unterzeichnet ist". Der deutsche Admiral von Reuter empfing dann noch eine persönliche Beschimpfung: „Ich möchte meiner Verachtung über diese Tat eines Verräters, die Sie begangen haben, Ausdruck geben."

Reuter und 1860 Mann wurden als Kriegsgefangene an Land gebracht, und zweimal versuchte die Admiralität, den deutschen Befehlshaber wegen der Versenkung vor Gericht zu stellen. Beide Male entschied der Rechtsoffizier der Grand Fleet, daß eine Anklageerhebung nicht möglich sei: Gemäß den Bedingungen des Waffenstillstandes und bevor ein Friedensvertrag unterzeichnet sei, wäre die Hochseeflotte interniert, nicht jedoch übergeben gewesen. In rechtlichem Sinne habe Reuter daher Eigentum seiner eigenen Regierung zerstört. Daß Reuter rechtlich nicht zur Verantwortung gezogen werden konnte, steigerte die Enttäuschung der Briten. Bei Schilderung seiner Tat benutzten die Zeitungen freigebig und mit Nachdruck Adjektive wie unehrenhaft, niedrig, schmutzig, verräterisch und skandalös, und *Punch* brachte eine Karikatur mit der Unterschrift: „Deutschland erwartet heute von jedem Mann, daß er das Schmutzige tut."

Als jedoch die Tage und Wochen verstrichen, trat eine merkwürdige Wandlung ein. Im Rückblick auf das Ereignis beschrieb eine Zeitung die Versenkung als „die einzige beherzte und gerechtfertigte Tat, die die Deutschen im Kriege begangen haben". Selbst Admiral Fremantle gab, nachdem sein anfänglicher Zorn verflogen war, in privatem Gespräch zu: „Ich konnte ein gewisses Gefühl von Sympathie für von Reuter nicht

Bei der Selbstversenkung der deutschen Flotte in Scapa Flow sanken 15 Großkampfschiffe und 36 andere Schiffe. Die wertvollsten Schiffe, die verlorengingen, waren Schlachtschiffe wie die „Bayern“ (Einsatzbild links) und ein nicht näher zu bestimmendes Schiff der „Kaiser“-Klasse (unten). Der Schlachtkreuzer „Derfflinger“ (oben rechts) sank in drei Stunden, während sein Schwesterschiff „Hindenburg“ (Einsatzbild rechts) sich noch fünf Stunden über Wasser hielt. Die Briten konnten einige Schiffe auf den Strand setzen, wie den leichten Kreuzer „Frankfurt“ (ganz links oben), hatten aber keinen Erfolg bei den Torpedobooten.

unterdrücken, der seine Würde wahrte, als er gegen seinen Willen mit einer sehr unerfreulichen und peinlichen Aufgabe betraut wurde."

Der Erste Seelord, Wemyss, sah die Versenkung im Zusammenhang mit einem Problem, das sich England durch den Friedensvertrag selbst aufhalste. Der Vertrag forderte, daß die meisten deutschen Kriegsschiffe den Alliierten und den mit ihnen verbündeten Mächten auszuliefern wären, überging hingegen die notwendige Aufteilung der Beute, über die die Alliierten sich schon zankten. Wemyss schrieb in sein Tagebuch: „Ich sehe die Versenkung als wahren Segen an. Sie schafft das dornenvolle Problem der Aufteilung der deutschen Schiffe aus der Welt. Wenn die Tatsachen erst bekannt werden, denken wahrscheinlich alle so wie ich, Gott sei Dank."

Was die deutsche Reaktion betraf, so konnte sicher fast jedermann Admiral von Hipper zustimmen, der der Hoffnung Ausdruck gab, daß die Versenkung in Scapa Flow einen noch glimmenden Funken des „guten alten Geistes" zeigte. Als dann im Januar 1920 die Überlebenden von Scapa Flow nach Deutschland entlassen wurden, begrüßte man sie als Helden.

In 51 grausamen Monaten hatten weniger als eine Stunde Schlachtschiffe gegen Schlachtschiffe gekämpft. In dieser kurzen Zeit vor dem Skagerrak hatten sie sich schwere Schäden zugefügt, ohne tödliche Wunden zu schlagen. Die Schlachtschiffe besaßen einzigartige Eigenschaften – eine wilde, doch zweckvolle Schönheit, ein Anflug von Majestät, Stolz und Schaugepränge –, die die Hoffnungen von Menschen und Nationen anregten. Indes waren sie an Kosten und investiertem nationalem Ansehen so aufwendig geworden, daß diejenigen Staaten, die solche Schiffe besaßen, sie keinesfalls verlieren wollten. Geschaffen, um die Meere durch Kampfkraft und Beweglichkeit zu beherrschen, wurden sie zu einer Streitmacht für statische Abschreckung. So wie die Grand Fleet die Hochseeflotte in der Jade eingeschlossen hielt, genauso hatte das Vorhandensein der deutschen Flotte die britische Position bestimmt.

Nach dem Weltkriege wurden viele der grandiosen Schiffe in Übereinstimmung mit den Klauseln des Marineabrüstungsvertrages von 1922 verschrottet. In den Jahren nach 1930, als die unter Hitler sich zusammenballenden Sturmwolken ihre Schatten auf Europa warfen und Japan aggressiv vorging, um seinen Traum von einer Weltmacht zu verwirklichen, wurde der Abrüstungsvertrag aufgehoben. Neue, viel größere und stärkere Schlachtschiffe entstanden und stießen zu den Überbleibseln der alten Flotte (in der britischen Flotte standen die *Barham, Warspite, Royal Oak, Malaya* und *Revenge* noch im Dienst). Jedoch kämpfte keines dieser Schiffe jemals in der großen, alles entscheidenden Seeschlacht, für die sie alle gebaut worden waren. Ein Trafalgar des Zweiten Weltkrieges gab es nicht. Die Schlachtschiffe waren vor allem bei Küstenbeschießung und als Geleitschiffe für die Luftabwehr in Flugzeugträgerkampfgruppen von Nutzen. Sie wurden auch in beeindruckender Zahl durch Luftangriffe vernichtet. Zwei ungewöhnlichen Menschen – beide vor Ausbruch des Zweiten Weltkrieges verstorben – war diese schicksalshafte Entwicklung auf beiden Seiten des Atlantik schon seit langem klargeworden.

Jacky Fisher, inzwischen als völlig verrückt angesehen, hatte den Ersten Weltkrieg überlebt. Und er hatte bisweilen Augenblicke erschreckender geistiger Klarheit. Einst hatte er seinen Schrei „Den ganzen Haufen verschrotten" gegen die veralternde Flotte britischer Vor-Dreadnought-Kampfschiffe geschleudert. Kurz bevor er im Jahre 1920 starb, forderte er: „Warum den jetzigen Haufen behalten? Alles, was wir heute brauchen, ist ein Marinezweig der Luftwaffe – das ist die zukünftige Marine!"

In den Vereinigten Staaten war der Brigadegeneral des Heeres, „Billy" Mitchell, während des Ersten Weltkrieges Kommandeur der eben flügge werdenden Heeresluftwaffe der Amerikaner in Frankreich, von dem

Gedanken besessen, daß landgestützte Luftstreitkräfte „Überwasserflotten fast unwirksam machen können". Verständlich, daß solche Gedanken ihn weder in der amerikanischen noch irgendeiner anderen Marine beliebt machten. Und Mitchells Vorgesetzte in der geistig auf einen Infanteriekampf ausgerichteten Armee waren von seiner Theorie kaum stärker eingenommen. „Der Generalstab versteht vom Fliegen soviel wie ein Schwein vom Schlittschuhlaufen", sagte er. Für solche und ähnliche Behauptungen wurde er vor ein Kriegsgericht gestellt und mußte 1925 den Dienst quittieren. Vorher erlebte er jedoch noch den Tag der Wahrheit.

Mitchells Vater war Senator gewesen, und der Sohn hatte viele Freunde und Bekannte unter den Kongreßmitgliedern. Hemmungslos bearbeitete er diese, sie sollten die Marine zwingen, ein altes Schlachtschiff zur Verfügung zu stellen, damit er die Wirkung von Flugzeugbomben beweisen könne. Unter schwerem Druck gab die Marine endlich nach. Als Opfer wurde das 27000 Tonnen große deutsche Schlachtschiff *Ostfriesland* ausersehen. Es war im Jahre 1911 gebaut worden, hatte in der Schlacht vor dem Skagerrak 18 britische Granattreffer und eine Minenexplosion überstanden und gehörte zu den acht Schlachtschiffen, die man den Deutschen beließ, als die Hauptflotte in Scapa Flow interniert wurde. Daher war es der Versenkung entgangen. Nach dem Friedensschluß an die Alliierten ausgeliefert, war es den Amerikanern überlassen worden.

Am 20. Juli 1921, einem Tag mit stürmischem Nordostwind, der in Böen 30 Knoten erreichte, lag die *Ostfriesland* ungefähr 65 Seemeilen vor Cape Charles, Virginia, in einer bewegten See vor Anker. Sechs zweimotorigen Martin-MB-2-Bombern, die jeder zwei Bomben von 272 Kilogramm trugen, folgte eine Anzahl von F5L-Seeflugzeugen der Marine mit je zwei 252-Kilogramm-Bomben. Als sie die *Ostfriesland* angriffen, umkreiste Billy Mitchell den Schauplatz in einem DH-4B-Beobachtungsflugzeug. Ihm kam das Zielschiff vor wie „eine grimmige alte Bulldogge. Sie war verdrossen und dunkel, und wir wußten, daß wir eine harte Nuß zu knacken hatten". Eine harte Nuß, in der Tat: Bei 19 geworfenen Bomben erzielte das Heer zwei Treffer, die Marine drei; aber Schiedsrichter der Marine, die an Bord gingen, erklärten, das Schiff sei „völlig intakt."

Tatsächlich war die *Ostfriesland* am nächsten Tage, als Mitchells Bomber es wiederum versuchten, mit dem Heck etwa einen Meter abgesackt. Diesmal wurden fünf Bomben mit 500 Kilogramm geworfen – drei trafen. Die Sachverständigen stellten schwere Schäden fest, erklärten das Schiff jedoch als „immer noch betriebsbereit". An Bord eines der Beobachtungsschiffe, auf denen hohe Militärpersonen, Regierungsvertreter und Presseleute eingeschifft waren, erklärte ein Kapitän der Marine begeistert: „Bei Gott! Die werden das Schiff niemals versenken."

Sie sollten es doch tun. Kurz nach Mittag griffen die Martin-Bomber, denen man eine letzte Gelegenheit eingeräumt hatte, wieder an. Dieses Mal warfen sie 900-Kilogramm-Bomben. Die ersten beiden waren Fehlwürfe, dann traf um 12.21 Uhr die dritte die Bugspitze und riß ein gähnendes Loch. Nach einem weiteren Treffer, der anscheinend auf dem Vorschiff einschlug, fiel die fünfte Bombe neben dem Heck in das Wasser und hob das verwundete Schiff in die Luft. Einem Beobachter erschien es wie ein „riesiges, rundes, hilfloses Seetier". Um 12.38 Uhr rollte die *Ostfriesland* auf die Seite und glitt unter die Wasseroberfläche.

Ein Zeitungsreporter glaubte, er sei Zeuge „des Endes eines Zeitalters, das begann, als Rom die hohe See kreuzte und Karthago heimsuchte". Das war natürlich Unsinn. Flotten würden weiterbestehen, ihre Bedeutung sogar zunehmen. Es sollten jedoch Flotten sein, deren Hauptschlagkraft in ihren Flugzeugen lag, die auf riesigen Flugzeugträgern befördert wurden. Die Zeit des grandiosen Schlachtschiffes als der am meisten gefürchteten Waffe auf den Meeren der Welt war abgelaufen.

Das an die Vereinigten Staaten ausgelieferte deutsche Schlachtschiff „Ostfriesland“ erfährt eine letzte Demütigung, als es am 20. Juli 1921 der US-Heeresluftwaffe als Versuchsobjekt dienen muß. Die Bombenangriffe, die den Beweis für den von US-Brigadegeneral Billy Mitchell verkündeten neuen Glauben an die Überlegenheit von Luftmacht erbringen sollten, endeten am nächsten Tage, als das große Kriegsschiff schließlich nach zahlreichen Treffern kenterte und unterging.

Bibliographie

Bacon, R. H.: *The Life of Lord Fisher of Kilverstone.* 2 Bde. Hodder & Stoughton, 1919

Barnett, Corelli: *The Swordbearers.* Indiana University Press, 1975

Batchelor, John, und Preston, Antony: *Battleships 1856–1919.* Phoebus, 1977

Bennett, Geoffrey: *Coronel and the Falklands.* Batsford, 1962

Bennett, Geoffrey: *Naval Battles of the First World War.* Scribner's, 1968

Campbell, N. J. M.: *Battle Cruisers.* Conway Maritime Press, 1978

Chalmers, W. S.: *The Life and Letters of David, Earl Beatty.* Hodder & Stoughton, 1951

Churchill, Winston S.: *Die Weltkrise.* 3 Bde. Koehler, 1924

Corbett, Julian S.: *History of the Great War Based on Official Documents: Naval Operations.* 5 Bde. Longmans, Green, 1920–1931

Costello, John, und Hughes, Terry: *Skagerrak 1916.* Fritz Molden, 1978

Davis, Burke: *The Billy Mitchell Affair.* Random House, 1967

Fawcett, H. W., und Hooper, G. W. W.: *The Fighting at Jutland.* Macmillan, 1921

Fisher, John Arbuthnot: *Memories and Records.* 2 Bde. George H. Doran, 1920

Frost, Halloway H.: *Grand Fleet und Hochseeflotte im Weltkrieg.* Vorhut-Verlag Otto Schlegel, Berlin 1938

Gibson, Langhorne, und Harper, J. E. T.: *The Riddle of Jutland: An Authentic History.* Coward-McCann, 1934

Hansen, Hans Jürgen: *Die Schiffe der deutschen Flotten 1848–1945.* Arco, 1973

Hase, Georg von: *Die zwei weißen Völker.* K. F. Koehler Verlag, Leipzig 1920

Hildebrand, Röhr, Steinmetz: *Die deutschen Kriegsschiffe.* Koehler, Herford 1979 f.

Hoehling, A. A.: *The Great War at Sea: A History of Naval Actions 1914–1918.* Arthur Barker, 1965

Hough, Richard: *Dreadnought.* Macmillan, 1975

Howarth, David: „Fighting Admiral Fisher Scuppers the 'Fossil' Navy". *The British Empire,* Nr. 65, TIME-LIFE International, 1973

Howarth, David: *Sovereign of the Seas: The Story of Britain and the Sea.* Atheneum, 1974

Hoyt, Edwin P.: *The Last Cruise of the Emden.* Macmillan, 1966

Jane, Fred T. (Hrsg.): *Jane's Fighting Ships 1914.* Arco, 1969

Jellicoe, John Rushworth: *Erinnerungen, Englands Flotte im Weltkrieg.* Vorhut-Verlag Otto Schlegel, Berlin 1937

Legg, Stuart: *Jutland.* John Day, 1967

Lochner, R. K.: *Die Kaperfahrten des kleinen Kreuzers Emden.* Wilhelm Heyne Verlag, München 1979

Mackay, Ruddock F.: *Fisher of Kilverstone.* Clarendon Press, 1973

Marder, Arthur J.: *The Anatomy of British Sea Power.* Octagon Books, 1976

Marder, Arthur J.: *Fear God and Dread Nought.* 3 Bde. Jonathan Cape, 1952–1959

Marder, Arthur J.: *From the Dreadnought to Scapa Flow.* 5 Bde. Oxford University Press, 1961–1970

Morris, James: *Pax Britannica: The Climax of an Empire.* Harcourt, Brace & World, 1968

Padfield, Peter: *The Great Naval Race.* Hart-Davis, MacGibbon, 1974

Parkes, Oscar: *British Battleships.* Archon Books, 1970

Pochhammer, Hans: *Graf Spees letzte Fahrt.* K. F. Koehler Verlag, Leipzig 1931

Potter, E. B., Nimitz, Ch. W., Rohwer J.: *Seemacht. Eine Seekriegsgeschichte von der Antike bis zur Gegenwart.* Bernard Graefe, München 1974

Reynolds, Clark G.: *Command of the Sea.* Robert Hale, 1974

Ruge, Friedrich: *Scapa Flow 1919.* Gerhard Stalling Verlag, 1969

Scheer, Reinhard: *Deutschlands Hochseeflotte im Weltkrieg.* August Scherl Verlag, 1920

Steinberg, Jonathan: *Yesterday's Deterrent.* Macmillan, 1965

Tirpitz, Alfred von: *Erinnerungen.* K. F. Koehler Verlag, Leipzig 1942

Trotter, Wilfrid Pym: *The Royal Navy in Old Photographs.* Naval Institute Press, 1975

Waldeyer-Hartz, Hugo von: *Admiral von Hipper.* R. Kittler Verlag, Leipzig 1933

Woodward, E. L.: *Great Britain and the German Navy.* Frank Cass, 1964

Young, Filson: *With the Battle Cruisers.* Cassell, 1921

Quellennachweis der Abbildungen

Die Quellen der Abbildungen sind unten nachgewiesen. Die Nachweise sind bei Abbildungen von links nach rechts durch Semikolons, von oben nach unten durch Gedankenstriche getrennt.

Einband: Imperial War Museum, London.

Vorsatzblätter: Zeichnungen von Peter McGinn.

Seite 3: Derek Bayes, mit frdl. Genehmigung des National Maritime Museum, London. 6, 7: National Maritime Museum, London. 10: Eileen Tweedy, mit frdl. Genehmigung von The Crown Estate Commissioners, London. 11: Bundesarchiv, Militärarchiv, Freiburg. 13: Bildarchiv Preußischer Kulturbesitz, Berlin. 14: Mary Evans Picture Library, London. 16: Bildarchiv Preußischer Kulturbesitz, Berlin. 17: Derek Bayes, mit frdl. Genehmigung National Maritime Museum, London. 19: Popperfoto, London. 20: Derek Bayes, mit frdl. Genehmigung Lord Fisher, Norfolk. 21: Imperial War Museum, London; Derek Bayes, mit frdl. Genehmigung Lord Fisher, Norfolk. 23: Library of Congress. 24: U.S. Navy. 26, 27: Derek Bayes, mit frdl. Genehmigung des County Librarian, Hampshire. 28: Harlingue-Viollet, Paris – The Mansell Collection, London. 29: Derek Bayes, mit frdl. Genehmigung von The Royal United Services Institution, London. 30: Imperial War Museum, London. 31: Charles Phillips, mit frdl. Genehmigung der U.S. Navy. 32: Imperial War Museum, London – Radio Times Hulton Picture Library, London. 33: Imperial War Museum, London – Radio Times Hulton Picture Library, London. 34: Radio Times Hulton Picture Library, London. 35: Imperial War Museum, London. 36, 37: The General Manager, H. M. Naval Base, Portsmouth. 38: Derek Bayes, mit frdl. Genehmigung des Imperial War Museum, London. 42: Derek Bayes, mit frdl. Genehmigung des Royal Naval Museum, Portsmouth; Derek Bayes, mit frdl. Genehmigung des County Librarian, Hampshire. 43: Derek Bayes, mit frdl. Genehmigung des Royal Naval Museum, Portsmouth (2) – Derek Bayes, mit frdl. Genehmigung des County Librarian, Hampshire. 45–48: Zeichnungen von John Batchelor. 51: Mit frdl. Genehmigung von Quentin Bell, Sussex. 52, 53: Foto Drüppel, Wilhelmshaven, 54: Derek Bayes, mit frdl. Genehmigung des National Maritime Museum, London. 56, 57: National Maritime Museum, London. 58: Eileen Tweedy, mit frdl. Genehmigung des Imperial War Museum, London. 59, 61: Derek Bayes, mit frdl. Genehmigung des County Librarian, Hampshire. 62, 63: Bildarchiv Preußischer Kulturbesitz, Berlin. 64: Library of Congress. 65: National Archives; Imperial War Museum, London. 66: Eileen Tweedy, mit frdl. Genehmigung War Museum, London; 67: National Archives. 68, 69: Derek Bayes, mit frdl. Genehmigung des National Maritime Museum, London. 70, 71: Radio Times Hulton Picture Library, London. 72, 73: Derek Bayes, mit frdl. Genehmigung des National Maritime Museum, London. 75: Bildarchiv Preußischer Kulturbesitz, Berlin. 76, 77: Süddeutscher Verlag, Bilderdienst, München, außer oben rechts, Imperial War Museum, London. 78: Domeniciadel Corriere, Mailand. 80: Radio Times Hulton Picture Library, London – Bildarchiv Preußischer Kulturbesitz, Berlin. 82: Derek Bayes, mit frdl. Genehmigung des National Maritime Museum, London – Derek Bayes, mit frdl. Genehmigung des Royal Naval Museum, Portsmouth (3). 84, 85: Imperial War Museum, London. 88: Radio Times Hulton Picture Library, London. 89: Bildarchiv Preußischer Kulturbesitz, Berlin. 90, 91: Foto Drüppel, Wilhelmshaven. 92–99: Zeichnungen von Lloyd K. Townsend. 100, 101: Ullstein Bilderdienst, Berlin. 102, 103: Karte von Bill Hezlep. 104, 105: Zeichnungen von John Batchelor, außer Flaggen. 109: Ullstein Bilderdienst, Berlin – Imperial War Museum, London. 110, 111: Karten von Bill Hezlep. 112, 113: Mit frdl. Genehmigung des Royal Marines Museum, Hampshire – Ullstein Bilderdienst, Berlin. 114: Derek Bayes, mit frdl. Genehmigung H.M.S. *Excellent,* Portsmouth. 115: Barr & Stroud Ltd., London (2) – Derek Bayes, mit frdl. Genehmigung H.M.S. *Excellent,* Portsmouth. 116: Derek Bayes, mit frdl. Genehmigung H.M.S. *Excellent,* Portsmouth. 117: Mit frdl. Genehmigung Hugh Evelyn Ltd., London. 119: Imperial War Museum, London; Derek Bayes, mit frdl. Genehmigung des Imperial War Museum, London. 121: Karte von Bill Hezlep. 122, 123: Ullstein Bilderdienst, Berlin. 125: Mit frdl. Genehmigung von Lady Prudence Loudon, Kent; Imperial War Museum, London. 127: Karte von Bill Hezlep. 134, 135: Foto Drüppel, Wilhelmshaven. 136: Library of Congress. 137, 139: Karten von Bill Hezlep. 141: Bundesarchiv, Koblenz. 142, 143: Foto-Lassen, mit frdl. Genehmigung der Marine-Schule, Mürwik, Aula. 144, 145: Erich Lessing von Magnum, mit frdl. Genehmigung Sammlung Dr. Bernartz, Deutsches Schiffahrtsmuseum, Bremerhaven. 146, 147: Erich Lessing von Magnum. 148–151: Fischer-Daber, mit frdl. Genehmigung Sammlung Dr. Bernartz, Deutsches Schiffahrtsmuseum, Bremerhaven. 152: Derek Bayes, mit frdl. Genehmigung von Rear Admiral Morgan-Giles, Norfolk. 155: Süddeutscher Verlag, Bilderdienst, München. 157: The Mansell Collection, London. 158–162: Süddeutscher Verlag, Bilderdienst, München. 165: National Archives. 166, 167: oben, Imperial War Museum (2); Bibliothek für Zeitgeschichte, Stuttgart, Mitte, Ullstein Bilderdienst, Berlin; Süddeutscher Verlag, Bilderdienst, München, unten, Imperial War Museum, London. 170, 171: U.S. Air Force.

Danksagungen

Das Register dieses Buches wurde von Gale Partoyan zusammengestellt. Die Herausgeber sind folgenden Künstlern und Beratern zu Dank verpflichtet: John Batchelor, Künstler, und Antony Preston, Berater *(S. 45–48, 104–105),* Bill Hezlep, Künstler *(S. 102–103, 110–111, 121, 127, 132–133, 137, 139),* Peter McGinn, Künstler *(Karten auf Vorsatzblättern),* und Lloyd K. Townsend, Künstler, sowie Antony Preston, Berater *(S. 92–99).*

Der besondere Dank der Herausgeber gilt: In Deutschland: Berlin – Dr. Roland Klemig, Heidi Klein, Bildarchiv Preußischer Kulturbesitz, und Axel Schulz, Ullstein Bilderdienst; Bremerhaven – Arnold Kludas; Köln – Dr. Hanswilly Bernartz; Dresden – Konteradmiral Johannes Streubel, Armeemuseum der DDR; Flensburg – Franz Hahn, Marineschule Mürwik; Freiburg – Dr. Gert Sandhofer, Bundesarchiv, Militärarchiv; Karlsruhe – Rolf Liedke; Koblenz – Dr. Matthias Haupt, Bundesarchiv; München – Ulrich Frodien, Süddeutscher Verlag; Nürnberg – Dr. Lydia Bayer, Spielzeugmuseum; Rastatt – Ulrich Schiers, Henning Volle, Wehrgeschichtliches Museum; Rellingen – Dr. Jürgen Meyer; Stuttgart – Professor Jürgen Rohwer, Bibliothek für Zeitgeschichte; Kiel-Holtenau – Karl-Dieter Jäger, Wasser- und Schiffahrtsamt Kiel-Holtenau. In Frankreich: Paris – Denise Chaussegroux, Hervé Cras, Marjolaine Mathikine, Musée de la Marine. In Großbritannien: London – Stephen Howarth; James Lucas und E. C. Hine, Department of Photographs, T. C. Charman und George Clout, Department of Printed Books, Miss D. M. Condell, Department of Exhibits and Firearms, J. O. Simmonds, Art Department des Imperial War Museum; Mrs. J. E. Tucker, Roger Quarm und David Taylor, Picture Department, David Lyon, Draught Room, Dr. R. J. B. Knight, Department of Manuscripts, Miss P. Blackett und T. H. Wilson, Department of Weapons and Antiquities, A. W. H. Pearsall, Historical Section, Joan Moore, Photographic Services des National Maritime Museum; Marjorie Willis, Radio Times Hulton Picture Library; Wilfrid Pym Trotter; Dartmouth – R. J. Kennell vom Royal Naval College; Portsmouth – Colin White, Assistant Curator, und Nicola Fraser vom Royal Naval Museum; Thetford, Norfolk – Lord Fisher.

Der Dank der Herausgeber gilt auch: In den Vereinigten Staaten: Washington, D. C. – Tobias Philbin, Defense Intelligence Agency; Jerry L. Kearns, Leiter der Reference Section, Sam Daniel, Reference Librarian, Prints and Photographs, Elena Millie, Curator of Posters, Library of Congress; William Leary, Still Pictures, James Trimble, Bureau of Ships, National Archives; John C. Reilly jr., Ships History, Charles R. Haberlein jr., und Agnes F. Hoover, Photographic Section des U.S. Naval Historical Center; John Vajda von der U.S. Navy Library; Alexandria, Virginia – Kenneth Dillon; Commander Timothy Goetz, R. N. und Commander T. H. S. Haigh, R. N. Office of the British Naval Attaché; Arlington, Virginia – Dana Bell, Archives Technician der U.S. Air Force, Still Photographic Section; Half Moon Bay, California – Janet Zich.

Eine besonders wertvolle Quelle für Zitate und Informationen war *From the Dreadnought to Scapa Flow* von Arthur J. Marder, Oxford University Press, 1961–1970, © Arthur J. Marder, 1961. Karten der Schlacht vor dem Skagerrak © Oxford University Press, nachgezeichnet mit frdl. Genehmigung des Herausgebers. Weitere wertvolle Quellen für Zitate waren *The Fighting at Jutland* von W. Fawcett und G. W. W. Hooper, Macmillan, 1921, sowie *Kiel and Jutland* von Georg von Hase, E. P. Dutton, 1922.

Register

Kursiv gedruckte Seitenzahlen verweisen auf eine Abbildung zu dem betreffenden Stichwort.

Gesamtherstellung: Mohndruck
Grafischer Betrieb GmbH, Gütersloh